故紙尋真

沈津答客問

沈津 述

谢欢 袁佳 编

天津出版传媒集团
天津古籍出版社

图书在版编目（CIP）数据

故纸寻真 / 沈津述；谢欢，袁佳编. -- 天津：天津古籍出版社，2025.4. -- ISBN 978-7-5528-1583-2

Ⅰ. K825.41

中国国家版本馆CIP数据核字第20258XN558号

故纸寻真
GUZHI XUNZHEN

沈津 / 述　　谢欢 袁佳 / 编

出　　　版	天津古籍出版社
出 版 人	任　洁
地　　　址	天津市和平区西康路35号康岳大厦
邮政编码	300051
邮购电话	（022）23517902

策划编辑	张凤莲
责任编辑	王彦刚
封面设计	姚立扬
书名题签	沈　津
美术编辑	鞠佳美

印　　刷	北京捷迅佳彩印刷有限公司
经　　销	全国新华书店
开　　本	710毫米×1000毫米　1/16
印　　张	20
字　　数	240千字
版次印次	2025年4月第1版　2025年4月第1次印刷
定　　价	98.00元

版权所有　侵权必究

图书如出现印装质量问题，请致电联系调换（022-23517902）

2015 年，沈津于中山大学图书馆书库

序

从一事而终一生，不因孤寂易初心；揽古今典籍之胜，见人之所未见；通中外汉籍之变，言人之所未言；尊师重道，笔耕不辍；以书会友，以友辅仁。这是我对古籍版本目录学家沈津最为深刻的印象和由衷钦佩之所在。

目录学向为中国传统学术的基石。清代学者王鸣盛在《十七史商榷》中说："目录之学，学中第一紧要事，必从此问途，方能得其门而入；然此事非苦学精究，质之良师，未易明也。"这不仅一语切中目录学的治学功用，而且一语道破从事目录学的艰难路径。

沈津能够成为当代享誉全球的中文古籍版本目录学家，亦不外乎"苦学精究"与"质之良师"。然而，此等英杰若无风云际会，亦终是枉然。古往今来，不知多少鸿儒硕学门下有多少天资聪颖、苦学精究者终未成大器，究其原因，大多是生不逢时或者时运不济。沈津不仅有难得的良材美质，而且有难遇的时势造就，因此，他成为一个可以学习、可以模仿，但是无法复制的时代传奇。

沈津已近八秩，从1960年入职上海图书馆到1990年转职香港中文大学，再到1992年任职美国哈佛大学哈佛燕京图书馆，迄今从事古籍整理60余载，前有名师教化，后有硕学奖掖，昭昭然成就非凡，始终与可遇不可求的机缘和时势相伴。

沈津，安徽合肥人。祖父沈曾迈，喜文史，擅书法，曾拜在书画家吴昌硕门下，书法作品精良，对子孙影响甚远。民国时，沈津的祖父在天津办私塾，靠教书为生，因此，沈津的父母亦随之客居天津。1945年，沈津在天津出生，故取名津。中华人民共和国成立后，沈津随父母徙居上海。沈津的母亲杨振英，出自合肥望族。其时在上海图书馆工作，膝下有6个儿女，沈津居长，家大口阔，经济不宽裕。1959年，新上海图书馆因人手短缺而招聘临时工以应急需，尚在读初中的沈津应聘以补贴家用，于是被招入上海图书馆做临时工，从此开启了图书馆事业的职业生涯。

上海，自开埠以后为中国图书馆事业最为发达的地区，其中尤以外国人在华办理的图书馆、大学图书馆和私立图书馆最为兴盛，从1935年胡道静著《上海图书馆史》一书中可见其大观。尽管如此，直到20世纪40年代上海才有市立图书馆，并且不成气候，没几年便告终了。1952年，上海图书馆正式成立，其规模亦相当有限。为拓展上海图书馆的规模，使之成为名副其实的上海市立图书馆，1958年，上海市政府将当时具有相当规模的上海科学技术图书馆（前身为任鸿隽等人创办的明复图书馆）、上海市报刊图书馆（前身为黄炎培等人创办的鸿英图书馆）和上海市历史文献图书馆（前身为张元济等人创办的合众图书馆）并入上海图书馆。于是，上海图书馆瞬间成为在藏书规模上仅次于北京图书馆（今中国国家图书馆）的我国第二大公共图书馆。

1960年，上海市委宣传部为缓解文化事业单位普遍面临的人员青黄不接、后继无人的困窘状况，制订了文化系统以老带新的人才培养计划。然而，选拔年轻人亦非易事，那时全国15岁以上人口的文盲率超过50%，上海图书馆受过学校教育且符合条件的年轻人寥寥无几。正因为如此，1960年10月，尚为临时工的初中毕业生沈津，因勤奋好学，字也写得好，才有幸被选为古籍版本目录学家顾廷龙先生（1904—1998）的学徒，正式入职上海图书馆典藏部特藏组。从此，沈津迈入古籍整理的大门，并历经数十年的磨砺，最终成为著名的古籍版本目录学家，恰似西晋陆机《豪士赋序》所言："'才不半古，而功已倍之'，盖得之于时势也。"沈津在述说自己的成长经历时亦对此有过多次的深情表述：

> 我一直认为我个人在中国图书馆学界是最幸运的人之一，因为我曾追随顾廷龙先生整整30年，从而由一个普通的学生逐步成长为20世纪80年代中国图书馆学界最年轻的研究馆员。这一切都是当年上海图书馆领导的培养，也是我永远忘不了的。那是1960年，上海市委宣传部考虑到文化界的不少专家、艺术家年纪都大了，他们的专长必须有人继承，因此专门拟订计划，培养这方面的专业人才，这样就不会后继无人了。我就是在这样的情况下被选送到顾先生身边工作，拜他为师的。①

初入上海图书馆典藏部特藏组时，沈津的工作只是接待读者和到特藏书库取书，极其普通。那时，上海图书馆的特藏不仅有合并后各馆的各类古籍，还有从民间收集的大量私人藏书，整理工作十分繁重。顾廷龙先生乃从古籍善本入手，开始编纂《上海图书馆古籍善本书目》。沈津在接待读者之余，主要工作就是依照顾廷龙先生开列的古籍书单到书库取书。取书，看起来就是个跑腿的活儿，似乎没有什

---

① 见本书《如何培养古籍专业人才——答钟稚鸥问》一文。

么学术含量，但是，在既繁多芜杂又未统一编目的馆藏中寻找古籍并非易事，对于初中毕业且尚无古籍知识的沈津来说更是困难。正因为如此，顾廷龙先生乃从如何查找古籍、熟悉古籍的基础入手，一点一滴手把手地教授沈津。后来，沈津在回顾这段学徒经历时曾言：

> 我记得当时顾老让我学习查找工具书，即遇到问题应查何种参考书、工具书。他让我到书库去找书，多的时候一天要找几十本。学会熟练使用各种各样的工具书是古籍工作者的基本功。我觉得让我进步最大、收获最多的是编辑《上海图书馆古籍善本书目》。那时校卡片的主要是潘、瞿二先生，顾先生有时也看书及卡片。我负责从书库提书、还书。顾先生要我把每种善本书对照着潘、瞿先生改动的卡片，即为什么改、原来错在什么地方，全都看一遍。那时我住在图书馆里，白天看不完晚上接着看。就这样，到1965年年底，《上海图书馆古籍善本书目》初稿完成，我也将馆藏善本1.4万种，包括宋、元、明、清的刻本、抄本、校本、稿本、套印本、活字本以及敦煌写经等基本都过目了一遍。这为我以后的工作打下了较好的基础。①

1958年新的上海图书馆成立后，馆长职位一直空缺。1962年11月，上海市政府任命曾任上海市历史文献图书馆馆长和上海图书馆筹备委员会委员的59岁的顾廷龙先生担任上海图书馆馆长。从此顾廷龙先生担任上海图书馆馆长长达23年，到1985年82岁退休时才卸任，其后改任名誉馆长，直到1998年8月22日在北京去世。这不仅

---

① 见本书《如何培养古籍专业人才——答钟稚鸥问》一文。

是沈津成就毕生事业之福，而且是上海图书馆成就今日辉煌之源。

与此同时，为不断提高学识，沈津白天工作，夜晚则到上海市文化局职工业余学校上课，补习高中课程，并顺利取得了高中文凭。其后，沈津又报考了武汉大学图书馆学系图书馆学专业函授班，一边自学，一边听上海图书馆时任副馆长韩静华、方法研究部主任陈石铭等任课教师的课程，系统地学习了图书馆学、目录学、分类法、读者工作、工具书使用等方面的知识，并于1966年完成图书馆学专业学业。

"文革"期间，馆员卷入运动之中，全国图书馆事业全面停顿。即使在如此艰难的时刻，沈津也仍然有机会从事古籍整理工作。在回忆这段经历时，沈津曾言：

> "文革"期间上海地区抄出了大量文物图书，为了清理这些文物图书，上海市革委会政宣组成立了文物图书清理小组。文物图书清理小组最初筹备时有三个人，牵头的是《文汇报》理论部主任杨天南，另外两人上海博物馆、上海图书馆各出一个，上海博物馆是陈永祺，上海图书馆是我。办公地点在河南中路16号上海博物馆。抄出来的书由上海图书馆负责保管，其他的文物由上海博物馆保管。
>
> ……
>
> 后来，上海市革委会政宣组要求文物图书清理小组把抄来的书分出等级，给其中最好的古籍中的一、二级珍贵图书编一份目录。①

---

① 见本书《半世纪师缘书缘，千言万叙录缥缃——答何朝晖问》一文。

于是，沈津向上海图书馆的负责人提出抽调顾廷龙、潘景郑、瞿凤起三位先生一起参加鉴定和编目工作，并获得了许可。因此，沈津与三位先生一起在上海图书馆307室工作了两个月，完成了目录的编制。数十年后，沈津坦言：

> 这两个月，三位先生可以不用参加体力劳动，就安安心心地查书、编目。
>
> ……
>
> 这个书目里面著录了当时抄来的存于上海图书馆的最好的敦煌写经、宋元刻本、明刻本和抄校稿本，真是秘籍琳琅，满眼珠玑。后来我常说，"文革"当中我们做了一件很具体的工作，把抄来的那些最好的东西留在了公家的图书馆里，为国家、为民族保存下来一批珍贵的古籍。我手里的这份目录上面是铅笔字，字迹最清楚，背面是蓝字，因为用的是蓝色的复写纸。三位先生的笔迹都在上面，里面除了书名、作者、版本，还有很精要的解题，用三四句话就把书的价值所在说清楚了。这份目录我一直带在身边，从上海带到中国香港，又带到美国。现在三位先生都去世了，睹物思人，让人不胜感慨。①

"文革"期间，大量古籍被毁。1975年，周恩来总理在病重期间指示，要尽快把全国古籍善本书目编出来。1976年，国家开始着手准备开展《中国古籍善本书目》编纂工作。1978年4月，在南京召开编

---

① 见本书《半世纪师缘书缘，千万言叙录缥缃——答何朝晖问》一文。

纂《中国古籍善本书目》全国动员会议，12月在成都召开全国编辑领导小组会议，确定组织动员、普查工作、人员培训、收录范围、著录条例、分类表等的具体方案。1979年，在南昌召开《中国古籍善本书目》工作会议，正式组成《中国古籍善本书目》编辑委员会，确定刘季平任主任委员，顾廷龙任主编，冀淑英、潘天祯任副主编，同时确定了其他相关人员的分工。1980年5月，开始卡片目录集中汇编。1981年10月，开始把卡片目录改编成书本目录，油印为征求意见稿。1983年8月，主编、副主编等核心专家在上海集合，从经部开始，对书稿进行定稿。① 1984年11月，《中国古籍善本书目·经部》付印，其后丛、史、子、集陆续出版，至1998年3月集部出版时，《中国古籍善本书目》才最终完成。一部《中国古籍善本书目》，从1978年启动到1998年全部完成，历时20年，全国共有各类古籍收藏单位780多个参与编制，收录古籍善本6万多种，13万部，不愧为20世纪中国最为浩大的古籍普查编目工程。

在《中国古籍善本书目》的编制过程中，沈津作为主编顾廷龙先生的得力助手，全程参与了编制工作，也得以全面提升自己的古籍版本目录学专业素养和学术水平。在回忆这段难忘的经历时，沈津作过十分生动的记述：

> ……这就是1978年3月的南京会议。全国各省、市、自治区的图书馆和文化局的负责人全部都到了，古籍整理方面的不少专家也到会了。南京会议是古籍整理界在全国范围内第一次开的这么大的会，我是会务组组长，会场布置、设备、茶水，代表们的

---

① 顾廷龙：《中国古籍善本书目编辑经过》，《图书馆学通讯》1986年第4期。

接送、吃住、考察都由我负责。会议解决了三个问题：一是统一著录条例，二是确定收录范围，三是制定分类法。

南京会议结束以后，以大区为单位分头行动，有东北、华北、西北、华东、中南、西南6个地区，由各大区的重要图书馆牵头开展工作。因为工作关系，我和很多大馆的馆长、特藏部主任、古籍部主任、参考部主任都熟悉起来。《中国古籍善本书目》编委会主任委员的扩大会议，我基本上都参加了，而且在会上发言，谈古籍版本鉴定的一些问题，有些后来整理成文，收入我的《书韵悠悠一脉香：沈津书目文献论集》了。划分各个大区以后，就开始进行普查，就像今天的普查一样。发现了很多珍贵的古籍，着手加以保护。古籍保护工作在那个时候就已经开始，现在的古籍普查及人才的培养都是过去工作的延续。当时所有图书馆的善本书都要交出一套卡片来。尽管上海图书馆基础比较好，但还是每一部书都要以卡片核书，重新校一遍。上海地区的工作最初由赵兴茂负责，后来赵兴茂身体不好，就由我接手。

各地图书馆提供的善本卡片陆续汇总到北京香厂路国务院招待所，共有13万张卡片。这些书目卡片先经过初审，然后再复审、定稿。初审的时候是"大兵团作战"，几十个人集中在一起，在香厂路招待所工作了8个月。每天就是跟卡片打交道，大家相互打趣说："哎呀，我们都变成'骗（片）子手'了。"当时成立了经、史、子、集、丛5个编辑室。我当时是经部副主编，主编是吴田易老先生，甘肃图书馆来的。复审就是小范围的了，经部、史部由顾先生负责在上海复审，子部由潘天祯在南京负责，集部由冀淑英在北京负责。最后集中在上海定稿，除了正副主编之外，参加的还有丁瑜、沈燮元、任光亮、陈杏珍、宫爱东和我等人。经、史、子、集、丛，完成一部出版一部，不是全部结束以后再来排印。《中国古籍善本书目》的汇编、整理、定稿过程，冀淑英先生的后记说得很清楚。前言是我起草的，经过顾先生和冀淑英先生修改。

编纂《中国古籍善本书目》各个环节的工作从头到尾我都参加了，得到了很多锻炼。这是第一手的工作实践，而且是过去从来没有参与过的大工程，能够把所学的知识在实践中运用和检验。如果你整天跟目录卡片打交道，学会怎样去判定、辨别书目记录的正确和错误，然后联系到书，就能够不断增长才智。没有经过这种实践的训练是没有办法练就版本鉴别的本领的，所以我们说当"片子手"是最好的进步途径。①

1978—1983年是《中国古籍善本书目》编制最为火热的5年。在这5年间，中国已迈入改革开放的新时期，海外华人华侨纷纷回国，或者捐资办学，或者开办企业，全力支持祖国的繁荣发展。1980年，诺贝尔物理学奖获得者、美国著名科学家杨振宁教授在纽约州立大学石溪分校发起组织"与中国教育交流委员会"（Committee on Education Exchange with China，CEEC），在中国香港、美国等地募集捐款，设立12项奖金，每项每年提供1.2万美元奖金，资助中国学者作为访问学者到纽约州立大学石溪分校研究、讲演。沈津在舅舅杨振宁教授的鼓动和资助下，于1986年2月赴美国纽约州立大学石溪分校世界宗教高等研究院图书馆做访问学者。浓厚的古籍情结促使沈津产生访查美国藏中文古籍的强烈心愿。在纽约州立大学石溪分校物理研究所所

---

① 见本书《半世纪师缘书缘，千万言叙录缥缃——答何朝晖问》一文。

长杨振宁教授的引荐和帮助下，沈津得以拜见翁万戈先生、钱存训先生等先贤硕学，并访问哥伦比亚大学、耶鲁大学、普林斯顿大学和纽约公共图书馆、美国国会图书馆、犹他州家谱图书馆等中文古籍收藏机构，对美国的中文古籍收藏情况有了基本的了解。1987年10月，沈津回国，结束了在美国20个月的访问。

回国后，上海图书馆特藏部主任吴织退休，沈津接任特藏部主任。1988年，沈津被破格晋升为研究馆员（正高职称），成为当时中国图书馆界最年轻的研究馆员。

1989年6月，沈津的妻子为照顾在香港居住的年迈母亲而移居香港。为解决两地分居的问题，沈津亦于1990年移居香港。那时，杨振宁教授是香港中文大学的博文讲座教授，每年都要在香港居住三个月，为香港中文大学举办学术讲座。经杨振宁教授的举荐，沈津就职于香港中文大学，一半时间在香港中文大学中国文化研究所为编制古籍索引挑选版本，一半时间在香港中文大学图书馆编写善本书志。在此期间，沈津对香港中文古籍收藏最为宏富的香港大学冯平山图书馆有了比较全面的了解。

中国香港向为北美各大图书馆和研究机构收集中文古籍和特藏之重地，那时，美国哈佛大学哈佛燕京图书馆馆长吴文津经常赴香港访书，获得了许多珍贵的研究资料。例如，哈佛燕京图书馆藏胡汉民往来函电稿、日记等资料即为吴文津馆长在香港访求所得。1991年，吴文津馆长在香港中文大学图书馆偶遇沈津，热切邀请他赴美帮助编纂《美国哈佛大学哈佛燕京图书馆中文善本书志》。正是这次偶遇，使沈津开启了在美国18年的中文古籍鉴定、编目和整理工作的新篇章。

1992年4月，沈津举家迁往波士顿，赴哈佛大学哈佛燕京图书馆做访问学者，专门编纂《美国哈佛大学哈佛燕京图书馆中文善本书志》。在两年的访问期届满之时，在哈佛燕京图书馆馆长吴文津、哈佛燕京学社社长韩南、普林斯顿大学牟复礼（Frederick W. Mote）等7位教授的推荐下，哈佛大学正式聘任沈津为哈佛燕京图书馆善本室主任。

1997年，吴文津在担任馆长32年后退休。1998年，郑炯文出任哈佛燕京图书馆第三任馆长。郑炯文秉持"学术乃天下之公器"的理念，一方面全力推动馆藏中日韩古籍的数字化和全球免费开放使用，一方面与中国各出版社通力合作，影印出版哈佛燕京图书馆藏各类中文古籍，使流落美国的中文古籍化身千百，藏之四海，以再生的方式回归祖国。与此同时，郑炯文馆长又四处募集资金，设立专项基金，聘请中国图书馆界的古籍整理学者赴美参与哈佛燕京图书馆的中文古籍整理。在其后的20余年间，古籍整理出版与数字化一直是哈佛燕京图书馆的工作重心和全球学界关注的焦点，沈津亦因此在古籍编目和整理出版上再展宏图，成果迭出，影响深远。

在哈佛燕京图书馆任职的18年间，沈津不仅全面承担了哈佛燕京图书馆的中文古籍编目整理与出版工作，而且培养了一批又一批自中国图书馆界赴美从事中文古籍整理的青年学者。18年的伏案摩挲，使沈津对哈佛燕京图书馆收藏的3000多种中文古籍善本了如指掌；18年的学术游历，使沈津对不少地区中文古籍的存藏情况，特别是善本特藏的收藏情况了然于胸。因此，沈津的古籍版本目录学著述在论及各种中外存藏版本时，经常可以做到如数家珍、信手拈来，其潇洒自如，非常人可及。

2011年2月，沈津从哈佛燕京图书馆退休。4月，应我多年的邀请，沈津重返祖国，担任中山大学图书馆特聘专家。在中山大学任职期间，沈津一方面带领特藏部的青年馆员修订增补《中山大学图书馆古籍善本书目》，一方面培训特藏部的青年馆员撰写古籍善本书志，颇似当年顾廷龙先生培养沈津的情形。在沈津的建议下，中山大学图书馆相继举办了一系列中文古籍版本目录学国际学术会议，因此，中山大学图书馆在全国图书馆界的声望日益高涨。

沈津在中山大学图书馆任职时正值自媒体在中国兴起，他在新浪博客上开辟了"书丛老蠹鱼"个人博客，专门发表他个人的读书随笔和古籍版本目录札记，收获粉丝无数。"书丛老蠹鱼"博客亦成为最为有名的古籍版本目录学博客，有力地推动了古籍版本目录知识的传播，沈津也因此结交了许多志同道合的年轻朋友。悉心的答问，不经意的指点，使许多钟情古籍的青年如沐春风，受益匪浅。

2017年4月，因家庭的原因，沈津决定去美国与在北卡罗来纳州工作的女儿一家团聚，不再续聘中山大学图书馆特聘专家，以便一边享受天伦之乐，一边专心完成未竟的著述。尽管如此，因为盛情难却，沈津还是接受了复旦大学的聘请，担任复旦大学中华古籍保护研究院特聘教授，不定期地从美国返回上海，为复旦大学的学子做短期授课讲学。

数十年来，沈津笔耕不辍，著述等身。在古籍善本书志方面，有《美国哈佛大学哈佛燕京图书馆中文善本书志》（上海辞书出版社，1999年）、《中国大陆古籍存藏概况》（台湾编译馆，2002年）、《美国哈佛大学哈佛燕京图书馆藏中文善本汇刊》（全37册，广西师范大学出版社，2003年）、《中国珍稀古籍善本书录》（广西师范大学出版社，2006年）、《美国哈佛大学哈佛燕京图书馆藏中文善本书志》（全6册，广西师范大学出版社，2011年）、《日本汉籍图录》（全9册，广西师范大学出版社，2014年）等；在历史人物与古籍版本目录学家研究方面，有《翁方纲年谱》（台湾"中研院"中国文哲研究所，2002年）、《翁方纲题跋手札集录》（广西师范大学出版社，2002年）、《顾廷龙年谱》（上海古籍出版社，2004年）、《顾廷龙书题留影》（上海古籍出版社，2004年）、《顾廷龙年谱长编》（中华书局，2024年）等；在古籍版本目录研究与随笔方面，有《书城挹翠录》（上海社会科学院出版社，1996年）、《书韵悠悠一脉香：沈津书目文献论集》（广西师范大学出版社，2006年）、《书城风弦录：沈津学术笔记》（广西师范大学出版社，2006年）、《老蠹鱼读书随笔》（广西师范大学出版社，2009年）、《书丛老蠹鱼》（中华书局，2011年）、《书林物语》（上海辞书出版社，2011年）、《书海扬舲录》（广西师范大学出版社，2016年）、《伏枥集》（广西师范大学出版社，2019年）、《沈津序文集》（国家图书馆出版社，2023年）、《沈津自选集》（深圳出版社，2023年）、《沈津书话》（全4册，广西师范大学出版社，2024年）等，珠玉纷呈，琳琅满目。

因为对沈津的敬仰，自1997年起开始有年轻人采访沈津以了解他的人生经历、事业历程和学术成就，并形成文字刊发出来以飨读者。进入21世纪以后，沈津回国访问渐多，特别是2011年受聘中山大学图书馆特聘专家以后，在全国各地参加学术会议和访问讲学十分频繁，许多年轻学者得以亲近沈津，于是，各类采访文字频繁见诸期刊报章，在学界广为传播。南京大学信息管理学院图书馆与数字人文系主任谢欢博士，不辞辛苦，潜心收集20余年来发表的各类采访沈津的文字，以《故纸寻真》为名结集出版，为学人认识和了解沈津提供了全景的视角和不可多得的便利。

2025年，沈津80岁华诞，青年才俊谢欢博士编的《故纸寻真》当是广大年轻学人向沈津致敬的美好献礼。

是为序。

中山大学信息管理学院教授、中山大学图书馆原馆长

程焕文

2024 年 10 月 24 日

于中山大学康乐园竹帛斋

目录

古籍收藏与出版
　　——答俞子林问　1

如何培养古籍专业人才
　　——答钟稚鸥问　8

谈谈摇篮本
　　——答王雪霞问　20

书缘·书事·书趣
　　——答杜泽逊问（外一篇）　27

关于《顾廷龙书题留影》
　　——敬答桑农先生　64

浮生愿向书丛老，不惜将身化蠹鱼
　　——答《南方都市报》记者问　68

《美国哈佛大学哈佛燕京图书馆藏中文善本书志》的"成长经历"
　　——答任雅君问　99

关于古籍版本的价格
　　——敬答钱存训先生　120

一生只做一件事
　　——答王雪霞问　126
版本学、文献学永远研究不完
　　——答崔华林问　140
书志及书志写作
　　——答张维祥问　146
半世纪师缘书缘，千万言叙录缥缃
　　——答何朝晖问　155
修典是对中国文化的一种诠释
　　——答高慧斌问　210
古籍版本鉴定人才的培养
　　——答周余姣问　219
藏书圣地，无论西东
　　——答周慧惠问　249

跋　独步当时　惠及来日
　　——沈津书志模式和年谱特点
　　　小议　282

后记　295

古籍收藏与出版
——答俞子林[①]问

俞子林：您是20世纪80年代中期中国图书馆界在海外作目录学、版本学研究的少数访问学者之一，而且是在美国待的时间最久的一位，能不能请您谈谈中国古籍在美国的收藏情况？

沈津：在美国，收藏中国古籍较多的，有美国国会图书馆、哈佛大学哈佛燕京图书馆、普林斯顿大学葛思德东方图书馆、哥伦比亚大学东亚图书馆、芝加哥大学远东图书馆、加州大学伯克利分校东亚图书馆、康奈尔大学华生图书馆、耶鲁大学东亚图书馆、西雅图华盛顿大学东亚图书馆、纽约公共图书馆等。其余如犹他州家谱图书馆、杨百翰大学图书馆等虽有一些中文书，但古籍甚少，就不包括在内了。根据我手中的资料，古籍原本的数量似不超过70万册。其中善本书最多的首推哈佛燕京图书馆，为5000部；其次为美国国会图书馆，1700部（不包括清初刻本）；普林斯顿大学葛思德东方图书馆1000余部；芝加哥大学远东图书馆400部。（以下不计）

俞子林：没有想到，在美国居然还有那么多的中国古籍，能告诉我它们是怎么被搜集来的吗？

---

① 俞子林，曾任上海图书公司经理、上海书店出版社总编辑，是上海古旧书籍出版和发行方面的专家。——编者注

沈津：从数量和质量来看，美国所藏的中国古籍善本远远超过了欧洲（如英、法、德等国），美洲（如加拿大）以及东南亚地区的一些国家，是除中国和日本之外收藏最多的。美国收藏的中国古籍的来源大致有以下几个方面：一、清廷的赠送；二、派员在中国大陆搜集；三、购自日本和中国台湾（部分为私人的转让和捐赠）。如早在1915年至1926年间，美国植物学家施永格（Walter T. Swingle）三次到中国，广为收集与中国农业有关的类书、丛书、方志等约6.8万册，其中方志即有1500种之多，从而奠定了美国国会图书馆藏中国地方志的基础。又如，义理寿（Irvin V. G. Gillis）是美国人在中国搜集古籍善本最多的一个。从20世纪20年代初期至40年代中期，义理寿总共为美国建筑师葛思德（Guion M. Gest）购得中国古籍约10.2万册，其中《武英殿聚珍版丛书》（乾隆武英殿木活字本）就购得了4套。

俞子林：有位朋友说，一部中国古籍在美国由哪家图书馆收藏并不重要，因为使用都十分方便，是这样吗？

沈津：或许可以这么认为。在美国的东亚图书馆阅览古籍或善本图书绝对比在中国图书馆方便。读者可以在计算机互联网上检索到他想看的书在哪一个图书馆。一般的古籍，外州大学的读者想通过馆际互借的方式借阅也是可以的，以哈佛燕京图书馆来说，只要在对方学校办好馆际互借的手续即可。非本校读者来馆阅览古籍不收费，但要外借则不允许。如果他申请办理借书证，交纳一定数额的服务费即可（半年300美元，全年500美元）。善本书不外借。如需复制，只要是不牟利、用于学术研究者，多能允准。如需复印，可印一页。

俞子林：据说，在美国有人对中国的家谱有兴趣，是否如此？

沈津：在美国，研究中国文化、历史的学者很多，但以"家谱"为题作专门研究者则没有听说。当然，从家谱中钩稽有关史料者也有其人，但很少。哥伦比亚大学东亚图书馆藏的中国家谱（原刻本），计1100种左右，是除上海图书馆之外的大宗收藏。书品好，每种皆有函套，以书名四角号码排列，但利用者极少。犹他州家谱图书馆也很有名，1987年元月，我曾受邀前去访问一星期。该馆所藏中国原本家谱极少，放在架上的仅十几二十种。他们所藏的中国家谱多是胶卷，是从中国、日本、韩国以及欧美地区的图书馆中拍摄而来的。我在该馆的"洞库"（山洞中的库房）内逗留了两个小时，我的印象是，洞库规模之大、防范之密、设备之先进、保管条件之完善都是不少专业图书馆无法比拟的。然而在犹他州家谱图书馆中利用胶卷作研究者却微乎其微。

俞子林：对于我国有些图书馆对珍藏的古籍视若宝藏，轻易不肯示人，您有何看法？

沈津：中国图书馆收藏的古籍及善本书，是中华文化的载体，是先人们留下的极为珍贵的文化遗产。从某种意义上说，没有古籍，也就没有中华文化。图书馆专业人员的责任，就是将这些"财富"完整无缺地一代一代传下去。古籍不仅仅要保存，还有如何利用、研究、继承的问题。我记得1961年时，顾师廷龙先生给我讲当年张元济、叶景葵诸先生创办上海合众图书馆的事，讲为使孤本不"孤"而编印丛书事。我在上海图书馆主持特藏部工作期间，顾师又嘱咐我为来看善本书的读者提供方便。20世纪80年代后期，耳闻北京有的图书馆有读者看善本书要收费的事，我告诉顾师，他听后嗤之以鼻，连连摇头。他说，图书馆里的书是要给人看的，不是商店卖东西。在当前中国改革开放的形势下，我以为图书馆工作也应跃上一个新的台阶，如果再让一些沉睡在书库中的孤本秘籍不见天日，那是不明智的。

俞子林：宁波天一阁有一批明代登科录，现在想把它影印出来，您对此有何评论？

沈津：天一阁是明代至今仅存的著名私人藏书楼，它的藏书特色中最重要的是明代地方志和登科录。1961年至1965年，上海古籍书店和中华书局上海编辑所合作，影印出版了《天一阁藏明代方志选刊》，收书106种。1989年至1991年，上海书店出版社又影印出版了《天一阁藏明代方志选刊续编》，收书109种。这种嘉惠学林的工作博得了文史研究者的赞赏，美国的不少东亚图书馆都入藏了这套《选刊》。

登科录是科举中登第人员的记录，详载乡试、会试中式的人数、姓名、籍贯、年岁以及考官以下官职姓名，并三场题目。据我所知，天一阁藏登科录370种左右。从数量上看，集北京图书馆、上海图书馆、南京图书馆、浙江图书馆及台北"中央图书馆"所藏，都无法和天一阁抗衡。而海外的这类收藏稀之又稀。数十年来，从没有出版社集中影印出版。如果上海书店出版社有意影印出版，我认为这也是对学术界的一大贡献。

俞子林：您对中国大陆古籍（包括传统文化类图书）的整理、出版、发行情况有何评价？有哪些意见和建议？

沈津：自20世纪80年代以来，中国大陆的古籍整理、出版做得有声有色，出了许多好书，也填补了不少空白，这是各方学者和出版社对社会的贡献。对于海外的一些东亚图书馆来说，他们会根据本馆的实际情况进行选购。但是，每个图书馆都有购书经费以及书库空间问题，因此对于一些出版社近期出版并酝酿策划出版的大部头丛书，如《续修四库全书》《四库全书存目丛书》等，选购都是慎之又慎。以哈佛燕京图书馆来说，它的中文购书经费在全美东亚图书馆中名列前三名，但即使如此，这类大书该馆也不会购买。原因是不少重要的东亚图书馆入藏的古籍较多，加上中国台湾地区的出版社在一二十年前即影印了不少罕见古籍善本，也多冠以"丛刊""丛书"之名，东亚图书馆多有选购。如果现在再买，就会使复本增多，既浪费经费，又占了空间。大陆有关出版社对过去台湾出版业的情况知之甚少，而要在海外的东亚图书馆中占有市场，不作扎实的调查研究是不行的。

俞子林：您所在的哈佛燕京图书馆，是欧美地区东亚图书馆中最重要的一个，您能对该馆所藏中国古籍作一简单介绍吗？

沈津：哈佛燕京图书馆建立于1928年，当时称为"汉和图书馆"，隶属于哈佛燕京学社。早在清光绪五年（1879年），哈佛大学就设立了中文讲座，图书馆即开始收集中文图书，但数量极为有限。收集范围仅限于有关传统汉学的中、日文书刊，后来增购满、藏、蒙及西文资料。第二次世界大战后，哈佛大学增设研究近代、现代中国及日本、韩国的精深课程，为适应此需要，在原来的基础上，汉和图书馆又大力采购有关近代与当代中国的各种图书资料。1965年改称为哈佛燕京图书馆，1976年转隶于哈佛大学图书馆系统。由于历年的不断补充，又尽力搜求他馆不易购到的书刊，所以该馆目前馆藏80万册（不包括复本），其中中文馆藏达50万册。有古籍15万册，包括宋、元、明刻本1500余部，清初至乾隆年间刻本2000余部、抄本（含稿本）1200部，原版地方志3600种，丛书1400种，拓片500

余种。

俞子林：能否再简述一下这些古籍善本的特色？

沈津：哈佛燕京图书馆的中文古籍，从唐代经生书写的经卷、明代的抄本、清代学者的手稿到历代的刻本，从彩色套版到明清两代的铜活字、木活字本，应有尽有，琳琅满目，美不胜收。明刻本中难得之帙触目皆是，有180种左右是中国、日本等处所没有入藏的，如《休宁荪浯二溪程氏宗谱》（嘉靖刻本）、《行军须知》（嘉靖孟凤刻本）、《新刊方脉主意》（嘉靖吴球刻本）等。清乾隆年间编《四库全书》时禁毁图书达千种以上，哈佛燕京图书馆藏明刻本的禁书即有77种之多。清代刻本中，最具特色的是清人诗文集，总数在1600种以上，属善本者则有350部，不见各家著录的版本举不胜举，如《达观楼集》、《宝纶堂集》（据研究陈老莲的专家翁万戈先生说，这是过去所有研究陈老莲的学者都没见过的重要版本）。又如方志中明刻本28部，其中《吴江县志》《广西通志》中国有少量存藏，而万历《潞城县志》、崇祯《江阴县志》则是存世之孤本。

俞子林：最后一个问题，能否谈谈您为哈佛燕京图书馆写的那本书志？

沈津：您知道哈佛大学是世界上最著名的大学之一，是各国莘莘学子极为向往的求学地。而哈佛燕京图书馆是欧美地区研究汉学的重镇，也是海外保存中国传统文化典籍的中心，许多知名学者都曾在此作他们的研究。虽然哈佛燕京图书馆的知名度很高，但是它的善本特藏内涵却很少有人了解。有鉴于此，该馆吴文津馆长邀我来美撰写《美国哈佛大学哈佛燕京图书馆中文善本书志》（本文以下简称《书志》)。《书志》早在 1994 年 5 月即已写竣，收宋、元、明刻本 1431 部（复本不计），凡 100 余万字。当时由于写作的时间紧迫，我没有打草稿，只能直接将原书面貌、作者简历、题跋牌记、收藏情况以及刻工、钤印等逐一写在稿纸上。工作量之大，使我真是像个过了河的卒子，只能拼命向前。现在《书志》的稿本在上海的一个出版社，明年（1998 年）上半年或可见书。目前我正在写清初善本书志。

俞子林：谢谢您。

《美国哈佛大学哈佛燕京图书馆中文善本书志》（上海辞书出版社，1999 年）

注：上文原以《古籍收藏与出版——旅美学者沈津访谈录》为题刊发于《书窗》1997 年第 3 期，收入本书时内容略有修订。

如何培养古籍专业人才
——答钟稚鸥[①]问

[钟稚鸥按]：沈津是上海图书馆原馆长顾廷龙先生的学生，上海图书馆原研究馆员、特藏部主任。1992年他作为美国哈佛大学燕京学社的访问学者赴美，在哈佛燕京图书馆撰写善本书志，在500多个工作日内写就152万字的《美国哈佛大学哈佛燕京图书馆中文善本书志》（本文以下简称《书志》）。《书志》出版后引起了海内外同行和学术界的重视。哈佛燕京图书馆由于《书志》的问世，其首创的"哈佛模式"（馆长统筹、经费稳定、人才引进）也作为成功的范例被不少人所认知。毫无疑问，为海外汉学发展作出贡献的沈津先生是古籍界公认的专门人才。那么他是如何成长的，是如何积累了深厚的古籍版本学、目录学、文献学方面的知识的，就成为大家所关心的问题。2003年12月初，沈津先生回上海探亲，返美时途经广州，应中山大学图书馆程焕文馆长的邀请，来中山大学图书馆古籍部与大家座谈。座谈中沈津先生谈了在顾老的带领下他个人成长的经历，以及顾老的治学方法与为人。座谈内容主要与培养古籍专业人才有关，为了能与更多的业内人士分享，特将其整理刊发。

---

① 钟稚鸥，时为中山大学副教授。——编者注

钟稚鸥：沈津先生，中国古籍浩如烟海，但这方面的行家却越来越少，专业人员的培养远远跟不上需要。作为一个古籍方面的专门人才，请谈谈您是怎样进入这个领域的。

沈津：我一直认为我个人在中国图书馆学界是最幸运的人之一，因为我曾追随顾廷龙先生整整30年，从而由一个普通的学生逐步成长为20世纪80年代中国图书馆学界最年轻的研究馆员。

沈津与顾廷龙、吴织

这一切都是当年上海图书馆领导的培养，也是我永远忘不了的。那是1960年，上海市委宣传部考虑到文化界的不少专家、艺术家年纪都大了，他们的专长必须有人继承，因此专门拟订计划，培养这方面的专业人才，这样就不会后继无人了。我就是在这样的情况下被选送到顾先生身边工作，拜他为师的。顾先生1997年曾对中华书局的编辑说，他在上海图书馆只有两位学生，一位是沈津，另一位是吴织（比我晚一年拜师）。

钟稚鸥：可不可以谈谈您是如何接受专业训练的？

沈津：当然可以。如您所知，在20世纪60年代初期，目录版本学方面有着"北赵南顾"之说，"北赵"指北京图书馆的赵万里先生，"南顾"即为顾廷龙先生。顾先生的文字学、文献学、目录版本

沈津与潘景郑

学在国内是一流的。我常说,和顾先生在一起是我的福分,做他的学生又是一种缘分。我的老师除了顾先生,还有潘景郑、瞿凤起先生。他们也是现代重要的版本目录学家。潘是国学大师章太炎和曲学大师吴梅的弟子,滂喜斋潘祖荫的后人。瞿是清代四大私人藏书楼之一铁琴铜剑楼瞿氏的后人。他们训练我很严格,每个星期都要上课,读古文,《纲鉴易知录》《史记》《古文观止》都读。每天还要练一个小时的书法,我临的碑帖每星期都要送给顾先生看,他会告诉我这笔不对、那笔如何,有时还会坐下来临给我看,我至今还保留着他为我临的帖子。这种练字对我后来鉴定抄校稿本有很多帮助。

我记得当时顾老让我学习查找工具书,即遇到问题应查何种参考书、工具书。他让我到书库去找书,多的时候一天要找几十本。学会熟练使用各种各样的工具书是古籍工作者的基本功。我觉得让我进步最大、收获最多的是编辑《上海图书馆古籍善本书目》。那时校卡片的主要是潘、瞿二先生,顾先生有时也看书及卡片。我负责从书库提书、还书。顾先生要我把每种善本书对照着潘、瞿先生改动的卡片,即为什么改、原来错在什么地方,全都看一遍。那时我住在图书馆里,白天看不完晚上接着看。就这样,到1965年年底,《上海图书馆古籍善本书目》初稿完成,我也将馆藏善本1.4万种,包括宋、元、明、清的刻本、抄本、校本、稿本、套印本、活字本以及敦煌写经等基本都过目了一遍。这为我以后的工作打下了较好的基础。

钟稚鸥：我们图书馆古籍部现在正在韩锡铎专家的带领下学习古籍的版本鉴定，年轻人已经学到了不少知识，您觉得古籍的版本鉴定在哪方面难度最大？

沈津：古籍版本鉴定有很多实践经验在书本上是学不到的，一定要多看多比较。40多年来，我几乎都在和书打交道，如果说经验，那就是多实践、多作笔记、多查书、多请教专家。我认为最难鉴定的是宋元之间的版本，当然，元明、明清之间的版本也都存在这样的问题。朝代之间的替换只需要很短的时间，而一部书的刻写则需要很长时间，有的要经过几年才能完成，因此刻写的风格不可能说变就变，所以鉴定起来有一定的难度。另外，抄校本也是很难鉴定的，古籍版本书上很少谈抄校本。毛春翔的《古书版本常谈》讲到抄稿校本只用了1000多字。书商为了牟利，会制作伪抄本。比如，为了搞清劳格、劳权二人的字区别到底在哪里，我就调出他们的批校本和题跋，放在一起对照，比较着来看才能分辨。还有黄丕烈的题跋或批校也是一样，看得少就不容易辨认，搞得不好，假的也会当成真的去著录。

大家公认毛抄是最好的，北京、台北、苏州、常熟都有收藏。苏州图书馆藏的是许培基从造纸厂边缘抢救回来的，常熟图书馆收藏的是瞿氏赠送的。但是真正能看到毛抄的人太少了。有一年，某图书馆看见两部毛抄，由于当时他们不敢断定其真假，就没有买。后来北京图书馆的冀淑英和丁瑜来此地，经鉴定，看出是真本后立即买走。这两部毛抄就这样与之前那家图书馆失之交臂。

我写过一篇《关于中国现存最早的元刻朱墨套印本〈金刚般若波

罗蜜经〉》的文章。这件国宝现存台湾,大陆一般人都无法见到原件,所以在有关论述此本的文章中多是泛泛而谈,人云亦云,且多有讹误。我于2001年在台北开会时,曾向图书馆特藏组三次调阅该经原件,经过仔细辨认,确定是朱墨套印本,而并非一版双色印本。其中一个重要的根据是朱色大字皆断版,但夹在中间的小字皆不断裂,这可以说明不是一块版子。如是一块版子,断裂时大字小字应同时断裂,而绝不可能只断大字不断小字。再察看一些细节,有数纸清晰地显示无论是黑色小字还是朱色大字,都是用小木块或长方形木块在一张纸上捺印文字。这种情况或许可以推测原已刻就一版,为了区分经文和注释,请匠人锯开,然后用朱、墨双色套印。再经过推断题跋时间、比较别的唐人写经、参考前人考证等多方取证,可知此经为我国现存用双色印制形式出版的最早一部图书。①

1982年,沈津与任光亮(左二)、冀淑英(左三)、沈燮元(右三)、骆伟(右一)在济南

这些鉴定知识是在长期的经验积累中形成的。记得有一次我随冀淑英先生去山东博物馆,看到一部佛经写本,初看起来不错,像是宋人所书。后来冀先生说:"你再仔细看看。"我再一看,

① 详见《图书馆杂志》2002年第11期。

就觉得到不了宋，而是明初的。又如，自1924年雷峰塔倒塌，经卷面世后就产生了不少仿刻本。现在雷峰塔经卷在北京、上海等图书馆都有收藏，但是在鉴定中仍然会出现不少问题。

钟稚鸥：最近几年您出版了几本著作，请问您是怎样学习的？我们现在怎样才能学到比较扎实的知识？

沈津：就我的体会而言，最好的学习方法是认定一个课题，围绕着这个课题你去查找资料，查找的过程就是学习的过程，可以学到很多东西。去年（2002年）我出了一本《翁方纲年谱》，虽然这仅仅是一本年谱，但是我为了这本书前后竟花了整整40年时间。那是1960年的冬天，工作之余，每个星期天的上午，顾老都会到上海图书馆长乐路书库看书。我在征得他的同意后，每个星期天上午我也去那儿，整理他的藏书，听他讲目录学的源流、版本的鉴定，以及清末、民国老一辈学者们的掌故，无拘无束，话题很多。

有一次顾老很慎重地对我说："你每天都和古籍版本接触，这可以在工作中提高你的业务能力，但是你应该作一个题目，以后还应该作一些研究，不能把自己框在一个圈子里。"他又说："有一个人很值得研究，那就是翁方纲。翁方纲是清乾嘉时期一个很重要的学者，又是书法家，很多有名的碑帖都经过他的鉴定，他的题跋在《复初斋文集》里有一些，但大多数都没有收入。你可以细查馆藏的各种善本、普通古籍以及金石拓本、尺牍，将有关翁方纲的题跋和尺牍抄录下来，数量一定很可观，将来有条件再写一本《翁方纲年谱》。为翁方纲作谱是值得的，有关翁氏的背景、时代，他所涉及的上司、同僚、友朋等你都可以了解，这对你的工作也有帮助。"

从那以后，我就在业余时间开始抄录各种影印本、石印本碑帖中的翁跋,继而又扩展到拓本,包括宋拓本、明拓本,以及各种尺牍,只要看见就抄。直至"文革"前夕,我大约抄录了200多篇,并把能反映具体年月日或大体时间的事情作了记录。20世纪80年代前后,我利用去北京、南京、杭州等地出差的机会又收集到一部分资料。在整理、阅读并抄录这些资料时,耗在辨字读句上的时间很多,有很长一段时间,我差不多每天晚上和休息日都用在这上面。

由于翁氏所撰题跋之多,在宋元明清众多学者中推为第一,没有任何学者可以与其抗衡,所以我又编著了一部《翁方纲题跋手札集录》。从一般人不易得见的各种稀见善本、珍本拓本、作者稿本以及字画碑帖的影印本中进行搜求,历年所得约900余篇,较原来刻本多出两倍,其中部分内容为第一次公开。总共1300余篇,100余万字,这是已刊行的翁氏题跋之集大成者。这些题跋不仅可以为今人从事文

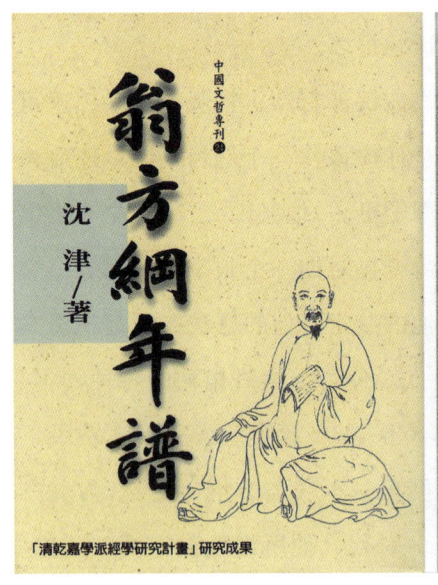

《翁方纲年谱》(台湾"中央研究院"
中国文哲研究所,2002年)

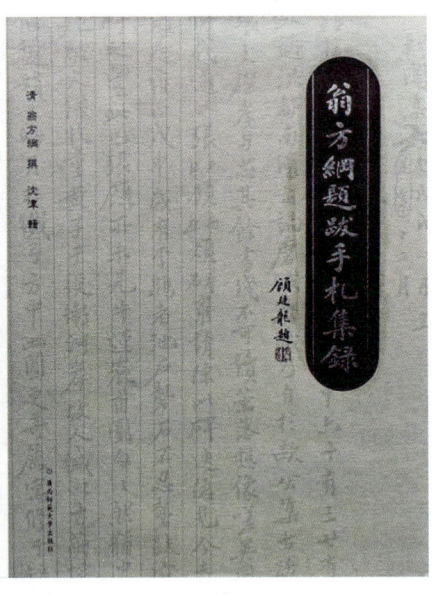

《翁方纲题跋手札集录》
(广西师范大学出版社,2002年)

物鉴定、考证字画源流以及古籍整理等提供重要佐证，而且对于已湮没不存之文物，研究者也可借此窥原物之一斑。就这样，在顾老的指点下，写这两部书花了我40年时间，正是在这长期的准备过程中我学到了很多东西。

钟稚鸥：我们中山大学图书馆目前在编馆藏善本书目，将来可能还会再写一本馆藏善本书志，您对此有什么建议吗？

沈津：每一个重要的省市一级的公共图书馆或大学图书馆都有自己的特藏，这些特藏文献不管是一般意义上的善本书还是新善本（含革命文献），都是图书馆经过几代人的辛勤搜集而达成的。善本书不能永远放在书库不让人使用。对于研究者来说，他们渴望了解图书馆的"家底"。目前国内还没有一家图书馆有自己的善本书志出版。北京图书馆、上海图书馆、南京图书馆、浙江图书馆、北京大学图书馆等皆没有。所以中山大学图书馆如能有书志的编写出版，那就是走在前面了，也一定会推动其他图书馆进行此项工作。写书志不容易，也正是因为不容易，所以各馆才没有轻易去展开。不过我觉得，中山大学图书馆目前在训练青年人编馆藏善本书目，实际上是在做一次"练兵活动"，以后这批力量就用得着了。

钟稚鸥：您写的《美国哈佛大学哈佛燕京图书馆中文善本书志》，我们在工作中有时会参考，您可以谈谈当时写作的情况吗？

沈津：我在写《书志》时，时间紧迫，在两年内要完成1433种善本书的提要，包括书名卷册、版式行款、全书要旨、著者生平、特点源流、题跋牌记、刻工书铺、递藏钤印以及海内外收藏馆名等，均要一一记载。那庞大的工作量和写作难度对我来说都是一生中绝无仅有的挑战。我想对于别人也许是"十年磨一剑",但对我来说却有"三十年写一志"的感受。由于时间紧迫,在撰写中我没有打草稿,只能将书志要点直接写在稿纸上。每篇书志大约五六百字到一千字。如果没有以前顾老对我的基本功训练,我是不可能在有限的时间内完成这部100多万字的著作的。几乎每篇书志都要核查10种以上的工具书及参考书,查得最多的就是地方志,里面有很多有用的资料。这也与我以前参与《中国古籍善本书目》的汇编、审校、定稿时能在实践中向编委会里的一流专家、学者时时请教,学到了课堂和书本上学不到的知识是分不开的。

我们现在在做馆藏清代善本,即把乾隆六十年(1795年)以前的刻本都写成书志。这些书志较过去要写得更为详细,目前所写已完成100万字,全书完成约要250万字。所以哈佛燕京图书馆以后还会聘请专家来美协助撰写。

钟稚鸥:顾老是怎样学习的?请您谈谈他的治学方法和为人。

沈津与顾廷龙

沈津:顾老认为学问不是一蹴而就的,而是靠日积月累形成的。年轻人不要急于写文章,他非常反对那种急功近利的做法,因此跟他做学问的同时也能学到怎样做人。我在20

世纪六七十年代都是以积累知识为主，很少发表文章。顾老常常告诫我："做人不要锋芒毕露，要低调。"记得 70 年代有位教授写了一篇关于缪荃孙作假的文章，他引用的资料很多都不符实，仔细看会发现很多错误。我本想写一篇反驳的文章，顾老知道后阻止我说："不必了，放他一马。"另一件事我也记忆犹新。我在使用工具书时发现只有《清人文集篇目分类索引》，没有《明人文集篇目索引》，于是收集了很多资料，做了好几箱卡片，想编写一本《明人文集篇目索引》，但顾老认为条件不成熟，说暂时不要做。我到 1979 年才开始发表第一篇论文《关于版本鉴定的几个问题》。

顾老自己写文章也十分严格，他常说："文章是写给别人看的，一定要谨慎。"他每写一篇文章都要请一至三个人看，一篇文章至少要修改 4 稿。顾老为新版图书的题签在国内是最多的，有 600 多种。但他题签时从来没有应付的，每一次题签都要写 4 张，让别人选其一。明年（2004 年），上海古籍出版社将出版一本我编的《顾廷龙书题留影》，于此可见顾老题签之一斑。顾老认为学习要做到眼勤、手勤。眼勤就是要多看，手勤就是要多记。他每次出差都要带个小本子，看到有用的东西就记下来，这样的小本子他有许多本。顾老认为认真和勤奋是成功的必要条件。20 世纪 80 年代文化部①抽调各省图书馆的专业人员参加编纂《中国古籍善本书目》，大家的工作态度十分严谨认真，有疑问就查考书籍或展开讨论，直到问题澄清为止。顾老说："将来这些人就是每个省的骨干。"

顾老对任何人都是谦卑为怀。曾经有个小学生向他询问："你的

---

① 2018 年 3 月，第十三届全国人民代表大会第一次会议决定，组建文化和旅游部，不再保留文化部。——编者注

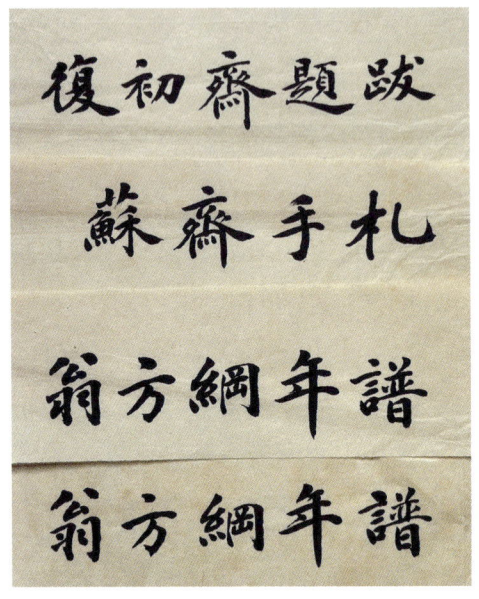

顾廷龙为沈津写的题签

那个'龙'字为什么是这样写的？我查了很多字典都没有这种写法，你有什么根据？"顾老照样很认真地答复他。20 世纪 60 年代有个农村的小学很穷困，写信给上海图书馆，希望顾馆长能给他们学校送些书。顾老就从自己的工资里拿出 200 元钱，叫我买了许多连环画给他们寄去，并且说不要告诉任何人。顾老当馆长时要求年轻人都练习书法，当时有个女青年要顾老给她写字帖，顾老就用《国际歌》的歌词内容给她写了一本字帖，满足了她的要求。

结束语

沈津先生概括他的成长过程，认为培养古籍专业人才需要具备三方面的条件：第一要有一个好导师，第二要有丰富的馆藏，第三要参考书、工具书尽可能齐备。由于沈津先生的自谦，他省略了最重要的一条，那就是本人的勤奋和努力。如果没有对古籍工作的热爱和追求，他不可能孜孜不倦地追随顾老 30 年，接受严格的专业训练，从一个大专生成长为海内外知名的古籍专家。如果没有他的勤奋和努力，他不可能成果累累，到目前为止已经出版专著 7 种，字数达 400 万，论文数十篇。沈津先生现在的工作是哈佛燕京图书馆古籍部主任，他的环境和机遇是其他人很难具备和遇到的，但他的精神是我们应该学习的，他的宝贵经验我们是可以借鉴的。

在老一辈专家学者逐步离退的情况下，古籍专业人员日益匮乏。中山大学图书馆在程焕文馆长的主持下，近几年来非常注重古籍专业人才的培养。除了增加博士、硕士的人数以提高原有工作人员文化素质外，还聘请外省退休专家韩锡铎、潘美娣来我馆培养人才，这是"哈佛模式"在中国图书馆的首次尝试。这次又邀请沈先生前来座谈，无疑对加强我们的人才队伍建设起到了推动作用。每一个有志于图书馆古籍工作的人，只要能像沈先生那样对事业执着追求，刻苦学习，刻苦磨炼，都有希望取得不同的成就。

20世纪90年代，沈津访问中山大学期间与中山大学图书馆职员在广州陈家祠前（从左至右：陈莉、潘美娣、沈津、钟稚鸥、韩承铎、邓智华）

注：上文原以《如何培养古籍专业人才——与沈津先生座谈纪要》为题刊发于《图书馆论坛》2005年第2期，收入本书时内容略有修订。

谈谈摇篮本

——答王雪霞①问

[王雪霞按]：2006年7月，一本罕见的莎士比亚特大装剧本集，在伦敦苏富比拍卖行以280万英镑（约合3900多万元人民币）成交，这或许是西文书籍将陆续登陆中国古籍拍卖市场的前兆。2006年，中国嘉德拍卖公司预计推出一场有1074部珍贵早期西文书籍拍品的专场拍卖，虽然后来在临拍前撤拍，但依旧是个信号。2006年秋拍，上海嘉泰拍卖公司有多本早期海外古籍付拍，其中1825年《莎士比亚剧本》袖珍本，4册，拍得两万元。2007年春拍，嘉泰再次上拍几部西文书籍，其中有1885年英文原版《莎士比亚戏剧集》，精装13册，棕色摩洛哥羊皮装订；1894年伦敦出版的《美丽的大不列颠》（英文版）；1930年法国巴黎出版的《第一次世界大战纪实图片集》（法文版）。而中国书店海王村拍卖会上也偶尔出现外文书籍的身影。也许不久后将有更多的西文古籍登陆中国拍卖场。为此，我们特请美国哈佛燕京图书馆的沈津先生为我们谈谈西文古籍中的摇篮本。

---

① 王雪霞，《藏书报》总编辑。——编者注

王雪霞：沈先生，继上次采访您关于哈佛燕京图书馆所藏革命文献后，又过了一年，这次要聊聊摇篮本了。什么是摇篮本？

沈津：摇篮本，incunabula，这个词原来是拉丁文，原意是摇篮期（cradles），故称此时期的出版物为摇篮本。在约翰内斯·古腾堡（Johannes Gutenberg）发明活字印刷术之前，欧洲的图书流通，都是依靠抄写来进行，除修道院僧侣抄写外，还有读者自抄，或向抄书铺订购。而古氏的活字印刷术，借助工具印刷图书，借以取代缓慢的人工抄写。1639年，德国人贝尔纳德·冯·马林克罗特（Bernard von Mallinckrodt）率先使用"摇篮本"一词，来泛指从15世纪中叶印刷术首创时至该世纪结束50年间欧洲活字印刷的出版物。这个说法后来为世人所接受，并沿袭至今。15世纪末，欧洲出版摇篮本最多的地区应该是威尼斯、巴黎、罗马、科隆、斯特拉斯堡，而印坊最多以及出版数量遥遥领先其他地方者，又非威尼斯莫属，所以将威尼斯冠以"摇篮本之都"也不为过。

王雪霞：谈到摇篮本，必定会提及古腾堡，他是个什么样的人？能不能作些简单介绍？

沈津：欧洲活字印刷术系德国人古腾堡约于1450年发明，他是德国莱茵河畔美因茨人，生于1398年左右，卒于1468年，年70余岁。他是当地贵族之后，其父为当地大主教的金匠，并与铸币厂关系密切。世人对古腾堡的早年所知甚少，但从其家族的状况和财富来看，他应受过良好的教育，其冶金方面的知识和技术当是从其父处学得，此种技术可视为古氏发明印刷术之重要基础。

王雪霞：古腾堡发明活字印刷术有什么意义吗？

沈津：他所发明的活字印刷术促进了印刷术的发展，并于 1464 年传入意大利，以后相继传入荷兰、瑞士、比利时、奥地利、西班牙，直到 1476 年才传入英国，1491 年又传到东欧的波兰。至 15 世纪末，欧洲从事印刷业的机构已达 200 多家，从业人员达到 1000 人左右。这不仅推动了当时已蓬勃发展的文艺复兴运动，也对宗教改革运动起到了推动作用。

王雪霞：古腾堡的活字印刷术印出的第一部印刷品是"四十二行本《圣经》"，习称古腾堡《圣经》，您能简单介绍一下吗？

沈津：古腾堡《圣经》是以拉丁文印行的，采用歌特体大号活字，每页两栏，各 42 行，书中并未注明出版于何时、何地，何人印行，也没有书名页。整本书厚达 1482 页，从头到尾没有标明页码。据学者考证，这部《圣经》最初印了 150 部，其中 30 部印于羊皮纸上，120 部印在其他纸上。截至 2000 年的普查，全世界现存 48 部，其中只有 21 部是全帙，这些本子以德国、英国、美国所藏最多。两种本子，至于哪一种印制时间较早，目前并无定论，但一般认为纸本印制在先。

王雪霞：如今古腾堡《圣经》的价格如何？

沈津：俗话说"物以稀为贵"，我先举一个例子吧。2004 年，美国放映了一部电影，名字叫《后天》（*The Day After Tomorrow*），内容是说气象专家的儿子和一群民众因躲避大风雪灾难，而进入纽约公共图书馆，并度过了生平最难忘的几天。其中有一个片段，描述了图书馆馆长在最困难的时候，都要守着该馆的镇馆之宝——古腾堡《圣经》，因为这位馆长认为古腾堡《圣经》代表了人类的知识因印刷术的发明而得到普及，象征着文明的传布。直升机来救他们时，他就抱着这本《圣经》上机,绝不让它受到损害。据我查到的材料,1926年,A. S. W. 罗森巴哈(A. S. W. Rosenbach)在一场拍卖会上以10.6万美元购得一部,现此本藏于美国普林斯顿大学图书馆。1978年,在纽约克里斯蒂拍卖会上,拍出了一部原藏于纽约神学院的全帙,价格为2200万美元。同年,美国得州大学人文中心,以2400万美元也购得一部。1987年,美国加州的一个纪念图书馆所藏残本出现在克里斯蒂拍卖会上,被人用490万美元拍得。目前,不管是全帙抑或是残本,几乎都已不在市场上流通。

纽约摩根图书馆藏古腾堡《圣经》

王雪霞：那么摇篮本的印刷有什么特点呢？

沈津：摇篮本的字体、标点符号、版式以及纸张等方面，均和后来的印刷物有所不同，据此可大致考证其印刷年代或对其进行鉴定。摇篮本的形制与面貌，是以当时的写本为宗，力求无二致，期能吸引习于写本之读者购买，故最初期的印本自活字字体、彩饰图绘到版式装订等，均与传统写本相似，稍后的印本又发展出其他各种面貌。以字体来说，有两种：一是哥特式，字形直竖少圆柔，棱角凸显，下脚曲钩而上端带刺或棒状，较难辨识；一是罗马式，1465年首见使用于罗马，字形较哥特式易于辨认，以后又经重新设计，才广泛为各地印坊复制采用。有很多摇篮本都有插图，1470年以前出版者，插图多线条简单，人物也拙朴。后来者则版画技巧及印刷技术越来越精，如1493年出版的《纽伦堡纪事》，有645幅插图。至于装订形式，初期是先缝线成册，外加木板，再覆以皮面，通过特殊手段在皮面上饰以人物花纹图案，考究者镶以包角，或饰以珠宝，添加搭扣，则成华丽之本。1480年后，因书籍需求骤增，则趋向于轻便经济，而图案之装饰也改为铜板压烫，以省工时。

王雪霞：目前流传的摇篮本还有多少？

沈津：15世纪欧洲出版物的确切数字谁也说不准，据专家估计，总数大约在3.5万种到4万种，包括图书、小册子、传单等。大约17世纪中叶，欧洲有些藏书家开始收藏摇篮本，18世纪末在英国达到高潮。现存摇篮本总数约在3.5万种以上（不包括活页文献、传单等），大英图书馆、牛津大学博德利图书馆、法国国家图书馆所藏均在一万种以上。

王雪霞：您是否了解美国及国内收藏的摇篮本情况？

沈津：据报道，美国国会图书馆藏的摇篮本不少，也有古腾堡《圣经》。而哈佛大学里有一个贺腾珍本图书馆，那里的收藏有许多是难得一见的孤本，该馆属于摇篮本的出版物有2000余册，而古腾堡《圣经》也藏有两部，是1454年的版本。至于中国国内的收藏，我相信不多，私人所藏摇篮本更鲜闻其事。以上海图书馆来说，它的馆藏外文善本有1800余册，但都是1515年至1800年期间的欧洲出版物，均藏于徐家汇藏书楼，并没有摇篮本。中国国家图书馆的北堂书库情况我不清楚，但即使有，也一定不多。

王雪霞：关于摇篮本，有什么目录可以检索？

沈津：最早出现的摇篮时期出版物的目录，是18世纪由格奥尔格·沃尔夫冈·潘策尔（Georg Wolfgang Panzer）所编的《活字印刷术发明编年史》，共5册。此目录之排列方式首依印刷者，其下为出版物之名称，并按出版年先后次序排列。1904年，在德国柏林开始调查并编制的《摇篮时期出版物总目》，收录了4万种以上可考的摇篮本。如以当时每种平均印刷500册（件）来计算，则15世纪的出版品数量约在2000万册（件）。这些欧洲印刷的古本至今尚存多少，无法确知。据20世纪60年代的调查，美国有700多个团体和个人收藏了这些古本，总计约有4.8万册（件）。

王雪霞：谢谢您接受我们的电话采访。

沈津：不用谢。实际上，活字印刷术早在中国北宋庆历年间（1041—1048）即由平民毕昇创制，印制方法记载在沈括的《梦溪笔谈·技艺》中。古腾堡在德国发明的铅合金活字印刷术晚于中国400

年，所以一想到四大发明，中国人确实应该为之骄傲。

注：上文首刊于 2007 年 7 月 30 日《藏书报》，收入本书时内容略有修订。

书缘·书事·书趣
——答杜泽逊[①]问（外一篇）

杜泽逊：各位朋友，各位同学，我们今天非常荣幸地请到哈佛大学哈佛燕京图书馆善本室主任沈津先生来给我们作演讲。我先简单介绍一下沈先生。沈先生有博客，有的同学看过，我的有些话可能有重复。沈先生是武汉大学图书馆学系毕业的，那是1966年，后来长期在上海图书馆从事古籍工作，并且长期追随版本目录学泰斗顾廷龙先生学习，可以说是顾廷龙先生的衣钵弟子。在1986年到1987年，沈先生曾到美国纽约州立大学石溪分校做研究工作，1988年成为研究馆员，在当时来说是我国比较年轻的图书馆界的正高级职称获得者。他曾经担任中国图书馆学会理事、学术委员会委员、古籍版本分委员会副主任，曾长期担任上海图书馆特藏部主任，还曾任上海市第七届政协委员。1990年他任职香港中文大学中国文化研究所，1992年到美国哈佛燕京学社做访问学者，后来就接替了哈佛燕京图书馆善本室主任的重要职位。我的感受是，改革开放后的二十几年间，从事中国古籍版本目录之学的人出版的个人著作，无论是质还是量，大约都没有人可以超过沈先生，这是非常客观的。

下面我们就请沈先生根据他的经历给大家讲几个小的专题。沈先生是不是先简单介绍一下顾廷龙先生？

[①] 杜泽逊，山东大学文学院讲席教授，《文史哲》编辑部主编兼主任。——编者注

沈津：好，谢谢主持人，也谢谢大家，我们来聊天吧。顾廷龙先生是我的恩师，他过去曾经担任过上海图书馆的馆长。顾先生也是国内公认的文献学家、目录学家、版本学家，当然为图书馆事业作出了重要贡献。我觉得顾先生是一个非常了不起的人，因为他过去在北平燕京大学的时候就是从事图书馆事业，一直到1939年，那是抗日战争的时候，张元济、叶景葵这些人把顾先生从北平的燕京大学图书馆请到上海，筹建了一个合众图书馆。合众图书馆是一个非常小的图书馆，很不显眼的，尤其是在上海这个十里洋场。为什么呢？这个图书馆是没有挂过牌子的，你看任何一个图书馆都有自己的牌子，而合众图书馆从来没有自己的牌子，没挂过。一直到1954年，它才改名为历史文献图书馆，那才有了牌子。后来我才知道那块牌子已经写好，就是没挂过。在20世纪30年代末和40年代这段时间中，这是非常不容易的。那么应该把它建设成一个什么样的图书馆呢？就是为国家为民族保存祖国传统文化、保存许许多多重要文化资源的图书馆，这是非常了不起的。

你想，当时那种情况下，一个小图书馆，哪有什么采购经费啊？非常稀少，难得之极。尤其是在20世纪40年代初期，那是物价腾贵的时期，根本就没钱，靠什么来生存呢？当时就是张元济先生、叶景葵先生他们把很多家藏的图书，包括一些善本书，一些宋元本、明清刻本，也包括一些重要学者的批校本、抄本，全部拿出来，几乎是一部不留地捐给了合众图书馆。当然也有一些其他的人，包括广东的叶恭绰先生、福建的李拔可先生，这些都是很重要的人物，他们把家藏一部一部拿出来。

我在写顾先生年谱的时候看了很多材料，像张元济先生，是当时商务印书馆的董事长，对中国的教育，对中国的传统文化等方面贡献很大。张先生收集了许多海盐文献，因为他是浙江海盐人。他真的是费尽心思，花了几十年时间，收集了许许多多地方乡贤的著作。他感觉到这些东西保存在他那里不方便，就拿出来了，这种化私为公的品德真的非常高尚。叶景葵先生也是这样，叶先生当时是浙江兴业银行的董事长，有一点儿钱，但他把这笔钱全部用来买书。他有很多重要的书，如《读史方舆纪要》，是一部稿本，后来把它印出来了。叶先生把所有的书都捐给了合众图书馆。合众图书馆就是这样从无到有、从小到大地保存了许多中国传统文献。

合众图书馆1954年改成历史文献图书馆，1958年又合并到上海图书馆，同时也完成了自己的使命。顾先生那时候非常了不起，为保存这些文献，跟日本人进行智斗。斗什么呢？就是斗那个馆址。合众图书馆是在上海的长乐路、富民路口，那个地方非常好，当然不是说它是什么风水宝地啊。日本人看中了那个地方，想尽一切办法要把它夺过去。那时候张元济、陈陶遗等很多人，陈陶遗过去当过江苏省省长，通过很多关系，最后还是保住了这个地方，那时候确实很不容易。

从保存图书来说，也有很多例子。我想到了一个事情，很多人捐给合众图书馆的那些书，顾先生从来没有打乱过，而是保持原来的体系，这点非常重要。我想到一点是什么呢？就是"文革"时黄裳收藏的书被抄，顾先生那时候就在上海市文物图书清理小组工作。这些书运到清理小组之后，有些人说要打散整理，善本书归善本书，普通书归普通书，平装书归平装书。顾先生说不能打乱，这是一个人收藏的，非常不容易。黄裳是从20世纪40年代开始收集线装书的，从40年代后期一直到50年代初期，以后就不大收了。他的书有一定的体系，一打乱以后就再也收不回来了。于是这批藏书就全部移到了上海图书馆。黄裳的书有些真是好,好在什么地方呢?就是那些清初的词集,那都是清初刻本。这些书保存在上海图书馆,全都编目上架,最后落实政策,又全部退还。所以我觉得,顾先生在保存文化方面,尤其是对书的传承起了很大作用。

1983年9月,沈津与顾廷龙在上海图书馆门口

顾先生为有恩于他的几位先生也做了很多事。最初的就是章钰四当斋,四当斋的书就是在章老先生故去的时候通过顾先生的关系全部送到了燕京大学,并且编成了一部目录《章氏四当斋藏书目》,这部书目编得非常好,非常有特色。对王同愈先生也是,顾先生在晚年的时候一定要把王同愈的集子编出来,最后交给古籍出版社印。包括叶景葵先生的《卷盦书跋》、张元济先生的《涉园序跋集录》、顾颉刚先生的《尚书文字合编》等,这些事情几乎都是顾先生在80岁以后做的,一直到90岁多一点儿才全部完成并印了出来。所以我觉得顾先生真的很了不起,一直到最后的时候,把过去对他有恩的那些人的事情都办完了。我相信这也是他人生道路上一个完美的句号。顾先生的事情当然可以讲很多,今天讲不完,以后再找机会细谈吧。

杜泽逊:谢谢沈先生。下面我们想请沈先生谈一下哈佛燕京图书馆收藏的中国古籍和其他中文图书期刊的情况。

沈津：哈佛燕京图书馆是美国哈佛大学图书馆系统中的一个分馆。哈佛大学藏书非常多，大概在 1700 万册，还包括很多的电影胶片、电子档的文件、照片、手稿等。哈佛燕京图书馆是在 1928 年成立的，哈佛燕京学社一成立就有了这个图书馆，那时馆长是裘开明先生。我认为在美国，裘开明先生是对图书馆事业贡献最大的一位华人。他最早毕业于武汉文华图书馆学专科学校，但他居然能在美国为保存中国的文化作出非常多的贡献。

哈佛燕京图书馆最初的藏书只有几千册，到后来逐步收购图书，尤其是在 20 世纪三四十年代从中国、日本、韩国大批采购，今天的哈佛燕京图书馆的藏书量在 150 万册左右。但这 150 万册跟国内的一些省市级公共图书馆不一样，它们是没有复本的，其中有将近 80 万册是中文图书，其他的是日文和韩文的。这些书里中文善本书和普通线装书占了一定的数量，普通线装书的数量在 1.8 万种左右，善本书的数量在 4000 种左右，包括宋元刻本、明刻本、清刻本和稿本、抄本、校本、活字本、套印本、版画等。这些善本书中有些是非常难得的。我曾经作过一个统计，在 1500 部明刻本中，有 188 种是国内 800 多个图书馆所没有的，或者没有这种名目，或者没有这个版本。

所以从数量和质量上来讲，哈佛燕京图书馆都可以和美国国会图书馆相抗衡。1986 年到 1987 年我在美国做访问学者的时候，去过美国国会图书馆，在那里待了一个月，他们把我关在"铁笼子"里看那些善本书。当然现在国会图书馆已经搬到新址了。我说那是"铁笼子"一点儿也不假，它是用很粗的铁丝在一层书库里拦出一个区域，存放国会图书馆所收集的中文善本书。我作过数量和质量上的比较，哈佛燕京图书馆的善本书绝对不亚于美国国会图书馆。美国国会图书馆是美国的国家图书馆，就像中国国家图书馆一样。哈佛燕京图书馆作为一个私立大学的东亚图书馆，居然能收集到那么多书，确实很不容易。

其中有一部分明代刻本是在1945年以后收集的。那是在第二次世界大战以后，日本作为战败国经济一塌糊涂，很多有钱人或者家里有些藏书的，就把书拿出来变卖，换粮食或其他东西。在这个时候，裘开明先生真的是眼光独到，他从哈佛燕京学社拿到了一部分经费，专门在日本找人收购图书。这些书有很多是国内所没有的，是在明末清初或者清代，通过福建地区或者其他一些港口的商人携带到日本去的。尽管这些书的封面已经变样，变成日本的装帧了，或者里面有日本人的藏书印，但书还是中国的——中国的纸，中国的字，而正是这些书是中国所没有的。而且这些书中都保存了那张扉页。很多人都知道，在版本鉴定过程中非常重要的一个辅助条件就是那张扉页，因为扉页上或许有具体刊刻的年代或者出版者的信息。过去我们在编《中国古籍善本书目》的时候，有些图书馆的书就缺那张扉页，所以这个版本的时间就很难断定。断定不了，就只能说是明嘉靖刻本、明万历刻本。而如果有那张扉页的话，就可以知道确切的时间，还有是谁出版的，而从日本得来的明刻本中就保存有这张扉页。

哈佛燕京图书馆确实有一些非常好的书，比如说《永乐大典》。《永乐大典》当然是非常稀罕的，中国国家图书馆收藏有200多册，全世界加起来也不过400多册，而全部的卷数约为2.2万卷，经过打仗或者其他原因损毁，流传下来的非常稀罕。哈佛燕京图书馆有两册，一册是在1937年花了300块大洋买来的，一册是1956年从德国一个艺术家手中买来的。在美国收藏《永乐大典》最多的是美国国会图书馆，有41册，康奈尔大学华生图书馆有两册，普林斯顿大学葛思德东方图书馆也有两册。中华书局影印《永乐大典》，哈佛燕京图书馆的这两册没有被收入，将来或许可以影印出来，使它们以另一种形式回归中国。

还有像《古今图书集成》《武英殿聚珍版丛书》也都是非常重要的书。《古今图书集成》作为清代雍正年间的铜活字印本，当年印得就非常少，只有64部，加上样本不过65部。流传到今天还剩多少呢？现在流传下来的全帙居然只有12部，而哈佛燕京图书馆所藏的这一部就是现存的最重要的一部，或者说是当年那64部中最重要的一部。为什么呢？因为这书里有一方很重要的印，那就是"重华宫宝"，当然还有"五福五代堂古稀天子宝"等三玺。这个重华宫是乾隆还没当皇帝的时候居住的宫殿，后来是乾隆皇帝宴请大臣的地方。这部《古今图书集成》就放在他当年的居所里，天子看的书当然应该是最好的。至于《武英殿聚珍版丛书》，是乾隆年间的木活字印本，当年也只印了300套。现在还有多少套呢？少极了。日本有几部，北京也不多，哈佛燕京图书馆有一部全的。这套丛书一共收了138种书，但是几十年间刻一种印一种，把它凑成完整的一部难极了。后来民国年间的藏书家，像徐乃昌、缪荃孙、叶德辉等人都没办法收全。而哈佛燕京图书馆这一部是全的。

哈佛燕京图书馆有些书是非常难得的，包括一些文集、医书，或者经部、史部的一些书。因为这些书中国没有，所以我们很想做的一件事情就是把流落在美国的、中国所没有的书印出来，以胶卷的形式或者与国内的出版社合作影印的形式，让大家都可以用。这种做法呢，实际上反映了哈佛燕京图书馆所秉承的"学术乃天下之公器"的原则。对哈佛燕京图书馆来说，所有的收藏无论多么珍贵，哪怕是放在保险箱中的东西，都是可以用的。鉴于这样一个原则，我们希望把收藏在美国的重要文献和难得的图书化孤本为不孤，化罕见本为不罕

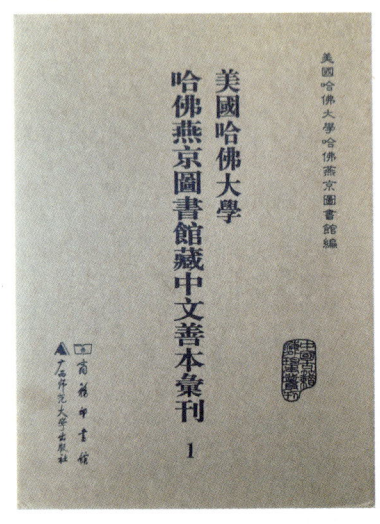

《美国哈佛大学哈佛燕京图书馆藏中文善本汇刊》（广西师范大学出版社，2003年）

见，让大家都可以用。所以2002年的时候我做了一项工作，那就是编了《美国哈佛大学哈佛燕京图书馆藏中文善本汇刊》，里面收录了67种书，印成37册，是广西师范大学出版社印的，杜泽逊先生也是编委。这套书后来还获得了好评，获得了2005年"中国图书奖"。这些书已经在美国了，想把它们拿回来是很困难的事，但是现在如果能够通过复制等形式把这些书印出来，大家就都可以研究利用。

哈佛燕京图书馆还有一些很难得的东西，包括中国人民的朋友埃德加·斯诺（Edgar Snow）在延安、瑞金、宝安等地区收集到的中国共产党文献，如文件、讲话、传单、口号、布告等。这些东西真的是太难得了。开始我看到的时候不知道这一包是什么东西，从架上拿下来一看，居然都是中国革命博物馆应该收藏的物品！这些在当时还可以拿到，但是时间过了以后就再也找不到了。

我在1986年到1987年的时候去过哈佛大学4次。第一次待了4天，是郑培凯教授陪我去的。第二次、第三次都是待了两个星期。他们很希望我做的事情就是在普通线装书库里挑选出所谓的善本书，这些我都做了。但是对哈佛燕京图书馆真正的认识，还是在1992年我去那工作以后才有的。1986年、1987年我看到的哈佛燕京图书馆已经很了不起了，我还写了一篇文章，叫《哈佛燕京访书记》，发在香港的《明报月刊》上。那个时候我就觉得那里有些很难得的资料。比如我看到了一批明朝人的信，分成金、木、水、火、土、日、月7大册，放在架子上，从来就没有人看过。当时我打开看了之后就觉得很难得。很多人都知道，信札这种文献，宋元时的非常少，一些省市级的公共图书馆收藏的明代信札也很少。上海图书馆虽然是收藏信札最多的一个图书馆，但它们多是清代的，所谓11万通信札，明代的只有不到500通。哈佛燕京图书馆收藏的这一宗完全是安徽歙县方氏亲友的手札，居然有七八百通，涉及那么多人，包括明代嘉靖到万历年间一些很重要的人物。

我发现这部书后觉得，要把这部书的内容和价值揭示出来。我不行，但是我相信一定有人能把它做出来。果然过了几年，中国社会科学院历史研究所的陈智超教授来哈佛大学，住在我家里，他对我说："我在日本的时候发现了郑成功的信，在哈佛燕京图书馆你能给我看什么？"我说既然提到了信札，那就给你看方氏信札。我给他看了4部书，看完后他说："沈先生你给我看的这4部书，我可以写成4本书。"陈先生真是厉害，后来他真的花了一年的时间，就在哈佛燕京图书馆我的办公室里，把方氏尺牍全部仔仔细细地看了一遍，作了很多笔记。最后他和图书馆谈好，想研究这部书。对哈佛燕京图书馆来说，只要你提出来，想使用任何资料他们都是欢迎的。你可以使用、可以研究，他们可以提供给你一套完整的胶卷。后来过了几年，这部书由安徽大学出版社出版，把所有的照片全放进去了。陈先生的释文做得好，他把所有的文字几乎都辨认出来了，这是非常了不起的。我拿到这部书后觉得，陈智超真是做了一件非常好的事情。要做成这样一件事情，没有一点儿功力，谈都不要谈。

下面我再讲一下其他的中文收藏，比如地方志。旧的地方志，1949年以前的，我们收藏了大概2800余种，中国国家图书馆有5000

多种，上海图书馆有 4000 多种，哈佛燕京图书馆的收藏也算非常多了。我想重点说的是新地方志的收藏。新地方志在 20 世纪 80 年代以后陆续出版，很多地方都有自己的市志、县志、镇志等。哈佛燕京图书馆应该是全世界收藏新地方志最多的一个地方，有 2.5 万种，中国国家图书馆都没有这么多。国内收藏新地方志最多的是中国社会科学院图书馆，有两万种。因为哈佛燕京图书馆认定了一条，就是从这方面去收购，形成自己的特点，不管你有多少、要多少钱，我全部都要。这些地方志包括妇女志、民兵志、纺织志、水利志、治安志等，名目多得有些都没听说过。我们现在不会研究，但是将来很可能会有人研究这些书。

哈佛燕京图书馆是一个非常好的地方，就是作为一个读者，包括我自己，一定会想要拥抱哈佛燕京图书馆。因为在这里用书实在太方便了。我不知道在山东大学老师学生到图书馆用书怎么样，在哈佛燕京图书馆是这样的，如果你是哈佛大学的人，或者外面的人，你可以拥有自己的借书证，也就是你的 ID。如果你认为一些书对你的研究有用，把架子上的书全部都搬回去也没有人会有异议的，只要你能搬得动。而且如果你借了很多书拿不了，图书馆还会给你提供一个很结实的塑料袋，你可以提回去。当然还有一条规定，如果你借的这 300 本或 500 本书中，有另外的读者所需要的书，那就请你在一个星期之内还回来。如果不还，误一天要交一美元。所以说，借书是方便，但并不是可以借了不还。

对很多人来说，作研究都想得到第一手材料。而哈佛燕京图书馆的所有资料都是公开的，哪怕是善本书。现在你来我们楼上看书，我们欢迎，不需要任何介绍信，甚至不需要看你的证件，在我们的本子上签个名就行了。而且有很重要的一条，那就是很多读者希望可以拍照。我就想你拍吧,拍了之后有利于你的研究,这些书就这样放着没人利用也不行。你研究出来的成果也是回馈这个社会,也有利于其他人作研究。当然如果这本书破损得很厉害,我会

沈津与杜泽逊在山东大学校经处

说拍一两张算了。在哈佛燕京图书馆拍照是不需要收费的,一分钱都不要。而在国内很多图书馆那是需要钱的,不是说拍一张多少钱,而是资料费太贵,几十块一张,如果是顶级藏品的话要100块、200块一张。所以我觉得哈佛燕京图书馆完全是从"学术乃天下之公器"出发,虽然它位于美国,但它愿意为天下所有的人服务。

杜泽逊:上面我们了解了沈先生从上海图书馆到哈佛燕京图书馆的经历。下面想请沈先生谈一下是如何开始研究翁方纲的,为什么40年才出版了《翁方纲年谱》这样一部著作。

沈津:这个说来话就长了。那是在1961年,我跟随顾先生学习。顾先生有一个习惯,就是每个星期天必定到原来的合众图书馆去,那是他过去生活过很久的地方。他每个星期天的上午都会到那个书库的办公室去待半天。我就跟顾先生说:"顾馆长,你去的时候我是不是也可以去?"他说:"好,你来吧。"所以从那以后每个星期天上午我就跟他在一起。他经常给我讲清末民初藏书家的事情,那些老辈学人跟他打交道的事情、指导他的事情,他回溯给我听。或者讲有些书的难得之处,他会像讲故事一样给我讲。我从顾先生那里确实学到

很多。

翁方纲的事情是这样的，有一天顾先生跟我说："版本鉴定是一种技术性的工作，当然也涉及各方面的文史知识，你要考虑的是，如果你的基础打好了，不妨作一点儿学问，作一点儿研究。"那时候我很年轻，就像一个小书童一样，跟着顾先生。顾先生就给我出了一个题目，说有一个人将来可以研究，现在就可以收集资料，那就是翁方纲。那时我对翁方纲并不是十分了解，只觉得是一个很有学问的人。顾先生就说，翁方纲是一位清代乾嘉时候的学者，在很多金石碑帖上都有题跋，如果研究这个人，就会涉及乾嘉时候的很多人，包括他的上下级、亲朋、学生等，对那时的社会、政治、风俗等都会有所了解。那应该怎么做呢？顾先生说："你做两件事。第一是搜集翁方纲所有的题跋、手札，你只要看到就把它们抄下来。尽可能将这些东西收齐了，可以整理标点后把它们印出来。第二就是在此基础上写一本翁方纲的年谱。"我说试试看吧，所以后来看到翁方纲的题跋手札我就抄。

翁方纲的题跋很多是在碑帖上的，所以第一步我把上海图书馆藏的碑帖拓本上的翁方纲的题跋全部抄下来，不管它们和《复初斋文集》中的题跋有什么区别，而且包括宋拓本、石印本、影印本中的题跋。那时候潘景郑先生对我帮助很大，潘先生也是我的老师。他藏有一本书叫《覃溪碎墨》，里面都是前人收集的翁方纲的零零碎碎的小题跋。这本书容庚先生曾借去并写了一段题跋。潘先生说，既然你在作翁方纲研究，那这本书你拿去吧。这本书我后来带到美国去了。老辈对这个工作都很支持，潘先生甚至把他过去收集的翁方纲的资料都给了我。

这个工作我做了很久，刚才杜泽逊说做了40年，的确是这样。

从 1961 年开始到出版，这期间是很辛苦，当然中间经历了"文革"，收集资料非常不容易。这些资料的收集无非是在上海、南京、杭州和北京，后来在中国台湾和美国也收集了非常多。作年谱，非常不容易。我原来没想到，作年谱那么困难。翁方纲活到了 85 岁，在乾嘉学者中是高寿的，很多人都没有他活得长。他接触了那么多人，找材料真的是很困难，尤其是那些尺牍，都是第一手的材料。那时候不像现在有计算机，可以把资料输入进去进行比对。我那时做真是困难极了。比如乾隆元年（1736 年）的材料，搞到一条就写到一张纸上，纸用剪刀剪成一条一条的，再贴起来。这么一本材料后来印出来有 40 多万字。

所以我觉得作年谱也好，做其他搜集性的工作也好，都是一种基本的训练。这种训练有好处，只要有一点儿线索，就可以促使你想办法从各方面去发掘资料。我那时候拼命地去看乾嘉学者的诗文集，就是为了多找到一两条材料。只要能找到，我就想尽一切办法。

最最困难的是台北所收藏的《复初斋文集》，那是一套手稿本，后来成为《清代稿本百种汇刊》中的一部。那时我在美国，看到了这套书，28 册，但是仔细一看，里边的文字非常难辨认。这套手稿后来我去台北看了，因为影印之后它缩小了，所以原来比较大的字就变得很小。我回上海的时候一查，上海图书馆有这套书，我就把它全搬到家里去，花了一年半的时间，从头到尾看了一遍，凡是题跋、信札都抄下来，还有年月日信息，因为年谱缺不了年月日。所有的材料全部抄出来，辛苦之极。我后来想，这么重要的东西在台北为什么没有人研究呢？原因就在翁氏写的潦草字一些人认不得。当时我有识不了的字就夹个小条，第二天早上必定 7 点 10 分左右到图书馆。7 点钟的时候潘景郑先生到馆，那时候潘先生已经 70 多岁了。8 点钟上班之前我

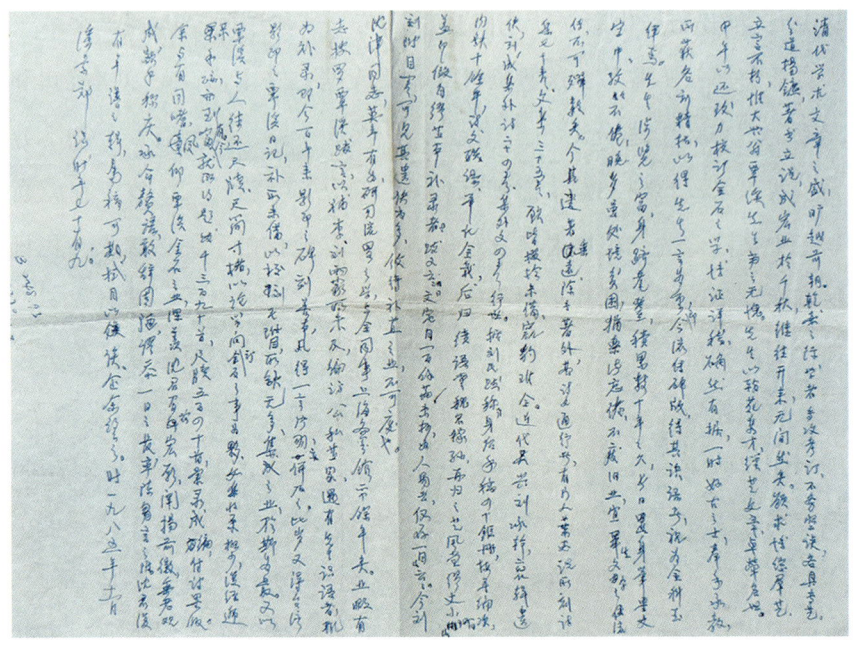

潘景郑《翁方纲题跋手札集录》序文原稿

来请教他,解决了很多字。所以后来《翁方纲题跋手札集录》能印出来。虽然这书只有110万字,但是这110万字都是我自己抄出来的,不是像现在影印复印出来的。那时候没办法复印,只有靠手抄,确实是很困难,花了很多力量。所以我觉得研究一个乾嘉学者,对以后的治学等各方面都是有好处的。翁方纲的事情大体就是这样。

还有一件事情很有意思。《翁方纲题跋手札集录》和《翁方纲年谱》我分别交给广西师范大学出版社和台湾"中研院"中国文史研究所出版,不同的时间交给他们,中间大概相差半年。至于他们怎么审稿的我不知道,后来在不同的时间地点印好了。我居然在同一天的上午和下午先后收到了这两本书,这对我来说真的是非常兴奋,那天晚上我都没睡着觉。整整40年,这两本书终于印出来了,这对我来说是一个激励,另一个方面我觉得也能够告慰顾先生了,他当年留给我的作业我终于交出来了。

杜泽逊:我们了解了《翁方纲年谱》的编写经历了这么长的时间,这么多的困难。沈先生后来为您的导师顾廷龙先生写年谱,顾先生逝世时比翁方纲大得多,顾先生认识的人也非常之多,大约不比翁方纲少。您写的《顾廷龙年谱》篇幅大概三倍于《翁方纲年谱》,可是用的时间却不算长,您能给大家解释一下这其中的原因吗?

沈津:杜泽逊在出题目考我。顾先生当然对我的成长、对我的训练影响很大。我在上海图书馆整整30年,那都是打基础的时期,这对于我后来能够跻身哈佛大学这个殿堂,作用是非常重要的。顾先生去世以后,上海方面马上打电话告诉我,第二天我就请假,第三天就飞北京参加顾先生的追悼会。参加完我就回来了。

当时我就想,顾先生是一个非常了不起的人,我应该做点什么工作来纪念他呢?第一个,我写了一篇文章[①]缅怀顾先生。那篇文章写了4万多字,给《文献》拿去了,后来还发表在别的地方。促使我写《顾廷龙年谱》的原因是,算算时间,顾先生的100周年诞辰就要到了。我就给上海图书馆馆长吴建中写了一封信,跟他说顾先生对上海图书馆贡献确实非常大,可不可以在他100周年诞辰的时候由上海图书馆出面召开一次学术研讨会,来纪念顾先生。同时趁这个机会申请一点儿经费,把顾先生的一些书印出来。吴建中答应了,说我这个建

[①] 该文章题为《学术事功俱隆 文章道德并富——回忆先师顾廷龙先生》,刊登于《文献》2000年第3期和第4期。——编者注

议很好。我当时在策划做两件事,一个是把《顾廷龙年谱》编出来,一个是把顾先生用毛笔写的与一些学者的通信选一部分出来印成一个册子。当然第一件事我觉得我来做比较妥当一点儿,第二件事交给另外一个同事做。

从另外一个角度来看是这样,我总觉得,在中国从清末有"图书馆"这个名词以来,确实出现了许许多多的图书馆学家,包括像缪荃孙、袁同礼、蒋复璁、李小缘、王重民、赵万里等,都是非常重要的图书馆学界的人物。他们有一些是默默无闻地"为他人作嫁衣裳",有些人甚至没有自己的文集,但他们作出的贡献对图书馆事业来说确实是非常之巨大。这些人付出了自己的辛劳,却没有人为他们树碑立传,这个"树碑立传"我指的并不是写一篇文章。我总想为顾先生编一本年谱,让世人来看一看,这位图书馆界的工作者在整个文献学、目录学、版本学和整个图书馆事业中起到了一种什么样的作用。我当时想的就是为他树碑立传,我想拿一本书出来。或许将来还有其他人为图书馆学家树碑立传。

写顾先生的年谱,我整整花了1年零4个月的业余时间。那段时间我是这样来做的:早上6点钟起来做,不管春夏秋冬,一直到8点钟,才去洗漱、吃早饭、上班;晚上吃完晚饭、洗完碗后就是我自己的时间了,我就到楼上自己的房间开始写,把资料输进电脑里,到10点钟或者10点半告一段落。天天如此。星期六、星期天那更是我的天地,除了陪我太太到唐人街买菜。如果碰到圣诞节,那对我来说更是盛大的节日,因为圣诞节加上元旦可以休息10天到11天,那就天天去做吧。人大概只要有一种信念、有一个目标、有一点儿精神,就会一往无前地往前走。

顾先生的材料我是从各方面去搞的。顾先生过去写给我的信很

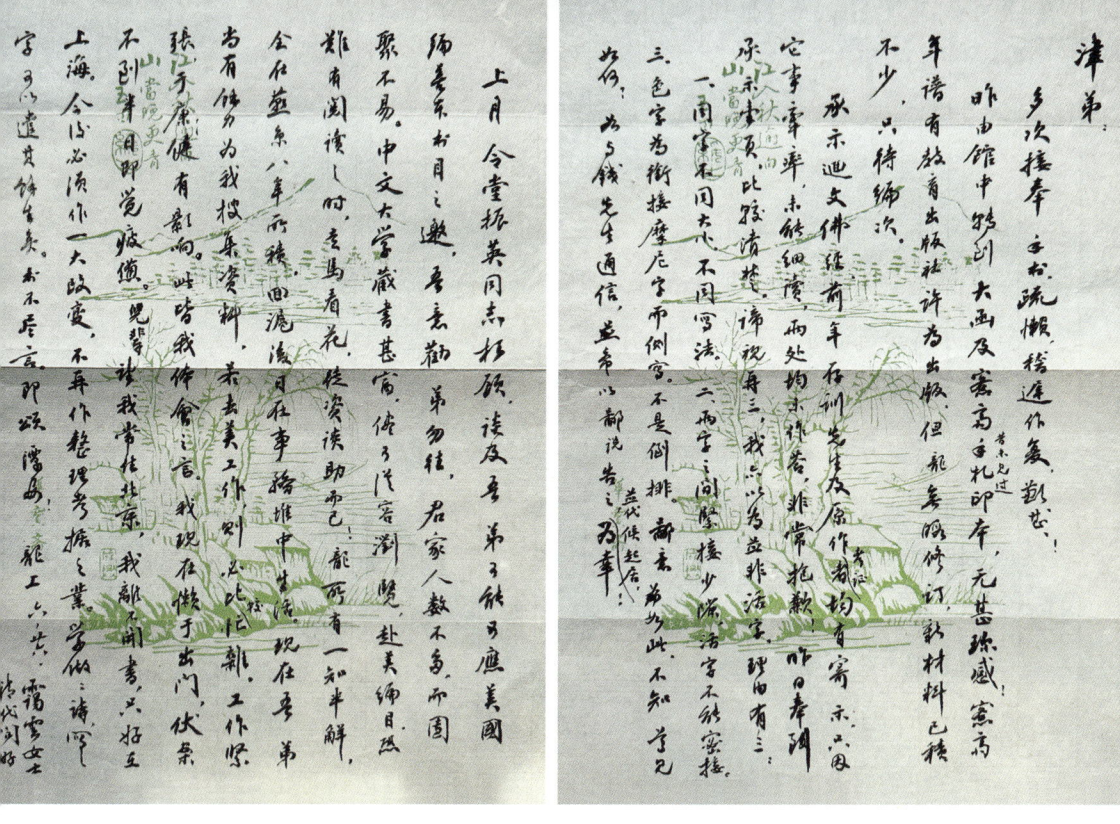

顾廷龙写给沈津的信

多,大概写给我的是最多的,那是他在沈阳、北京时给我写的信,或者我在美国、中国香港时跟他之间的通信,都写得非常之好。当然也有他写给我的同事和其他学者的信。我的同事听说我在做《顾廷龙年谱》,他们愿意把这些信拿给我。如果是别人做的话,他们不愿意拿出来。我为收集材料,专门从美国飞到北京。顾先生的儿子叫顾诵芬,是两院(中国科学院、中国工程院)院士,成绩非常了不起,是设计飞机的。我跟诵芬说好了这件事情我来做,你先把在北苑的所有材料准备好,我来看。因为我在北京的时间只有一天,所以我在北苑看到有用的资料就赶快请诵芬复印。

顾先生有个特点,他平时在口袋里放一个小本子,往往记录了很多东西。有时候我陪他出差,到天一阁或者别的地方,就看他用那个小本子在记,我也不知道他记的是什么。我就把有用的东西全部印出来带走。还有一次到上海，我跟诵芬约好。那次在淮海路顾宅，我花了整整三天的时间，把桌子上、柜子里、箱子里所有的信件、文稿、册子等全部翻了一遍，有用的内容全部复印。我带到美国的东西就是这么一厚摞，而且没有托运。我情愿自己随身携带，因为怕托运的时候弄丢。所以编顾先生年谱的时候，那些材料堆得像桌子那么高。顾先生和其他人的一些通信，凡是重要的我全部复印下来，把有用的内容按年份输入电脑。

因为我过去编过《翁方纲年谱》，所以积累了一些作年谱的经验。编顾先生的年谱必须要知道他老祖宗的情况，如果我在上海，有很多家谱可以查，可是我在美国怎么做呢？正好那年4月的时候，亚洲学会在纽约召开学术年会，我就抽了一天时间专门跑到哥伦比亚大学去，因为哥伦比亚大学收藏的家谱在欧美地区是最多的，有1030多种。我看到了苏州的顾氏家谱，就赶快看、拍照，所以年谱前面的一大段很多是来自家谱。写顾先生的年谱，在收集资料方面不像写翁方纲那样艰难，要到处找，我就集中在上海、北京和美国找。

关于哈佛燕京图书馆我还有一点要说，它所收藏的东西有很多都是非常有用的。比如当年顾颉刚先生他们在编《禹贡》的时候，顾廷龙先生也参与了，当时有些信非常有用。哈佛燕京图书馆收藏了很多20世纪三四十年代的书籍杂志，我就想办法从里面钩稽材料，也很不容易，居然做成了。很多人觉得在美国做什么事情都便当，实际上不是这么回事。在美国我是单枪匹马一个人，也没有助手，很多事情都是靠自己去做。我一有时间就会思考，想办法去寻找材料，后来编制的索引和人物小传，都是从哈佛燕京图书馆的收藏中钩稽出来的。当然为顾先生做事也是我的福分和缘分，因为有些事情只有一次机会，你能抓住了就会成功。成也萧何，败也萧何，我一直相信这一点。

这本书后来交给了上海古籍出版社，这之间也有个过程。上海图书馆下面有个上海科学技术文献出版社，当时他们想出这本书。后来缪其浩馆长来征求我的意见，我说我不愿意，因为它毕竟不是专业的古籍出版社。后来我说能不能给上海古籍出版社，他们是专业的。我还提出来我编了另外一本书，就是《顾廷龙书题留影》。顾先生为很多书题过签，而且可能是题签题得最多的人，我就把这些都收集起来编成了《顾廷龙书题留影》。我约了顾诵芬一起去找上海古籍出版社的社长王兴康。王兴康又把两位责任编辑找来，责任编辑问我稿费怎么算，我想你们这么好那我稿费一分钱不要了，但是每种书要送我50本。我确实觉得为顾先生做事不在钱，而是对老师的一份心意。后来这两本书都印得很好，我也很高兴，因为每一种我都拿到了50本。

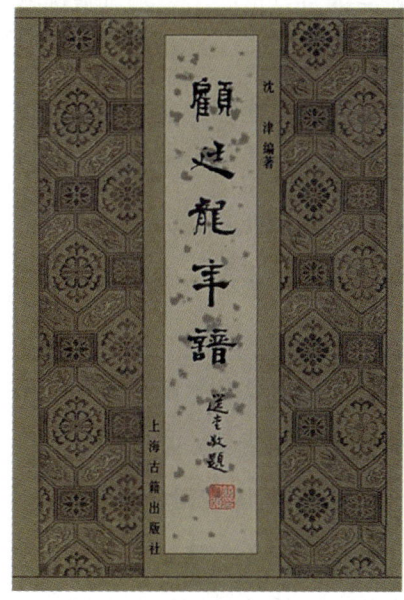

《顾廷龙年谱》

（上海古籍出版社，2004年）

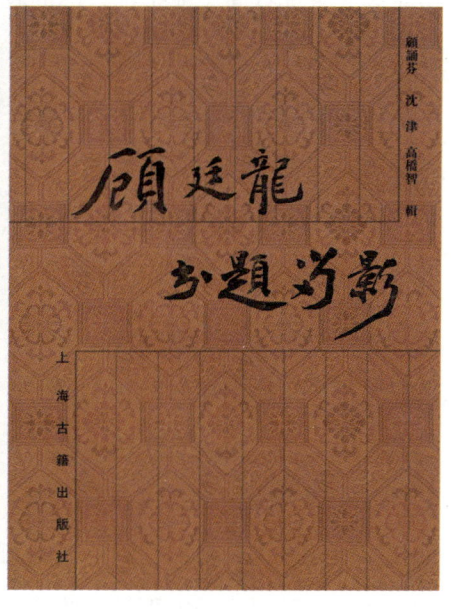

《顾廷龙书题留影》

（上海古籍出版社，2004年）

杜泽逊：真是皆大欢喜。沈先生另一项重要的学术工作是为哈佛燕京图书馆所藏的中文古籍善本撰写书志，这件事情到最近算是圆满地完成了。我们想请沈先生对这项工作作个介绍。

沈津：哈佛燕京图书馆的善本书志的撰写在去年（2008年）圣诞节前告一段落了。撰写书志确实是一件非常艰辛的事情。正是因为写书志比较困难，所以1949年以后中国国内所有重要的图书馆，包括国家图书馆和各省市级图书馆，都没有自己的善本书志。有的仅仅有一个善本目录。通过善本目录你可以知道这个图书馆有什么书，但是要去看这本书的时候，就需要介绍信或别的关系。不看到这本书，你就不知道它里边讲的是什么，有什么重要的东西需要去研究。在清代的时候，一些重要的藏书家都有自己的善本书志、藏书志、题跋、叙录等，有详有简，就是把自己的收藏品的特点反映出来。对哈佛燕京图书馆来说，能收集到将近4000部中文善本书，确实是很不容易的事。但是藏书在美国，国内许多学者或者其他地区的汉学研究者很难知道这些善本书的具体内容，除非到哈佛燕京图书馆去。但是到哈佛燕京图书馆是很不容易的，那些访问学者如果能来的话，可以待上几个月或一年，但是有些访问团待一两个小时就走了，根本就没时间了解那些善本书的内容。

哈佛燕京图书馆有过三任馆长，这80年中只有三任。第一位就是裘开明，第二位是吴文津，第三任是现任的郑炯文，都是华人。他们都是在国内受到传统文化的教育，然后再到美国接受西方的教育。所以对他们来说，他们认同的还是祖国的传统文化。第一任馆长裘开明，通过各种渠道千方百计地收集那些图书。第二任馆长吴文津是在1967年的时候接任的，那时要得到中国图书主要是通过香港地区，他倾向于中国近现代史方面研究资料的收集。他们很想做的一件事情，就是把哈佛燕京图书馆的善本书写成善本书志。在这之前，美国国会图书馆和普林斯顿大学葛思德东方图书馆都有自己的善本书志，那是王重民先生20世纪三四十年代在美国做的。那时候限于条件，书志写得不很详细，但至少可以让国人知道这两个馆藏了些什么东西。虽然那些书志是在中国台湾或美国出版的，中国大陆很少见到，但人们可以通过各种途径去找。如果不去揭示，任何人都不知道那些善本书是什么内容。鉴于这种情况，吴文津就希望找人来写善本书志。

他是怎么找到我的呢？是这样的，我去过哈佛大学4次，他对我有些了解，而且美国的《中报》刊登过对我的采访，并且被《参考消息》转载了，他就看到了那些材料，对我的印象还不错。我那时在香港中文大学，他来的时候忽然间看见我，说："沈先生你怎么在这里？"我说我现在已经定居香港了。他第二句话就邀请我，我就答应了。他想办法去申请经费，钱从哪里来呢？哈佛燕京学社资助。当天晚上吃饭的时候，他就对我说请我两年，希望两年之内我能把哈佛燕京图书馆的善本书中明代及其之前的部分写出来。当然我也有条件，我的太太和女儿都要跟我一起去的，我在中国香港的工具书要全部运到美国去。

我在1992年4月28号晚上到达波士顿，5月1号正式开始写善本书志。写善本书志确实是一种苦差事，为什么这么说呢？当时没有电脑，只能写在稿纸上。我当时就是拿一张稿纸，把善本书放在面前，直接开始写，没有草

沈津在哈佛燕京图书馆参考阅览室

稿。辛苦在什么地方呢？就是每天要写三篇，每天写 3000 字。我有时候对别人说，每天写 3000 字，你或许能坚持一个星期，但是我要坚持两年，500 多天。我每天走在回家的路上都在想，还有多少篇，明天的要怎么来写。就这么每天三篇、每天 3000 字，孜孜不倦地做，居然做完了。写完了算算有 100 多万字，交给出版社印出来实际有 152 万字。

我觉得我做了一件非常有意义的事，就是我把哈佛燕京图书馆这样一个汉学重镇所收藏的善本书的具体内容钩稽了出来。这里面包括一部善本书的书名、卷数、作者、版本、稽核项，包括有谁的序、谁的跋，有没有凡例，卷一第一页是如何题的，这本书版框的高和宽，各种方面的信息全部都要钩稽出来。至于作者的简历，很多是从地方志中查出来的，那要写明出处。书的内容要很清楚，比如这部书有 10 卷，卷一是什么，卷二是什么。然后要讲这部书为什么会被写出来，作者当时的意图是什么，有没有碰到什么困难，或者这部书刊刻的具体依据，这些都可以从序和跋中钩稽出来。这本书有什么特点，在印刷时有没有扉页，扉页是怎么题的，还有现在这部书流传多少，是在美国还是日本，是在日本的内阁文库还是尊经阁文库，要把搜集到的材料尽可能地写进去，最后是收藏印。

我总觉得 21 世纪的信息应该比 20 世纪更多，这也是为什么现在出了那么多的目录学的著作、版本学的著作或者图录。对于今天的我们来说，确实应该比前人做得好一点儿，因为前人做的时候有些工具书、参考书还没有。我们自己辛苦一点儿把书志印出来，大家就都可以用，起到的作用是，如果你看到哈佛燕京图书馆的善本书志，觉得这本书对你的研究非常有用，一定要想办法得到它，这并不困难，因为上面有我们的登录号。哈佛燕京图书馆秉承"学术乃天下之公器"的前提，如果你真的是因为研究需要，而不是牟利，在你付出复制费用后,哈佛燕京图书馆一定会想办法把胶卷给你的。前一阵杜泽逊教授到哈佛燕京图书馆作访问,他提到了《尧陵考》,我们馆长说可以拿去的,你再给我们一种胶卷作交换就行了,不需要一分钱。

我觉得撰写善本书志这项工作的意义在于,我们可以提供一种模式,我们称之为"哈佛模式"。现在很多图书馆都没有自己的善本书志,真正有的不是那些大馆,倒是那些小馆,比如苏州图书馆和武汉图书馆。小馆不容易,偶尔也能做成大事,那就是用微薄的力量写成馆藏的善本书志,所以小馆也能做大事。敢于向大馆挑战、叫板,这是一种自信,我觉得这些小馆了不起。没有他们馆长的支持,没有那些工作人员的努力,书志是印不出来的。他们虽然都只出了经部,但后来还会有史部、子部、集部、丛部,都会一部一部写出来。顾廷龙先生有一句很朴素的话,做一件事情,用什么话来形容呢?那就是"火车只要开,总归是要到站的"。只要持续地去做,不懈地去努力,就一定能达到目标。

哈佛燕京图书馆的善本书志从1992年5月1日开始做,当中停了一段时间,后来我又邀请了国内研究文献学的学者严佐之、谷辉之、刘蔷、张丽娟等,请他们来

沈津与杜泽逊(左一)、何朝晖(左三)、程远芬(右一)

协助我的工作,何朝晖博士也帮助做了很多事情。由于大家的努力,现在工作基本上告一段落了。这本书大约有450万字,配上8000张图

片，印出来后大家都可以用。对我们来说，这也是一种心情上的解脱，我也可以说我做成了。

杜泽逊： 听了以后我非常感动。沈先生要做的大事一件一件都做成了，我们还想知道沈先生今后还有什么大的计划？

沈津： 大的计划不敢说，人也老了，也应该"下岗"了。有一些自己的事情很想了结。前一阵子在一些人的"诱惑"之下，我居然写起了博客。这也是很奇妙的事情，我从来没有想过这个天地有那么大。我一个同事有一次拉我去看她的博客，说："沈先生，我帮你也搞一个博客怎么样？"我也是好奇，禁不住诱惑，她居然很快就弄好了。她说博客弄好了，但内容要自己写，有什么文章可以先发到上面去。我就被赶鸭子上架，下不了台了。我第一篇写的是刘蔷，写她在哈佛燕京图书馆协助我写善本书志的事情。以后我就把我看书的体会、心得、感想陆续放到博客上去了，没想到还有人看，倒也是对我的鼓励。中山大学图书馆馆长程焕文的博客点击率非常高，我就想怎么会那么高呢？但是后来又想，他是做领导的，有他的号召力，我不能跟他比。我写的是跟书有关的，写我所看到的难得的、奇奇怪怪的、有点儿意思的书。一个星期写一篇，两三千字不等，也不管好不好，放上去再说。不光有人看，还有人说三道四，但这也是个好事情。我原来想不通，怎么还有人骂我。你要让我服气，说出道理来是可以的。

至于我以后的计划，我很想把一些东西写出来，是因为我想把我所获得的知识回馈给这个社会，回馈给目录版本学界。叶德辉写过一本重要的书，叫《书林清话》，影响了很多人。现代许多学者也写了很多古籍版本方面的书，我想反其道而行之，不那样去写，换个形式，从书来讲版本。不要讲得很枯燥，写得稍微活泼一点儿。居然有出版社对我的博客感兴趣，我就把博客上的文章一分为二，分别给了北京和广西的两家出版社。有一家让我再写，他们继续给我出，那我就恭敬不如从命。我给自己拟了一个提纲，有 200 个题目，都是自己认为很有意思的，是别人不写的，而且我得到的是第一手的材料。一步一步来，人总是要老的，但只要我还能思考，还能拿得动笔，我就希望能达成自己的目标，试试看吧。

杜泽逊：从沈津先生的介绍里我们可以看出，沈先生是一位非常了不起的真诚纯粹的学者，沈先生的经验很值得我们学习。我们期待着《美国哈佛大学哈佛燕京图书馆藏中文善本书志》全编早日面世。

沈津：谢谢杜教授，谢谢大家。

注：2009 年 3 月 29 日，沈津先生应邀做客山东大学"大家讲坛"，接受杜泽逊教授采访，访谈稿由何灿整理。本文收入本书时内容略有修订。

外一篇

[编者按]：2018年5月7日，沈津先生受邀做客山东大学儒学高等研究院、儒家文明协同创新中心共同举办的尼山学堂人文高端讲座，作了题为"善本书志的撰写方法"的报告。在山大期间，沈先生接受了山大研究生陈济川、付宝琦（下文简称"山大研究生"）的采访，访谈稿后以《浮生愿向书丛老，不惜将身化蠹鱼——沈津教授访谈录》为题，刊发于《山东大学研究生学志》2018年第2期。本文收入本书时，鉴于该次访谈部分内容与2009年杜泽逊教授访谈有重合，故将2018年这一篇略作删减，附于杜泽逊教授访谈稿后。

山大研究生：您在上海图书馆的30年积累了很深的功力，那段时间您打下了怎样的基础？顾先生、潘先生、瞿先生等前辈是怎样培养您的？现在回过头来，您对现在的研究生或者有志于从事学术的研究者们有什么建议呢？

沈津：我所做的都是实践，所以我特别注意的就是实践。图书馆注重的是你在实践中的培养、训练和积累，会给你提供很多机会，当然这一定要看你的导师。顾先生自己说他带我们还比较大胆。他觉得做这一行必须要有很好、很扎实的基础，这种基础表面上是看不出来的。比如他让我每天写一个小时的毛笔字，表面上看无非是训练我的执笔，规范我临的帖、临的碑，要求我把字体写得端正美观一些，但是难道顾先生想培养我成为书法家吗？我后来懂了，因为所有古人写的字都是用毛笔写的，用毛笔写字就会涉及鉴定的功夫。在所有流传的版本中，无非是刻本、抄本、稿本、活字本、套印本等，而稿本、抄本以及刻本里面的题跋都是用毛笔写的，有真有假，需要作鉴定。如果你临摹了几百遍之后觉得能掌握某个人的字体了，那么请你试着再临摹一遍，自己去看会不会留下什么破绽。真的和假的往往就在于那一笔一画、一撇一捺或者一点一钩，就在于转折之处的一丝不和谐。你在临摹的过程中，满脑子想的都是如何做到相似，一定要像才可以骗过别人的眼睛，但越是要像越容易出破绽，这种事情我可以举很多例子。表面上是写字，可是写字原来有这么多学问和深意，那是在培养和训练以后作鉴定的前奏。

有时上海古籍书店新到的古籍是从外面门市上收购来的，有一些版本不错。顾先生让潘先生、瞿先生挑一部分来补充馆藏，也会让我和吴织一块儿去。每一次先生们去，我都会随侍在旁边，像一个小学童一样。顾先生让我在先生们挑书的同时也挑，哪怕不懂也要挑，全凭自己第一眼的判断，我的鉴别能力就是这样不断成长的。书全部送到上海图书馆以后，查重等都是我的事情。所有的卡片目录都是按四角号码而非笔画排列的，凡是有复本的全部退回，没有的就留下补充馆藏。通过不断的实践，我记住了书名、卷数、作者、版本等信息。

在上海图书馆，我接受了各种各样的训练。比如有人在海关邮寄图书，海关出口要执行文物条例，他们便请我们去作鉴定，确定书籍可不可以寄出去。要讲清楚为什么这本书不能出口，它违反了什么条例，可以出去的火漆印一打就过关了。另外有一些新的、装订好并裱好的尺牍，顾先生会让我用毛笔书写封面上的签条等。什么事顾先生都放手让我去做，做了第一次就有第二次，以后就会知道尽管第一次做得不怎么好，但是慢慢就可以学会、做好。

所有的图书进入上海图书馆的书库之前，除了编目之外，还要打馆藏印。馆藏印不能打歪，因为图章打在书上，打反了或者打歪了永远改不回来，所以我很慎重，只能是非常细致地看准地方再打。顾先生告诉我，你看大致在什么地方最好，上面已经有很多图书藏书印了，上海图书馆的藏书印应该打在什么地方。这也是从实践中来训练和培养我，我自然很快就懂了该怎么打，力气用在什么地方才能使打出来的藏书印干干净净，4个角都非常分明。

经过第一手的训练你就会明白，如果不去实践，很多事情永远不知道应该怎么做。我在上海图书馆真的像小学徒一样什么都干。顾先生经常让我去其他书库把书调出来查阅，夹层的普通线装书库、旧平装书库，去查号码，去调书。或者让我查查有没有某个人的传记，在查核工具书和参考书的过程中就会了解到查一个人要去哪里查，查方志能从里面得到哪些有用的东西。这样亲身实践，点滴积累，一定会成长起来。顾先生为我创造了各种各样的条件，使我见识到许许多多各种各样的问题，并掌握了解决问题的方法。

那时上海图书馆在编《上海图书馆古籍善本书目》，晚上我要留馆做保卫工作，睡在一个靠近善本书库的房间。我晚上也不出去，就看白天老先生们校好的那些书，他们是用毛笔改的。我边看边琢磨为什么这么改，为什么这里面的卷数是缺的；为什么原来作明万历刻本，现在要改成明万历二十九年刻本，依据在什么地方；为什么这个明刻本它的字体就是那个时候的字体；为什么这个黑口只有在这个时间段内最多；为什么这段时间的纸张是这个样子的。我每天看，日复一日，几年下来，不想长进也长进了。所以我说，我打的基础就是1.4万部古籍兜底翻了一遍，脑子里就都清楚了。我比任何人的条件都要好，比书店的条件也好，因为书店的书是流动的，可以买入卖出，也看不到那么多珍贵的东西。只有图书馆是近水楼台，我借助编

《上海图书馆古籍善本书目》的工程做了四五年，才会有"兜底翻"这样一种状态，至于《中国古籍善本书目》那就更不用说了。

什么东西都需要实践，在学校里导师讲给你听，然后你自己再去看书，这是打基础。你如果是一个好的苗子，又能够进入图书馆，而且能够接受这方面的编目实践训练，我相信你成才的机会更大。因为你在学校接受了基础教育，再到图书馆在你的基础之上得到更好的训练。所以我总是觉得，国内图书馆单位要培养训练人，第一要找好的苗子，要有上进心的、品质优良的、自己要学的。不用盯着他，就让他自己去做。他会看书，会晚上安排时间来做，甚至会废寝忘食，就是这个样子。

山大研究生：您经眼了这么多古籍，在阅读古籍的时候，有没有一些比较独特的方法或者习惯？

沈津：没有。实实在在地说，我只是翻而已，我要看的是这里面有哪些东西对我有用处，并不是看它的内容怎么样。我要的是第一手的材料，什么样的第一手材料呢？我研究中国书史的过程，比如说书口，任何一本书都有书口，书口上注的是出版者，出版者往往在书口的上面或下面。或许它上面有刻工，甚至有写工，还有一些有绘工。研究刻工的人有，但是几乎很少有人研究写工。书中还有图画，绘图的人我们称之为绘工，他们有些是画家，有些不是画家，而是图画的爱好者。工匠中还有一些什么人呢？书成形了以后，还要刷印，因此有刷印匠；还要装帧，所以还有装订匠。甚至校对工都有，这些都是工匠。我们不能说他们是大国工匠，但至少是劳动人民，他们还不是一般的知识分子。这些人在历史上是没名字的，无法查考，但是对于我来说，应该给他们一定的地位，我必须注意这些，记录下来。往往就是那些最不起眼的人，我们应该给他们地位。这些书都是劳动人民创造中的一小部分。

翻阅古书，还可以了解中国的版权史，那也是一步一步慢慢成熟起来的。那么我们就要注意并且思考，书最初的时候是什么样的；书的扉页各不相同，反映出来的是什么。这些东西积累得多了，就可以形成一个研究，但是如果平时不注意，疏忽就是疏忽了，再回来重新翻检，一是没有时间，二是往往找不到了。所以我翻了那么多的古籍，在翻的过程中是不断思考的。

有时候我就在想，书的价钱是怎么回事？明代的书价，清代的书价，我必须作一个记录。50多年来我看到的明刻本有上万部了，真正有书价的，我看到过的绝对不超过25例。这个比例太小了，我曾经打电话问过北京的朋友，他们都没见过。我问过沈燮元先生，问过潘景郑先生，他们见过的也都极少。而且非常奇怪的是，有些标价的书是日本过来的，中国内地（大陆）真正有书价的书非常稀少，我都是在中国台湾、中国香港、美国等地看过。另外，日本学者作的研究提供的材料也很奇怪，很有趣。在哈佛燕京图书馆，我发现凡是有书价的书都是日本来的，价格往往就在扉页上，而国内绝大部分书的扉页是没有的。这种现象很值得深思和研究，也是我特别注意的。所以一本书到我手里，我大致上翻一翻，版本什么的其实都不稀奇，关键就是那些有文献价值的东西。我需要的就是这些，这也是其他研究者所缺乏的，而我对这些东西的揭示是对其他研究有用的。

山大研究生：您觉得现在我们图书馆方面在人才培养上存在哪些问题？如何解决这些问题？

沈津：这人才培养实在是需要时间，需要高手去指导。目前国内的高手非常少，我曾经挡过一次，真的是屈指可数。我也把我的想法告诉北京的一些朋友，跟山东的一些朋友也交换过意见。我们要的是最实在的人才，不能是虚的假的，有就是有，没有就是没有。你的问题是怎么来培养和训练这些人，去找高手是一个方面，但是很少，需要发掘。

1977年、1978年那段时间中，我曾经陪同顾廷龙先生去过一次杭州，浙江图书馆馆长邱力成先生亲自到车站来接我们。那时候是《中国古籍善本书目》开始编纂的前夜，顾先生想知道浙江地区在进行的民间普查和公家图书馆单位普查的进展情况。我们去浙江图书馆看了一下，邱馆长找了个时间跟我谈话。邱馆长过去在四明山上打过游击，算是个老干部了。他说："沈津你看，如果我们浙江图书馆要培养古籍专业人才，应该怎么训练、怎么培养？"我当时谈了三点，那是20世纪70年代我的观点，后来这些想法我在北京、台北都讲过，直到今天我还是这么认为的。第一，这个人必须自己想要学，想要从事这一行业。之前何朝晖老师和杜泽逊老师跟我讲，尼山学堂的学生很多都想将来从事古籍研究。但这其中还有一点，领导要培养你、训练你，有意识地认为你是一个好的苗子。这是第一条。第二条，就是刚刚说的必须要有高手，也就是要有好的导师来带你。你跟他在一起工作，他可以在各方面来帮助你、指引你。第三条，你所在的图书馆必须要有非常好的资源，不仅要有善本书、普通线装书，还要有大量的工具书和参考书。邱先生一听，他说："你说得对是对，你说的第一条和第三条我们这里都能满足，但是第二条不行啊，我们实在是没有高手。"

其实浙江图书馆原来是一个很好的单位，因为有毛春翔。毛春翔有本书叫《古书版本常谈》，薄薄的一本，你们可以读一读，花三四个小时就能看完，我就是他的第一个读者。毛春翔曾在浙江图书馆工作，20世纪30年代的时候开始编浙江图书馆的善本书目，可以说，浙江图书馆成就了毛春翔。但后来他在"文革"中去世了，因此浙江图书馆没有了传承。邱力成说第二点他们没办法做到，是真的没有所谓的"高手"。

那人才具体怎么培养呢？刚才说的是20世纪70年代的事情，现在又过了那么多年了，怎么办呢？我不知道今天我们的图书馆系统、图书馆学会的高层，他们怎么来思考这些问题，如果让我提个方案的话，我也提不出，我只能说说58年前我的导师是如何带我走进这个领域的，我提供给他们作个借鉴。从我的角度讲，首先，要选一个非常好的苗子，这个苗子不管是男的女的，年龄多大，只要他品质比较好、有上进心，而且是把专业作为一项事业来看待的就可以。他必须什么都愿意做，要有这股劲头儿，哪怕最苦的事情都能够承担。其次，我们给他创造条件，领导层着力培养他。给他大量的编目时间，让他每天都要跟书打交道，也就是每天都去跟古人对话。不管他一天能编多少，少则两三种，多则十几二十种，看他自己的能力，但是绝对不能偷懒。再接下去，我会让他作一个题目。当年顾先生让我作的是翁方纲的年谱，作出来45万字。所以如果某一个学生跟着我，我要首先指导他作一个题目，这个题目是非常实在的，我会告诉他研究所需的材料在什么地方，让他自己去找。第三，他需要参加一项工程，这项工程不会在一两年之内就完成，很可能要5年、10年甚至15年，他都必须参与。

你想要成才吗？你想成为一个专才吗？我不仅仅希望学生能在成长的过程当中写一些所谓的小文章或者大一点儿的论文，还希望他们可以而且应当在大量编目实践当中去发现问题。写文章不仅代表你的学术水准在不断提升，而且你可以提供很多供别人参考引用的东西。

你有好的题目、好的文章，不怕那些杂志不向你征稿，你就按照这个方向去做。我想，如果学生愿意听取我的意见，如果创造条件、给你们机会后你们能够抓住它，那就算成功了，至少是成功了一半，因为个人后天的努力是成功的关键。当然，如果偷懒，那没有话说；半路退出，那也没话说。搞研究就是这样，机会只有这么一次，抓住了就抓住了，如果没抓住那就算了，肯定有别人想做。我不是为了鼓励你们出人头地，我是觉得国家应该来培养这种稀有的少见的人才。这种稀有，换言之就是图书馆专业当中的人才虽然少但必须要有。而且你们做出来的东西一定比大学中一般的讲师要强。我为什么这么说？因为你们有实践。这就是你提出的问题，怎么来培养人才，我的想法就是这样的。

山大研究生：面对古籍数量有限又比较凋零的现状，您认为版本学、目录学、域外汉籍研究等未来发展的方向可能会是什么样的呢？

沈津：什么事情都不可能是停滞不前的，必须深入，毕竟这个世纪不一样了，现在科学技术的发展远不是过去的人所能想象到的。很多东西都处在新陈代谢的过程当中，不断有新的事物出来，将来手机可能也会被淘汰，人的功能或许被机器人替代，现在的一切就是在不断的实践改变过程中。但是有些东西是没有办法改变的，比如说古籍版本的整理、鉴定，这些本身就是一定要人工来做的，不可能什么东西都让机器人做。我总觉得这种人才很可能是以后逐步培养的，但是人数绝对不可能多。

中国的所谓许许多多的善本书、普通线装书都在不断影印，在普查的过程当中更出现了一些非常好的、难得的书，包括一些稿本、抄本。对出版界而言，这些书无疑要化身千百，让大家都能用。对图书

沈津在山东大学校经处（前排左二杜泽逊、左三周晶、右二何朝晖）

馆来说，则是如何保存的问题。对研究者来说，则只能往深处发展，很多题目现在都停在面儿上，浮于表面怎么能够去发现某种说法古人说的是对是错呢？有一次我就讲了字体的问题，对于元刻本的字体，所有的教科书都认为元刻本的特征是赵子昂的字体，这就彻底错了。但为什么会形成这样的观点呢？从徐康的《前尘梦影录》开始，所有人就被误导了，包括讲目录学、版本学、文献学课的人，那些讲师、副教授、教授，全部都被误导了，因为他们都未见过原书，而见过原书的人也没有去思考。但要推翻它就要举很多很多的实证，需要你自己去发现。有一个念头、一个题目，就可以不断地深入，查找各种各样的材料，用得到的那些材料去印证原来的想法对还是不对。只会发展，不会停滞，这个社会、这个时代就是这个样子。

至于域外汉籍研究，域外汉籍在中国国内的收藏太少了，无非就是韩国和日本的典籍，日本的东西绝对要更多。中国一些重要的典籍在日本、韩国被翻印流传，就等于说日韩的学者可以从中国的典籍当中得到借鉴，进行相关研究。至少有一条要明确，所谓域外汉籍，对日本、韩国的学者都起着非常重要的作用，因为日本文化、韩国文化当中含有中国文化的底蕴。要作研究并不是那么容易的，很多东西都集中在海外，比如在哈佛大学，韩国古籍是3800部，日本古籍是3600部，而哈佛燕京图书馆所有的日本汉籍等于整个中国（不含港、澳、台地区）所有图书馆收藏的日本汉籍的总和。作研究从来不能单独地用一点点书，这样形不成一个非常重要的概念。必须拥有大量的资源，从其中去找你需要的，千淘万漉，披沙拣金。一定要各方面、各个领域都有所涉猎，只关注几种东西是得不出一个好结论的，必须重返历史，观照现实。

国内的域外汉籍研究重镇在浙江大学、北京大学、南京大学等高校，南京大学的域外汉籍研究所实际上是实力最强的，但他们的关注点和我们又不一样。他们的研究是在概念上面，即什么叫域外汉籍、这些域外汉籍涉及哪些学者哪些书、大致上是怎么回事，这是另外一套系统、另外一套研究方法，我不太清楚。我们要做的是揭示——这个图书馆里面有哪些日本图书涉及中国？它们的内涵是什么？举个例子说，历史上日本要翻印中国的一部古籍，为什么要翻印我们中国的古籍？为什么是这一部？为什么要翻印一部医书、药书或者农书？这些必须从书中日本人作的序和跋里面去找。日本学者有日本学者的想法，我们必须予以揭示。

很多学生非常希望能够先在国内打下扎实的基础，然后再到美国去，在哈佛燕京这种大图书馆、汉学重镇里熏陶几年，那时再出来就是另外一个样子了。我希望你们做的是把哈佛燕京图书馆的东西仔仔细细地看，认认真真地查，一一输入到你的计算机里去，揭示那些东西的内涵。这就是在填补学术上的空白。因为你的工作没人做过，你做出来了就是你的成绩,你自己的辛苦也是你的骄傲,同时也是你导师的骄傲和你家人的骄傲。你的成果对于其他所有的研究人员来说都有用,我们要做的就是有用的东西。

我在中山大学对我的那些博士同事们说得很清楚,我要他们做的就是看得见摸得着的、站得住脚的东西。我们不光要培养人,而且要训练人,要能拿得出东西来,就是看得见的成果。比如之前举办的三次中文古籍整理与版本目录学国际学术研讨会,所有的论文全部都编成书了,广西师范大学出版社出版了第一辑和第二辑,第三辑也刚刚出版,这都是实实在在的成果。21世纪绝对比上个世纪要成熟得多,可研究的东西也更多,所以我总在想,所有事物都不是停滞不前的,学术研究更是如此。表面上是现在这样,但实际上很多人在考虑将来怎么办,都在物色好的题目。

山大研究生:最后问您一个比较轻松的问题,您在济南这段时间有什么感受,可以和我们谈一下吗?

沈津:我昨天晚上就在想,杜泽逊老师给我讲的尼山学堂的事情,真的让我非常有感触,来之前我没想到他会和我讲这些。培养一个人是一项工程,不是简单的事情,除了导师讲授,更重要的在于学生的实践。很多老师上版本学的课程,讲的都是没有实践过的东西,就是把在书上了解到的东西综合起来讲给学生们听。确实,大学中的很多老师从他们的老师那里开始继承的往往就是书本上的知识,理论上的东西居多,真正实践的东西少。学生们想要到图书馆去实践的话,可能也没有那么多的机会,需要馆方的配合。但非常重要的一条是学生自己主动,自己想要去。有些东西你不读书、不去思考、不去实践,哪能看得出那么多问题来呢?尼山学堂在我看来真是领域内的

"黄埔军校",不只是为山东大学,也不只是为古典文献学将来的研究,更是为国家培育、储备了不少的人才。

  我现在很失望的是,图书馆学界中数来数去、搞来搞去就是这些人,就算你是图书馆学的中坚分子、精英人物,什么东西都要找其中几位。但总是这几个人干,他们哪有时间再去做其他的事情呢?所以我一直在想,真的要在图书馆中培养人才的话,要想办法选好苗子,慢慢来做。这次来济南,所见的一切都促使我思考:山东大学文学院、儒学院也好,尼山学堂也好,导师们都在非常负责任地培养人才,找到这些导师真的是不容易,我特别有体会。

关于《顾廷龙书题留影》

——敬答桑农[①]先生

小文《顾廷龙手书石印的〈敬乡楼诗〉》刚放上新浪博客不久,即看到桑农先生的留言,说是他有《顾廷龙书题留影》(本文以下简称《书题》),并询及将来是否有修订的计划。我揣想,桑先生或想知道我又收集到的顾先生书题20余种到底是什么书。

兹将陆续收集到的顾先生书题20余种录于下(因当时仅复印存证,故未详录其他信息):

1. 《李鸿章全集》,国家清史编纂委员会主编,安徽教育出版社
2. 《孙中山先生遗札》,上海图书馆影印本
3. 《张政烺文史论集》,张政烺著,中华书局
4. 《西北考察日记》,顾颉刚著,中国边疆史地研究中心
5. 《尚书研究讲义》(第一册,丙种之一),顾颉刚著
6. 《尚书研究讲义》(第二册,戊种之一),顾颉刚著
7. 《吕思勉论学丛稿》,吕思勉著,上海古籍出版社
8. 《中国文学文献学》,张君炎著,江西人民出版社
9. 《古代汉语通假字大字典》,王海根编纂,福建人民出版社
10. 《中国古代小说总目提要》,朱一玄、宁稼雨、陈桂声编著,人民文学出版社

[①] 桑农,安徽师范大学文学院教师。——编者注

11.《明泾阳王徵先生年谱》（增订本），宋伯胤编著，陕西师范大学出版社

12.《五百种明清小说博览》，张兵主编，上海辞书出版社

13.《中华竹枝词全编》，丘良任等编，北京出版社

14.《郑州志》，古都郑州文化丛书编纂委员会编，中州古籍出版社

15.《梦陔堂文集》，〔清〕黄承吉撰

16.《景刊宋金元明本词》补编三种，陶湘辑，中国书店

17.《竹山堂联语》，〔清〕潘祖同撰，见《陟冈楼丛刊》甲集之七

18.《碧云仙馆吟草》，〔清〕潘成谷撰，见《陟冈楼丛刊》甲集之八

19.《郑盦诗文存》，〔清〕潘祖荫撰，见《陟冈楼丛刊》甲集之九

20.《己丑恩科乡试监临纪事》，〔清〕潘祖荫撰，见《陟冈楼丛刊》甲集之十

21.《潘氏一家诗》，〔清〕潘志万辑撰，见《陟冈楼丛刊》甲集之十一

22.《养闲草堂图记横塘泛月图咏》，〔清〕潘曾玮辑，见《陟冈楼丛刊》甲集之十二、十三

23.《科布多政务总册》（边疆丛书甲集之三），1947年禹贡学会据抄本印

24.《西藏日记》（边疆丛书甲集之四），1947年禹贡学会据江安傅氏藏稿本印

25.《敦煌杂钞》（边疆丛书甲集之五），1947年禹贡学会据抄

本印

26.《敦煌随笔》（边疆丛书甲集之六），1947年禹贡学会据抄本印

我在编写《顾廷龙年谱》时，曾收集到不少顾先生应出版社或友朋之邀，题写书名的试笔草稿，并曾据之寻找出版物，但是有些至今都无下落，如《何氏历代医学著作考》《京剧小生唱腔选集》，又如马国权先生的《达堂饫印论集》《达堂汉字论集》《达堂印集》及整理的《明万历殿本草诀歌三种》等。又如有关楚辞研究的书名，津见有数种，但出版的只觅得《楚辞要籍解题》《楚辞资料海外编》两种，而《楚辞校释》《楚辞研究论文集》《楚辞研究资料选编》则未见。

顾先生自20世纪30年代至90年代，题写书名数量之多、范围之广，可以说是前无古人后无来者。我深知，个人力量有限，要想将之全部搜罗殆尽，或是不可能的事。以上新录的26种书题，只是平时阅架寻得，然而要想再出修订本，则较为困难，或俟之将来？

借此机会，我还想将涉及《书题》的一些讹误写将出来，作一存证也未尝不可。真的是"无错不成书"，我是越来越相信这个歪理了。这本《书题》也有着我想象不到的问题。2003年11月，为顾先生的百年诞辰纪念会，我专程飞抵上海，但遗憾的是，纪念会因故提前三天召开。然而，当我拿到为纪念会而赶印出来的《顾廷龙年谱》和《书题》，却又深深感到欣慰，我禁不住对自己说：我做了一件应该做的而且是有意义的事。我兴奋地翻着《书题》，欣赏那印刷精美且漂亮的"顾体"，却突然看到了我并不熟悉的字体，我真以为我的眼睛花了。说句实话，顾先生的字，我看了整整30年，早已烂熟于心，即使闭上眼睛我也能知道它的模样。可是那并非"山寨"的《书

题》，这让我迷惘，怎么书里掺杂了别人的书题？我是不敢掠美的，但"老母鸡变鸭"和移花接木却是我做梦也不曾想到的事。我确实很自责，当时想的是，如果我能看到校样就不会出现这类事了。可是又一想，出版社已是不易了，为了纪念会加班加点拼命赶，总算在会前一天送来了油墨未干透的样书。

《书题》有讹误处计 7 种：

"文集、选集、诗集"，第 38 页，《新英格兰诗草》，乃为钱钟书先生所题，顾题在内里的一页。

"论文集及各种文史著作"，第 46 页，《杨树达文集》共 10 种，但《词诠》《论语疏证》非顾书。

"历史、方志、地图"，第 92 页，《隋唐五代史》，他人所题。

"艺术、考古、科技及其他"，第 119 页，《申江胜景图》，此书题非顾老所为，而左边小字"上海图书馆馆藏精选"则是顾书。

"杂志"，第 131 页，《化学工业与工程》，非顾书；第 132 页，《苏州大学学报》（自然科学版）误为顾书，顾所题为社会科学版。

2009 年 5 月 31 日

注：该文首发于 2009 年 5 月 31 日沈津先生的新浪博客"书丛老蠹鱼"，收入本书时内容略有修订。

浮生愿向书丛老，不惜将身化蠹鱼
——答《南方都市报》记者问

[《南方都市报》记者按]：沈津这个名字对普通读者来说陌生，但在版本目录学界却鼎鼎大名。他是跟随著名版本目录学家顾廷龙30年的弟子，后任职美国哈佛大学哈佛燕京图书馆善本室主任16年；他经眼超过两万种善本，已出版的专业著论达到800万字。中山大学图书馆馆长程焕文评论沈津道："环顾海内外中文古籍界，能出其右者难以寻觅。"2011年2月，66岁的沈津从哈佛燕京图书馆任上退休，旋即归国。国内多家图书馆获知此消息，纷纷伸出橄榄枝，希望聘得这位名满学界的专家。沈津选中了中山大学图书馆，偕夫人来到广州定居，任中山大学图书馆特聘专家。

沈津的人生轨迹异乎常人地"幸运"，每每关键一步都踩对了鼓点：在"文革"前入行，跟上最好的老师，难得地有了师承；"文革"中没有中断事业，改革开放后成为最早一批赴美访问的人文学者，眼界从此开阔；在做了30年苦功夫、学问积累到相当厚度时，获得到哈佛燕京图书馆任职的机会，在十几年时间里迸发出灿烂的学术光辉，完成多部重要学术著作。他一生与珍贵古籍打交道的不薄"书福"，更是让爱书人艳羡不已。沈津对自己的学问一直看得低，常把"为他人作嫁衣裳"这句话挂在嘴边。作为一个经眼珍贵古籍无数的特别"幸运"的人，沈津自认有责任把这些难得一见的古籍资料传递出来，让更多的人知道、利用。他曾说："学术乃天下之公器，收藏的古籍是公器，学者运用这些古籍所获得的成果也是公器，都应该资源共享。写书志、出图录是在对中国文化进行另一种诠释。这种诠释对很多人有用，何乐而不为呢？"这是他笔耕不辍的动力。

除了专业著作，近几年沈津也热衷于写博客。他的网名叫"书丛老蠹鱼"，取自张元济的诗："我是书丛老蠹鱼，骆驼桥畔自欷歔。羡君食尽神仙字，守静含嘉愧不如。"沈津博客写的是专业话题，是几十年来他所见所闻的与古籍版本相关的人与事，写书、写人、写故事。或怀念故人、恩师，或普及知识，或指斥弊病，内容丰富，文笔轻松，即使对普通读者来说也不艰深，是古籍版本学界人气颇高的专业博客，不仅读者众多，而且引来出版社争相出版。前段时间，沈津将博客文章"平分"给广西师范大学出版社和中华书局，分别出版了《老蠹鱼读书随笔》和《书丛老蠹鱼》两部随笔集。同时，由他主编并担任主要撰写者的《美国哈佛大学哈佛燕京图书馆藏中文善本书志》（全6册）也在最近由广西师范大学出版社出版。

《南方都市报》记者日前在中山大学的教师宿舍如约见到沈津。这位学富五车的先生亲切和蔼、毫无架子。学校分给他的房子装修一新，陈设简洁。但毕竟是新居，客厅的书架上只有寥寥几本书，不像"书丛老蠹鱼"的作风。从气候干爽的波士顿一下子来到炎热潮湿的广州,沈津说对热尚能适应,就是蚊虫让他有点儿受不了。他更心疼广州这种气候下中山大学图书馆那些时时被虫蛀威胁的古籍。由于长年旅居海外,沈津极少接受国内媒体采访。此次,《南方都市报》记者对沈津进行了长篇专访。

上海图书馆,师从顾廷龙

《南方都市报》:沈先生是天津人?

沈津:我是安徽合肥人,生在天津。因为我的祖父沈曾迈那时候在天津教书,我们一家住在天津。祖父是在李鸿章的后裔家里教书,当私塾先生。李鸿章也是合肥人,和我们是老乡。我祖父是一个很有名的书法家,20世纪40年代的时候在上海开过书法展览会。

《南方都市报》:您是从小就对版本学感兴趣吗?

沈津:也不敢这么说,只能说和家庭的熏陶有关系,毕竟家里有这个传统。祖父买过很多的字画,他喜欢这一套,他也要求小时候的我在描红簿上写字,还教我认字。但我真正踏进版本学这个领域,是在进上海图书馆之后,那个时候顾廷龙先生是我的导师。

《南方都市报》:您的父母呢?

沈津:他们都是很普通的职员。沈家和我妈妈杨家在合肥都是大族,我妈妈叫杨振英,他们那一代是振字辈。我们弟兄多喜艺术,喜欢文史。我的一个弟弟在香港,他是画家,是中国美术家协会理事、香港水彩画研究会的会长，有自己的画室，也有自己的心源美术出版社，出了100多种书和画册，还在香港大学和香港中文大学的美术课外教程兼课。他生在当时的北平，叫沈平，我生在天津，叫沈津。我的另一个弟弟在日本东京，是书画篆刻家，得过日本文部省的大奖，现在教学生绘画、书法、篆刻，每年他都要办几次画展，在日本已开过53次个人书画展了。

《南方都市报》：您是怎么成为顾廷龙先生的学生的？

沈津：当时我在上海图书馆工作，恰好上海市委宣传部制订了一个计划，就是培养一批青年人，作为老一代戏曲界、图书馆界、博物馆界名家的接班人，继承他们的学问、技

沈津与顾廷龙

艺，以改变那种青黄不接、后继无人的局面。当时上海博物馆馆长是徐森玉，周恩来总理推崇他为"国宝"，徐老带的学生就是汪庆正，后来汪庆正成为上海博物馆的副馆长。我有幸成为上海图书馆馆长顾廷龙先生的学生，这是我的福气和缘分。当年在上海图书馆善本组，有三位老师带我：除了顾先生之外，还有潘景郑先生，他是章太炎、吴梅的学生，极低调的一位学者，学问非常好；另一位是瞿凤起先生，他是清代四大私人藏书楼之一铁琴铜剑楼瞿氏的后人，他家里的

藏书有不少宋元本，后来都捐给北京图书馆了。这三位先生都是图书馆学界研究版本目录学响当当的人物。另外北京图书馆的赵万里、北京大学的王重民也是公认的大家。其他省市级公共图书馆里，像三位这么好的专家几乎没有。我以为在中国图书馆学界，这几十年中没有一个人像我这么幸运的，或许这是前世修来的缘分。

《南方都市报》：当时三位老师就带您一个人？

沈津：是的，一年半以后才有吴织从方法研究部调过来，她也成为顾先生的学生，此后就再也没有了。

《南方都市报》：你们从什么开始学？

沈津：那完全就是实践啊。那时我在善本组，什么都做，比如管理书库、接待读者。读者有很多，有的是今天大家都知道的，比如黄裳；还有汤志钧，上海社

沈津与马泰来（中）拜访胡道静（右）

会科学院历史研究所的副所长；胡道静，搞《梦溪笔谈》，古典文献方面的学者；夏承焘，著名词家。他们看的书，我都会翻一遍。

另外还有最好的实践，就是编纂《上海图书馆古籍善本书目》，我做的是最普通的工作，就是根据卡片从善本书库里把书拿出来，潘、瞿两位先生就根据书来校对卡片，看看原来的著录对不对，然后

再用毛笔在卡片上修正。他们校对后的卡片我几乎全部核对了一遍，顾先生要求我看原来的著录和现在的修正，尤其是版本项的认定，为什么要这么改正。所谓版本版本，就是多看而已，就像北京的琉璃厂、上海的旧书店那些过去的小伙计，为什么会成为眼光不错的小老板？就是多看多记。每个时期的刻本都有不同的特点，尤其是字体、纸张，你必须要记着它；什么书是很"冷"的、难得的，也就是以稀为贵。

我为什么说我在上海图书馆的 30 年是打基础呢？因为 30 年里，我把馆藏的 1.4 万种善本书基本上翻了一遍。不光是白天，有时候晚上也翻。因为我晚上住在图书馆宿舍里，所以有时间。我翻书特快，关键的地方作个笔记，所以我的小笔记本特别多，就是那个时候作的，今天来看都是有用的，因为我不可能再去翻那些书了。打下了基础，再独当一面地去作鉴定，也就不觉得吃力了。你经历得多了，一眼就能看出个大概，大致上八九不离十吧。后来，我在中国香港、中国台湾，以及美国看的善本书，积累起来总数在两万种以上，也作了很多的记录。

还有学写毛笔字，这是为鉴定打基础，当年我接受的训练是今天的人没有的。顾先生是有名的书法家，20 世纪 40 年代，叶恭绰等人即为他制定润例。顾先生要求我每天临池一小时，写大楷、小楷。所以早年我临过多种碑和帖，临过很长一段时间的褚遂良、欧阳询。但有些碑帖顾先生不喜欢，如赵孟頫、董其昌，顾先生说他们人品差，不要临。为什么要练字呢？在今天来看，这也是很多搞版本鉴定的人所缺乏的。写字，你会体会到，写一个字或是连写几个字，那是一气呵成的，不会停顿，尤其是行书、草书，脑子里想什么，马上就写出来；而临摹出来的字是不灵活、死板的，显现出的是呆滞。在版本鉴定中，刻本造假，多是割裂挖改，以残充全，或染色或钤假印等。而抄本、稿本、校本不易看，所以过去旧书估们也怕看，就是因为真的看成假的，会懊恼不已，失去了发笔小财的机会；假的看成真的，搞不好会破财。你要看熟各个重要学者、藏书家的字，比如翁方纲的字、黄丕烈的字，看熟了他们的用笔，来一个假的，总是有破绽，一下就辨别出来了。关键是多看，多比对，真的假的都要看，还要不断去总结。

《南方都市报》：您那时是不是在走"白专"道路？

沈津：其实已经不知不觉在走"白专"道路了。那时我也没有什么远见或抱负，没想着说以后要怎么样，不一定要成名成家，无非就是跟着老师，奋发向上，掌握这个技能。

我年轻时也走过一些弯路。我打过乒乓球，打得还可以，已经混到了上海黄浦区队，但晚上时时要训练，还要参加比赛。顾先生就和我讲了一番话。他说，我觉得你不要去参加训练了，这种训练对你来说没什么意义，你打得再好，顶多进上海市队，但那里强手如林，你打不过人家，但是搞目录版本学的又有多少人？后来我就放弃了。20世纪60年代初，我喜欢看长篇小说，那时候的小说真多啊，《青春之歌》《红日》《苦菜花》，各种各样的，我都看，看得也快。顾先生知道后，对我说，你不能这样，将来这些小说拍成电影，你只要花一个半小时就能看完，现在你把时间用在看小说上面，太浪费时间了。我一听，马上停。所以我没有走别的路，及时刹车是对的。

《南方都市报》：您很听老师的话呀。

沈津：确实是这样。顾先生是我的恩师，有些事情都是他提出来，我才赶快纠正。过去我想做《明人文集篇目索引》，翻了许多明人文集，都做成了卡片，而且也和出版社联系了。但顾先生知道后就说，这种事情应该是别人做的，你不应该做，你的时间要用在业务上。后来，我就把这些卡片全部送给废品回收站了。所以，我就觉得，有一位好的老师，就是教你不要走弯路、必须集中精力奔向你的目的地。

《南方都市报》：所以您一直非常感激顾先生。

沈津：是的。我写过一本《顾廷龙年谱》，这个年谱我自己觉得有点儿意思。自从中国有"图书馆"这个名词开始，100多年来出了不少出类拔萃的图书馆专才，他们为学术界作出了特殊的贡献，如广东的杜定友等人。但从来没有人为这些顶尖的图书馆专家写过一本传记，也没有人为他们树碑立传，尤其是写年谱，所以我觉得我应该写出第一部图书馆学家的年谱。

我跟随顾先生整整30年，和他面对面坐，也坐了10多年。顾先生是上海图书馆原馆长，上海图书馆是省市一级公共图书馆里面最大的。顾先生是苏州人，20世纪30年代中期在燕京大学做古籍的采访，就是买书、写文章、作研究。他是顾颉刚的叔叔，但年纪比顾颉刚小，辈分要高，他俩关系很好。他们过去来往的信件我全部看了一遍，重要的都收进《顾廷龙年谱》里了。这部年谱有70多万字，由上海古籍出版社出版，是顾先生百年诞辰系列纪念活动的一部分。这本书我从2002年开始写，花了整整一年的时间，用的都是业余时间。每天早上6点钟起床，做到8点钟停，洗脸、吃早饭，走路15分钟上班，下班回家晚饭后我再继续写，11点休息，天天如此。那时家务活都是我太太干的，我只负责洗碗。我做很多事情都快，不喜欢拖拖拉拉。

《南方都市报》：这样可以坚持整整一年？没有别的个人生活了？

沈津：是的。没有时间做别的，外面来约的稿子也都推了。顾先生的儿子顾诵芬是非常了不起的飞机设计专家、两院院士，他认为我作为顾先生的学生，最熟悉顾先生，所以他将家中所有有关顾先生的材料，全部复印并提供给了我。

《南方都市报》：您在上海图书馆的时候，上海图书馆的善本收藏在全国排名如何？

沈津：第二。第一是北京图书馆，后来它成为中国国家图书馆。当时上海图书馆的善本有1.4万种，现在大约有1.7万种，因为经过"文革"后补充了不少馆藏。

《南方都市报》：那您在上海图书馆30年都是做类似的事情吗？

沈津："文革"就不行了，中断了。虽然中断了，但书还是要看的。有些书还要整理。我看到一部分特别珍贵的古籍善本，珍贵在哪里呢？1949年以前有两个很重要的藏书家，一个是陈清华，他的书一部分在香港，一部分在上海，上海的从来没人见过，在香港的书后来回归内地了，是周恩来总理特批的，由赵万里去香港把书买回来，现在藏于国家图书馆。在上海的这批书呢，在陈的女婿刘洁敖处保存，在被抄之前，上海图书馆的人去了。那是因为湖南路街道委员会受刘先生委托，向上海图书馆通报，希望上海图书馆能去接收这批书。所以晚上 10 点钟的时候，上海图书馆紧急派了一批人去，但懂点儿版本的只有我一个人，那时顾先生他们都已经"靠边站"了。那批书就是我做的清单，整整一个通宵。"文革"后，做了工作，这批书算作捐献，给了一笔钱。

还有一批是朱氏结一庐的藏书，朱氏的书在清朝末年就销声匿迹，不知所终了。20世纪60年代初，偶尔在旧书店里出现一部。谁都想不到，那些书还在。"文革"时，这些书的主人叫张子美，是朱氏的后人，在黄浦区某房管所工作，平时很低调。谁都想不到他家有那么多书。当时房管所打电话来说，有一批书给我们上海图书馆保管，他们房管所没地方保存这么多书。当时我带了两个同事去，拉了一辆板车去装，拉回两个大樟木箱子。回来一打开，不得了，都是国宝，放在今天来说，价值数亿。所以上海图书馆在"文革"期间收到的这两批重要的书，都是我经手的。这两批书，我曾请顾先生和潘、瞿三位先生一起整理过，做出了一份用复写纸复写的一、二级藏品的介绍，其中一份直至今日我还保存着。

《南方都市报》："文革"中，上海图书馆的书有损失吗？

沈津：没有。上海图书馆一本书也没有烧。

《南方都市报》：为什么能保护得这么好？

沈津：这主要是当时上海图书馆党支部的功劳。他们认识到，如果上海图书馆烧掉一本书，社会舆论就不得了。上海图书馆是在南京路上，在最繁华的市中心。比如说，如果中山大学图书馆在海珠桥旁烧一本书，就会引起很大的舆论，那就不得了了。

20 个月的美国访问

《南方都市报》：到了 20 世纪 80 年代，您开始往外走了。

1986 年冬，沈津与钱存训在芝加哥大学

沈津：对。1986 年 2 月，我去了美国当访问学者，待了 20 个月，到一些美国的东亚图书馆访书，当时我是在纽约州立大学石溪分校。做访问学者最舒服了，不必上班，很自由，可以到处跑，而且可以通过关系去看私人的藏书，比如翁万戈先生，常熟翁同龢的五世孙，我就是在纽约翁宅里看了他藏的清翁方纲的手稿本《复初斋诗集》。我还去了芝加哥，探望钱存训先生，钱先生是欧美地区东亚图书馆最大的腕儿，今年（2011 年）100 岁了①，只是耳朵不太好。当时他请我到芝加哥大学远东图书馆待一个星期，只是让我作个演讲，其他时间都是自己安排，善本书库是对我开放的，我可以在里面随便看书。在美国国会图书馆也是这样的。它是美国国家图书馆，最大的图书馆。我去看善本书时就被锁在类似于铁笼子的书库里，书库非常大。我每天早上 9 点进去，12 点出来，中午吃一个汉堡包，下午 1 点进去，4 点钟出来。在哥伦比亚大学东亚图书馆，我也是在善本书库里游弋。

---

① 钱存训先生已于 2015 年 4 月 9 日逝世。——编者注

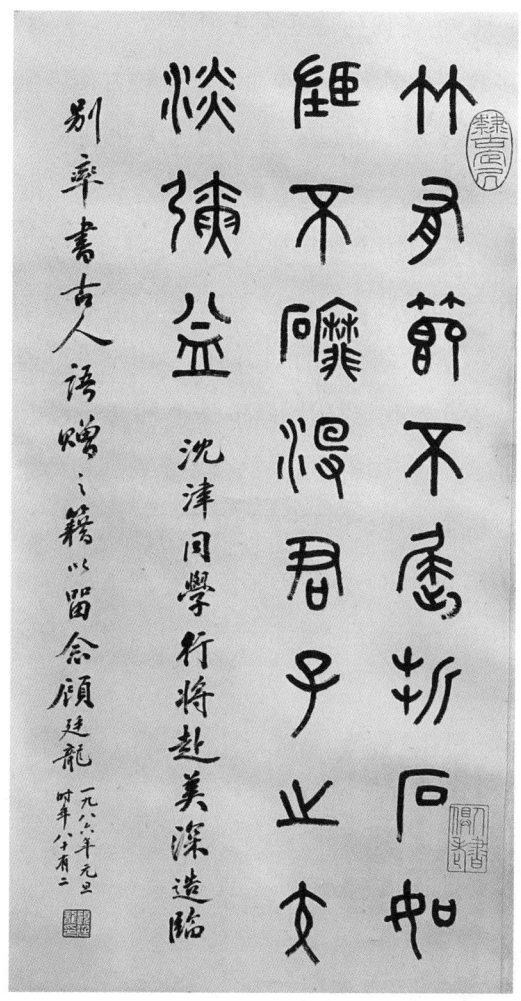

沈津1986年赴美做访问学者前顾廷龙赠字

《南方都市报》：为什么有这么好的待遇？

沈津：我当时的身份是上海图书馆的特藏部主任，同行都知道我，我和他们的关系也处得比较好。不过后来美国国会图书馆不让人随便进去了，现在比以前管得严多了。

《南方都市报》：美国的这些东亚图书馆，主管都是中国人吗？

沈津：大多数都是中国人，沟通起来比较方便。他们对国内图书馆学界的情况不太了解，所以希望我作的无非是一个演讲，这很容易。比如我去普林斯顿大学葛思德东方图书馆，那是欧美地区很重要的一个馆，他们请我给馆员作讲座，当然也任我看他们藏的善本书，随便看，尽情作笔记就好了。所以美国东亚图书馆的情况我比较了解。20世纪80年代中后期，出国访问的中国学者以理工科为主，人文类的学者比较少，像我这样待了20个月的几乎没有。那我要看的是，1949年以前美国从中国弄过去的善本书在那边的情况如何。王重民先生以前做过这个工作，但只看了美国国会图书馆和普林斯顿大学葛思德东方图书馆两个馆。其他的书怎么样呢？我们很少有渠道去了解，毕竟当时中美两国已经断交那么多年。所以，我觉得我有责任借这个难得的机会搞清楚。

美国国会图书馆书库

除了看王重民先生没看到过的书，我还看美国国会图书馆善本书库角落里的东西，那些也是放了几十年的未编目书，比如太平天国刻本。太平天国为了宣传自己的思想，专门成立了一个出版机构，叫"删书衙"。据记载，当时共出了29种书，而国内的收藏少得很。据我所知，南京太平天国纪念馆、国家图书馆、上海图书馆、中国社会科学院近代史研究所等全部相加，不到 8 种，但我在美国国会图书馆一下子就看到了 13 种。我在纽约公共图书馆看书时，看到一部西式装帧的精装本，外部看不出是什么书，但和中国的古籍放在一起。我拿出来一看——哇，23 种太平天国刻本。这个真不得了，放在那里多少年都没有人知道。这些文献保存得不好，一翻书，下面的碎片会掉下来，我都不敢翻了。我通过卡片一看，23 种。那个书库，其他中国学者都进不去，我进去了。我能进去是因为管书库的是个老先生，姓朱，杭州人，杭州人和上海人好沟通，都讲吴语的。我说我是从上海图书馆来的，能不能让我进去看看，他说行啊。我就在里面泡了整整两天。

所以那一次访问我就知道，美国好多大图书馆里有不少中国的古籍，包括善本书，都是很少被揭示的。可惜，中国好多一流的学者都很难进入这些书库。一般来说，书库都是不对外开放的，除非你知道这里有这本书，他才给你拿。只有在那里待上一段时间，才能看到真正的好东西，一般的学者很难有这个条件。

《南方都市报》：所以您写那么多文章，就是为了让大家知道有这些书在？

沈津：我的工作是搞图书馆的，就是"为他人作嫁衣裳"。我必须把知道的信息写出来让大家都能了解，捂着就没意思了。我们写《美国哈佛大学哈佛燕京图书馆藏中文善本书志》，也是本着这样的宗旨，让大家可以不用去哈佛燕京图书馆也知道有哪些书。

《南方都市报》：这 20 个月的访问让您对美国的东亚图书馆有

了很好的了解,是不是也让您找到差距后很想学着做点儿事情?

沈津:结束访问后,我回到国内,很想做些事情,但根本做不起来。为什么呢?没有那种经济力量的支持,大环境及气候都不对,而且事情也太多了。我当时想做点儿口述历史的工作,因为我在哥伦比亚大学东亚图书馆的时候,看了唐德刚做的胡适、李宗仁这些人的口述历史,我也想做。唐先生是"大做",我是"小做"。怎么"小做"呢?无非是我向馆领导要求,找个助手,批一点儿钱,买一套录音设备,我来录顾廷龙、潘景郑先生的回忆,当时瞿凤起先生已经过世了。我想录下他们过去是怎么收书、怎么鉴定、怎么办图书馆的,和旧时的老辈接触的故事以及他们的经验,就是老人们的一些回忆。但是领导不批啊,做不起来。

当时我还想通过美国的那些关系在国内做点儿事情,比如我想策划组织图书馆的几位领导到香港去参观图书馆,走出去看看外面的世界是怎么样的。而这个钱也不需要上海图书馆出,我已经和美国犹他州家谱学会沟通好了,他们在上海图书馆拍摄家谱资料支付的钱,有一部分拟作为上海图书馆人员到香港参观的经费。这是为了开阔眼界,看看外面的图书馆和我们的差别在什么地方,为什么他们做得好。这是我之前在美国产生的很强烈的感受。但是领导们不想做、不敢做。我还想做很多图录、编很多书。因为我在美国期间看到很多中国台湾的图录,受到启迪。我就想,我们上海的资源比台湾好,为什么我们不能做?各种各样的事情我都可以做啊,但是限于条件,做不起来。

《南方都市报》:就是说您既想让图书馆的同行看看外面的世界,也想让外面看看我们有什么东西。

沈津:是啊,都想做,那时我还想打开台北的窗口,这在当时领导也不能接受，不可能的事情。而且一回到国内，各种各样的事情多得很，都是应酬，接待外宾什么的，还要管理下面70多个人。不要说评职称这种事了，就算是夫妇吵架都要你管，什么都得你来，所以什么事情都难做。

《南方都市报》：去美国20个月对您触动很大，所以您在原来的环境待不下去了。

沈津：是有一点儿。这些是1988年到1990年的事情。1990年4月份我离开上海到香港去了。去香港是因为我岳母居住在香港，需要我太太去照顾。因为夫妻两地分居，所以我提出到香港定居。我离开上海，在香港中文大学图书馆和中国文化研究所工作。

《南方都市报》：在香港中文大学您做什么工作？

沈津：我写了一部分香港中文大学图书馆的善本书志，后来选了一些收入我的《书城挹翠录》里了。

哈佛燕京岁月

《南方都市报》：在中国香港两年后您就去了美国。

沈津：是啊，什么事情都讲机缘，这也是缘分。在香港中文大学图书馆时，有一天，我见到了哈佛燕京图书馆的馆长吴文津。当时他一推门进来，见到我的第一句话就是："沈津，你怎么在这里？"他非常惊讶。我说我定居香港了，然后他第二句话就邀请我。当天晚上再相见时，他就说要请我去美国待两年，写《美国哈佛大学哈佛燕京图书馆中文善本书志》。1992年4月28日夜里，我们全家到了波士顿，

吴文津（左三）、雷颂平（左一）夫妇与沈津夫妇

第三天我就开始写作了。这本书写得非常辛苦，所以我说，我一生都是劳碌命。一年是365天，公众假期比如美国独立日、感恩节、圣诞节等，这些时候图书馆不开放。其他时候，我天天写。每天写三篇书志，3000字左右，整整写了两年约500天。那时候没有电脑，全部手写。每天到图书馆一坐下，书、稿纸在面前一放，我就开始写，也没有什么草稿。写出来这么一本，152万字。

《南方都市报》：那时候您是以什么样的身份去哈佛燕京图书馆的？

沈津：访问学者。当时香港中文大学已经答应给我一个永久职位，所以我对吴馆长的邀请有点儿犹豫。不过吴馆长也有一个许诺，就是说如果哈佛燕京图书馆善本室原来的主任退休的话，就由我顶上。美国没有60岁退休这种制度，那位老主任已经70多岁了，身体不太好。有了这个承诺，当时我们全家，我和太太、女儿就一起去了美国。两年后我结束访问学者的身份，正式在哈佛燕京图书馆工作。身份的改变，是由哈佛大学的国际事务办公室向美国劳工部提出申请，并由7位教授学者分别写推荐信，包括吴文津馆长、哈佛燕京学社社长韩南教授、哈佛大学杜维明教授，最重要的是著名汉学家、普

浮生愿向书丛老，不惜将身化蠹鱼——答《南方都市报》记者问

HARVARD-YENCHING LIBRARY
HARVARD UNIVERSITY
2 DIVINITY AVENUE
CAMBRIDGE, MASSACHUSETTS 02138

牟公：您好。

虽很少有机会问候，但 先生的健康时在念中。除夕夜，我致意刘兴丰先生，问及 先生尊体如何，他们告诉我一些情况。总之，所有认识和了解 先生的人都希望 先生长寿、健康。

吴馆长已告诉我 先生为我写的推荐信。吴馆长十分高兴。先生的信写得实在太好了。我作为一个晚辈，蒙承 先生藻饰，实在是愧之有加。我知道，我做的很不够。有许多东西我都不懂。今后，必须继续认真学习，努力鞭策自己，才能不辜负 先生以及一切信任、爱护我的前辈和师友的期望。在此，我要道谢 先生。也谢谢 先生的鼓励。

在美国将近三年（到 4/28 即为三年），已是全家在元旦前二天去了一次纽约，住在郑培凯家。他去爱荷华大太处了。藉此一遊，也勾起我过去在善本组的回忆。想起在牟公家里吃火锅的情景。想起胡适之先生为牟公写的字轴。想起刘 先生授，秋桂一家，徐（？）芳以及所有的人和事，这些都是使我不能忘怀的。我真希望，将来有机会一定再到善本组去看看。当然也盼望能去拜望 先生和夫人。

我在完成《哈佛燕京大字典略考》书后，又写了二十余种元抄初刻书（请人刻集），约20万字。在此项

1995年2月11日，沈津致函牟复礼，感谢他推荐自己入职哈佛燕京图书馆（一）

HARVARD-YENCHING LIBRARY
HARVARD UNIVERSITY
2 DIVINITY AVENUE
CAMBRIDGE, MASSACHUSETTS 02138

工作目前暂停，目前主要配合卡片以后运用于计算机之"机读目录"，所以我必须将善本书卡片上之著录略加修订，我称之为补行款内容等。工作量还是很大，等定出后，我还会将这一初刻序以写作继续下去。宋元版刻考之态态总共著录二千四百余种，计一百五万字，吴织老说，以后会给我修订之出版社去出版。如将来出版后，我一定会呈上送请老先生指正。

欣挂老先生去年谕示信来，说是今年三月会来北上一趟，但不知具体吗。

此地入夏以来，仅下过二次雪，较之去年，不知好多少。

老先生耳几，想必之气信更加好。

敬请代问 牟夫人好。

谢谢 老先生。

顺颂

春安

晚 沈津 叩上
1995. 2. 11.

附"书讯"并拙稿三篇，请老先生指正。
①《海疫史上论》《书目季刊》
②《吴地古志之论》《创刊中美国书法之刊》
③四川篁春馆 （纪）南京《东南文化》

1995年2月11日，沈津致函牟复礼，感谢他推荐自己入职哈佛燕京图书馆（二）

林斯顿大学的牟复礼教授为我写的推荐信。他在信中说,美国非常需要这种人才云云。后来吴文津告诉我,牟先生的推荐信起了非常重要的作用。

《南方都市报》:在哈佛燕京图书馆当善本部主任的这段时间,您的主要工作是什么?

沈津:工作很简单,一个是接待读者。我的读者都是哈佛大学的教授、访问学者、博士研究生。他们有任何咨询,我都要回答、帮助。另一个是对馆藏善本书的保管、保护。还有一个就是继续写善本书志。这几样工作对我来说都不困难。不过我后来发现还是有好多事情要做的。您知道国内几乎所有大的图书馆都有一些待整理的书,如北京大学图书馆、中山大学图书馆,都有

沈津在哈佛燕京图书馆办公室

需要整理编目上架的旧书,过去没做是因为人力、物力、时间不足,来不及去清点整理。我在哈佛燕京图书馆的时候,有一批书1800部,从日本过来的,是1945年后日本作为战败国,经济困难,很多人家里的东西流出来。当时哈佛燕京图书馆第一任馆长裘开明先生想办法收了一批书运回来,但那之后就从来没有人碰过它们。后来的馆长要

我主持整理，才从上海复旦大学图书馆请了两位专家，一起来做。两年后，编目工作才告竣。

《南方都市报》：哈佛燕京图书馆总共收有多少书？

沈津：总共 120 万册，没有复本。哈佛燕京图书馆买书，每种书就一本，因为毕竟是在美国，研究、借阅的人不多。但所有的书都是精装。收到平装书，送到外面去重新装帧，这样保存起来就好很多。哈佛燕京图书馆藏有许多新地方志。国内自改革开放后，经济发展起来了，各地、各行业都在修志。县志、市志、各种各样的专业志多极了，什么纺织志、工商志、治安志、监狱志、沟洫志、卫生志等，比如新疆生产建设兵团，师下面有团，团下面有卫生院，卫生院都有志。国内收新方志最多的是中国社会科学院图书馆，但比起哈佛燕京图书馆来，还是不能望其项背。哈佛燕京图书馆收新方志的规模全世界第一。中国国家图书馆享受国家优惠政策，哪个出版社新出一本书，必须缴送给国家图书馆，如果不送来，它是不会主动出击去找书的。哈佛燕京图书馆不一样，是主动出击的，有一些"卧底"专门去找书。

《南方都市报》：什么样的"卧底"？

沈津：有些人以此为生财之道啊。不管厚还是薄，只要哈佛燕京图书馆收了，就是 80 美元一册，包括油印本、征求意见的本子，有些甚至是从废品回收站等处觅得的，所以供书的那些书商都富了。

《南方都市报》：写善本书志是您在哈佛燕京图书馆的重要工作吗？

沈津：是的。我除了写善本书志，还编了一部《美国哈佛大学哈佛燕京图书馆藏中文善本汇刊》，广西师范大学出版社出的。令人高兴的是它获得了 2005 年第十四届"中国图书奖"。那是我花了半年时间做的，包括写每种书的提要。编这套书有两个原则：一个是这些书中国大陆 800 多个图书馆都没有，日本、中国台湾也没有；另一个是有学术价值，很少有人知道，更难看到。这套书总共 67 种，37 大册，全部影印出来。这 67 种书是通过北京的专家反复筛选的：我先列一个单子，明代的有 188 种是中国没有收藏的，或无著录，或无此种版本，最后挑出这 67 种，谨慎极了。我们这种筛选原则和现在国内的原则不太一样。

举个例子，北京图书馆印了一套《北京图书馆古籍珍本丛刊》，里面的《乐律全书》是明代嘉靖刻本，你说难得吗？一点儿都不难得，目前至少有 10 部以上存世。我的原则是，我有别人没有，我才印。你要做得好、超过前人，才算好。我说的前人，是 20 世纪 40 年代那些老人，你要能超过他们才对啊。但你拿来一比，1940 年的和 1990 年的比，后来的是不能比的。《第二批国家珍贵古籍名录图录》已经印出来了，"国家""珍贵"，这是多么高的标杆啊，代表国家形象啊。但你一看，竟然普通善本书都收进去了。那种明末闵凌套印本多了去了，七八十部之多，你翻开任何一本近期的各家拍卖公司上拍的善本图录，哪家没有套印本？"得来全不费工夫"的书还算珍贵吗？太滥了，问题多多，太忽悠领导和大众了，经不起时间和后人的检验啊。

前段时间传媒报道，广州购书中心要卖一批书，有一个目录，其中有一部《十三经注疏》，说是"孤本"，明嘉靖刻本。我去到那里，他们搬出一个破旧的纸板箱，胶带封口，还给了我一双白手套，让我看。这样的版本,不算海外的,国内至少有 5 部。什么是"孤本"?就是只有一本,珍贵罕见之至。我在写《美国哈佛大学哈佛燕京图书馆藏中文善本书志》时,3000 多种书,有些极难得的,我都不敢用"孤本"这个词。为什么呢?你可以查到国内有没有,但你没办法查证欧洲的小修道院里有没有、日本的寺庙里有没有。要是你贸然自称了"孤本",人家出来说我这里有一本,你不是自己难为情吗?

《南方都市报》:我看到网上的资料,哈佛燕京图书馆的善本书是有自己的标准。

沈津:国家有国家的标准,我们有我们的标准,每一个图书馆的标准都不一样,但都可以互相参考。比如私人藏书家,他收的可能有他祖先的东西,觉得是传家之宝,要把它保留下来。但是别人可能说,我也不认得这个东西,跟我有什么关系啊。就像家谱一样,你家的家谱,视若枕秘,别人却不觉得怎样。哈佛燕京图书馆藏的中文善本原则上截止到乾隆六十年(1795 年),以后的就要看难得不难得了。还有一个是人的问题,就是很多学者会写批校题跋,你觉得这个学者很重要,书的质量也好,又是真迹,也可以列入善本。

《南方都市报》:您书里写到,朱德签名的《红军长征记》也都列入善本。

沈津:那是新善本,朱德是家喻户晓的人物,这部书就是我们所说的红色文献。我刚到哈佛燕京图书馆的时候,朱德的书就放在架子上,还有一个牛皮纸口袋,放在一个不起眼的地方。我当时也是到处乱翻,打开一看,都是延安时代的文献。我过去在上海图书馆的时候管的是特藏部,特藏部分三个组,一个是古籍组;一个是文献组,藏的是 1949 年以前所有的旧平装书；还有一个是徐家汇藏书楼，藏的是 1949 年以前所有的报纸期刊。我那个时候管的是 200 万册 1949 年以前的所有东西，"家大业大"。我的眼光就是，难得的，我就要。

根据地的出版物，当然难得。因为根据地毕竟是被国民党封锁的地方，要靠自力更生才能搞印刷。印刷用的纸张，都是我们说的土纸，不是正规的道林纸。这种东西难得不难得？印的量多不多？不会多的啊。所以这些东西就变成我们今天所说的红色文献。

《南方都市报》：也就是说，善本标准是不能一刀切的？

沈津：不能一刀切的。每个人都有每个人的看法。朱德的书，你一看就知道是难得的，不光是签名本，书本身也是难得的。后来我才了解到，中国国内也有，但是残的、不全的，哈佛燕京图书馆那部是全的，上下两册。当时这书是丁玲编的，还是战争年代，留下来多不容易，当年写回忆长征的人几乎都走了。这书在当年可能印了一两百本，今天来看，那是在战争年代，哪有那么容易保存下来。

延安鲁迅艺术学院的那些材料也都在那个牛皮纸袋里面，都是教材、歌曲，油印的，很少。油印的东西只会发给学员班的人。这些人1949 年以后都在文化部门工作，他们当年还会带着战争年代的讲义吗？现在，居然能在哈佛燕京图书馆看到，那多好啊！尤其难得的是传单、标语，写标语很容易啊，一贴就完了，但是谁会把它揭下来呢？当时就是美国友人斯诺把它们收集起来的。

《南方都市报》：都是斯诺收的？

沈津：是的。斯诺后来把它们带到了美国，给了费正清研究中心，费正清研究中心又把它们送给了哈佛大学，这些东西就保存了下来。这些东西，无论在哪个图书馆，都是难得的，都可以入选新善本。

《南方都市报》：我们也想了解，哈佛燕京图书馆对比中国的一些图书馆，好在哪里？

沈津：也不能说什么都好。我就说"限制"这方面吧。国内的图书馆，你要去看善本书，肯定是要受限制的，或者要介绍信，或者你想复制、拍照要限量付酬。说得好听一点儿，就是一个手续。在哈佛燕京图书馆也要手续，但你只要出示你的证件 ID，就可以了。你跟工作人员说你现在需要这部善本书，告诉他号码，他会在最短的时间内，或是 5 分钟之内，就把书送到你的桌子上。你可以抄录、拍照。我的想法就是，你到哈佛大学来做访问学者不容易，哪怕有三个月、半年的时间，那也是有限的，你必须在有限的时间内达成你的目标，作为图书馆就应该全力配合你。你所作的研究，完成的论文，将来印出来，大家可以共享。这就是我们说的"学术乃天下之公器"。不仅哈佛燕京图书馆所有收藏的书及文献是"公器"，你将来形成的你自己的学术成果也是"公器"。你也是在对中国文化进行另外一种新的诠释，这种诠释可能对很多人有用，也可能只对这个专业领域有用，但至少是你的研究成果。这有好处啊，你帮助了别人，何乐而不为呢？

藏在哈佛燕京图书馆的这些善本书，你要让它们回归中国，这是不可能的，因为它们毕竟是当年被买来的，不是抢来的。它们享受着空调和恒温，保存得非常好。广州是一个很潮湿的地方，我曾经看到有些线装书被虫子蛀了。当年真的没有办法，现在中山大学图书馆成立了古籍文献修复基地，聘有修复专家，培养修复人才，这是好事。美国的这个情况就比较好，哈佛燕京学社是 1928 年成立的，三四十年代从中国大批买书，当时买的书到现在都没有虫蛀，都有函套，所以你打开，干干净净的，有灰尘那是另外一回事。

既然让这些书回归是不可能的，那我们就想办法实现另外一种形式的回归。第一种方法是把哈佛燕京图书馆珍藏的稀见文献、珍贵善本印出来，化身千百，让大家都可以用。任何研究东亚、研究中国传统文化的人都可以通过新印出来的汇刊来使用它们；第二种方法就是扫描，做成电子文档。现在哈佛燕京图书馆跟中国国家图书馆合作，中国国家图书馆提供几百万美元，按照6年的计划，把哈佛燕京图书馆收藏的所有善本书，大约3100种，全部扫描回归。以后电子版的你都可以下载和使用。这是好事情。当然这也证明国家有钱了，可以做这些事。

《美国哈佛大学哈佛燕京图书馆藏中文善本汇刊》是跟广西师范大学出版社合作的，共67种书，37大册。哈佛燕京图书馆只要你的复制费，没有资料费、手续费，复制一种200美元，不管大小，不管多少，10册也是一种，就是200美元。这200块钱是给了图书馆的复制部门。

《南方都市报》：3100种善本书您都翻过吗？

沈津：基本上是这样。这部书（《美国哈佛大学哈佛燕京图书馆藏中文善本书志》）是400万字，我大概写了300万字。写作是一件非常愉快的事情，因为我的宗旨非常明确，我做的事又创立了一种模式，并且把书的内涵揭示出来了。这个"哈佛模式"其实是站在前人的肩膀上不断地完善并形成定式的。我的那些助手都是哈佛燕京图书馆的访问学者，有北京的、上海的、浙江的，我要的助手都是经过10年、20年专业训练的。他们来后，我没有时间去指导他们，所以他们来之前，一定要读我的《美国哈佛大学哈佛燕京图书馆中文善本书志》，要看清楚，这些个段落怎么分的，看熟了，再来写。所以他们来的第二天，就开始动笔了。如果不对，得赶快改过来，必须按照这个模式来写。那4位访问学者，每人一年工作200天，写200篇善本书志，20万字。他们现在回忆在哈佛燕京图书馆的日子，觉得非常充实。对于训练一个古籍版本方面的专业人才，这也是必经的道路之一，即一部善本书放在你手上，你通过什么样的方式去揭示它。尤其是它的版本认定，你不能马虎，不能误导读者，必须去查各种各样的工具书、参考书。对于我来说，这是"赶鸭子上架"，他们每一个人都成功了。

这套书400万字，我们作者没有拿一分钱稿费。我想得很简单，我们都是用工作时间做的，我拿的是哈佛大学的薪水，我们做的东西是大家都可以享用的。对于哈佛大学来说，跟广西师范大学出版社的合作，是双赢的。哈佛大学是世界上最重要的大学之一，广西师范大学出版社在文史方面出了很多好的著作，之前的合作也很愉快。有的出版社斤斤计较，我们最怕这个。

我是这套书的主编和主要作者，出版社送了我两套书，我就很开心了。其中有一套是毛边本，是我请出版社保留的，当时总印量是2000套，毛边本只印了两套。很多网友在博客上看了我这个毛边本，有人留言问我能不能割爱啊，当然不可能，这就两部嘛。

《南方都市报》：很多人都说您有"书福"，一直都在和书、和善本打交道。

沈津：真的是这样，我也觉得是幸运，所以我必须要抓住这些机会，一个是我导师的指导，另一个就是能够在哈佛大学待下来。哈佛大学本身是一个大殿堂，哈佛燕京图书馆是里面的一个"小麻雀"，五脏俱全。但是你能抓住这个机会，做出事情来，这就很不容易。在美国和在国内不一样，国内有很多干扰，这种干扰就是应酬。在美国应酬很少，我又怕开会，也不喜欢管人家的闲事。工作时间完成自己的工作，晚上可以做些自己的事情，所以在美国的 18 年，我写了 800 万字，这是出版的，没出版的还有 40 万字。我在家里，一周写一篇博客，写出来之后，有出版社说愿意帮我出版，那就最好了，我也拿到了稿费。过去出版的书，我从没拿过稿费，像《书城挹翠录》《翁方纲年谱》《翁方纲题跋手札集录》《顾廷龙年谱》《顾廷龙书题留影》等，只要印出来，我就很感谢了，不要你一分钱稿费，送我几十本样书就行了。至于出版社赔还是赚，跟我没关系，我也不打听。

《南方都市报》：您对稿费不在乎，那感觉是因为哈佛大学的薪水比较高，您生活无忧。

沈津：可以养家糊口吧。在美国，只要你有一份稳定的工作，又肯吃苦、努力，那就可以圆自己的梦。房子贵，车子便宜，买车也就几万美元。我每天到哈佛燕京图书馆上班，走路只要 15 分钟，太方便了。我家后院里开辟了一片地，每年蔬菜都是自己种，想种什么就种什么，有 10 来个品种。在这里，我太太有时会抱怨，因为不知道什么菜里会掺"混合物"。

退休回到中国

《南方都市报》：退休后您为什么选择回国？国内多家图书馆都在争相邀请您，您选择中山大学是什么原因？

沈津：我是今年（2011年）退休的，今年2月28号是我在哈佛燕京图书馆的最后一天。毕竟在这座殿堂里待了18年，写作的任务已经达成，所以想"归根"了。另一个原因是我母亲在上海，88岁了，只有我一个妹妹在上海。我岳母94岁，长住香港。我太太是家里的大女儿，我也是长子，我们在海外那么多年，总觉得亏欠她们太多。所以我们就回来了，也方便照顾两地老人。所以，我们选择在广州中山大学，这样到香港也方便，去上海也不难。

《南方都市报》：您在中山大学是一个特聘专家的身份？

沈津：中山大学图书馆这边的想法很明确，他们的特藏部有9位博士、硕士，都很优秀，基础也好，他们希望我在工作中做他们的参谋，出出主意，起个推手的作用。我曾给特藏部专门讲过一次美国东亚图书馆的藏书情况，后来广东省图书馆学会又请我去讲一场，我就专门讲了哈佛燕京图书馆。美国的东亚图书馆其实是收集东亚地区，包括中国、韩国、日本的各种出版物，也收藏西方学者研究东亚、研究中国的著作、论文。讲这些，对图书馆的专业人员有启迪，他们可以了解美国图书馆的动态，也可以知道有没有差距。

《南方都市报》：就您了解，中山大学图书馆的善本收藏是怎么样的一个情况？

沈津：中山大学图书馆现在的善本有4000种，有一些很不错的收藏，馆方已经考虑在适当的时候把它们变成大家都可共同享用的资源，如善本书目。将来还会通过写善本书志的方式把它们揭示出来。每个图书馆都是从小到大、不断发展的，所有的资源都是中山大学图书馆几代人的努力积累起来的。顾颉刚先生当年在中山大学做教授的时候，就拟定了一个《国立广州中山大学购求中国图书计划书》，许多东西都在收集的范围内，如当时的通俗文学、家谱、契约、碑帖等。他知道，过了这个时候，以后要找也找不到了。现在这些东西都在，非常好。

现在中山大学图书馆的工作人员也做了很多工作，逐步在把家底摸清，很多基础工作做得很扎实。中山大学图书馆在全国来看，是很不错的一个馆，这跟领导者有很大关系。程焕文馆长是一位开明、有想法且有个性的人，他敢说敢做有担当。虽然他没告诉我，但我知道他想和他的同事一起把中山大学图书馆打造成中国一流的图书馆，他在朝这个方面努力。当然，你如果想做个潇洒的馆长，那很容易啊，你可以不作为啊，但是程焕文想有作为，就要付出很多，还会得罪人，那是不容易的事情。

《南方都市报》：对之后的工作您有什么计划？

沈津：我在 2005 年的时候患病，结果是开刀住院，由此对美国的医疗有了深刻的体会。我在家里休息了整整半年，当时就想得比较多，也想开了。我想，如果我还能活下来，就要做几件事情。其一就是把我从业这么多年所经历的人和事，选一些有意思的写出来。这可能就是搞目录学、版本学的一些学者，他们所没有经历过的，书本上没有提到的。后来我就在新浪博客上陆续发布文章，居然广西师范大学出版社和中华书局要，出版了《老蠹鱼读书随笔》和《书丛老蠹鱼》，现在博客仍在写。

退休后，还有两本书需要继续写，一本是想将日本所翻印的中国传统古籍选数百种写成一部书志。我在哈佛燕京图书馆见到 3600 部日本刻本，还不包括大正、明治、昭和所刻。这些书包括中国的一些文集、医书、兵书、艺术书、科技书、类书，当然也有四书五经等经学著作，在日本流传较多，但在国内不多。其中有些书在中国已经失传，不见著录。那这些书有多少？内容是什么？日本人为什么要翻刻？搞清楚会比较有意思，所以我选了600部涉及中国的书，把它们写出来，可能要写80万字吧。我已把哈佛燕京图书馆的有用资料都拍了下来，如扉页、首页、序、跋等，和出版社的合同已经签了，是给广西师范大学出版社的。

还有一本，是想写《新书林清话》。《书林清话》是叶德辉的重要著作，是所有研究文献学、目录学、版本学的人必读的书。我写《新书林清话》，就写叶德辉没看到、没写到的。研究版本学的学者，讲宋元明清刻本、抄校稿本，讲来讲去，多是人云亦云，千人一面，有的作者还自己抄自己，改头换面地出。我觉得没意思，我要做的，就是从另外一个角度，用自己的实践和第一手资料去诠释版本。比如说，线装书，刻板一定是木板刷印，这个木板是用什么材料呢？枣木、梨木，还是什么木？单面刻还是双面刻？这种雕版，在乾隆年间是多少价钱？是官府的，还是家刻、坊间的？那么多木版，流传到今天怎么只有一小部分了呢？是禁毁了，还是战争烧掉了？这些都是很有意思的事情，需要探索。这本书目前只写了20万字，大约还有一半吧。我不愿意跟在别人屁股后面，我必须另外走出一条路来。

注：上文原载于2011年6月5日《南方都市报》，收入本书时内容略有修订。

《美国哈佛大学哈佛燕京图书馆藏中文善本书志》的"成长经历"
——答任雅君[①]问

[**任雅君按**]：2011年4月，广西师范大学出版社出版了《美国哈佛大学哈佛燕京图书馆藏中文善本书志》（本文以下简称《哈佛书志》），洋洋6巨册，400万字，将哈佛燕京图书馆除方志之外所有中文古籍善本悉数囊括，总计3098种。这是一项浩大的工程，若以"辨章学术，考镜源流"为学界同行提供研究所需各种信息方便论之，《哈佛书志》的编纂可谓"极致"，我们不妨称其为"哈佛模式"。

目前我国各大公共图书馆中，编成完整馆藏善本书志的并不多，这其中或许有各种各样的原因。正因如此，《哈佛书志》的撰成、出版是值得赞扬的。它向世界上所有收藏有中国古籍的公私机构敞开"心扉"，亮出家底，让所有想了解哈佛燕京馆藏、了解哈佛燕京馆藏中文古籍善本具体信息的读者，以最便捷的方式获取到尽可能全面的答案；让远在各国各地图书馆的同行们足不出户即可将手中的善本与哈佛燕京藏本两相对照，核定版本，为那些计划或正在编纂馆藏

[①] 任雅君，曾在上海图书馆特藏部工作，现在为上海交通大学出版社编校中心主任。——编者注

善本书志的图书馆提供一种可资参考借鉴的方法和样本。《哈佛书志》的出版，无疑方便了广大学术界和图书馆同行。

《哈佛书志》的主编沈津先生是古籍目录版本学界著名学者，是继顾廷龙、潘景郑、冀淑英等老一辈古籍版本目录学家之后的第二代学者。1992年，沈津应时任哈佛燕京图书馆馆长吴文津先生之邀，远赴美国，为哈佛燕京图书馆藏中文古籍善本编纂一部书志。沈津于2011年2月从哈佛燕京图书馆荣休，4月回到上海，在美整整18年。其间他出版了《书城挹翠录》（1996）、《美国哈佛大学哈佛燕京图书馆中文善本书志》（1999）、《翁方纲题跋手札集录》（2002）、《翁方纲年谱》（2002）、《顾廷龙年谱》（2004）、《书城风弦录：沈津学术笔记》（2006）、《中国珍稀古籍善本书录》（2006）、《书韵悠悠一脉香：沈津书目文献论集》（2006）、《老蠹鱼读书随笔》（2009）等著作。而分量最重、费心最多且最牵挂放不下的，还是这部《哈佛书志》，这既是沈津当年去国赴美的"契约"，也是他在哈佛燕京图书馆18年积累的成果。如今，这厚重的6大册《哈佛书志》已经出版，沈津终于可以告慰自己"不辱使命"，当然，对广大学者同行而言，《哈佛书志》的学术意义将比这大得多。

18年，对每个人来说都是一个不能忘却的过程。看到这厚厚的《哈佛书志》，我们相信，对主编沈津来说，定是别有一番滋味在心头，也定有许多不为人知的幕后故事和曲折经历。如果这些都将随着《哈佛书志》的出版，随着沈津的荣休而尘封心底，那将是十分可惜的。因为对许多研究者来说，那是《哈佛书志》的另一部分，同样具有记录和保存价值，更何况今天的记忆都会是明天的历史。除了这6巨册《哈佛书志》，我们似乎还应该为它18年的"成长经历"留下些资料，以备将来有需要的读者可资参考。

2011年8月初，笔者对沈津先生作了一次访谈，就《哈佛书志》的编纂过程及书志内容等问题，与他进行探讨。

关于缘起

任雅君：《哈佛书志》终于出版了，这是您在退休之前完成的最大、最重要的工作，或者说心愿。我知道这是您去美国的主要工作目标，现在终于可以松口气了，请谈谈您对这部书的感言吧。

沈津：哈佛燕京图书馆的善本书志终于出版了，倒是真的可以松口气了。因为我一直处于一种紧张的状态，写这个书志只能是一鼓作气，不可能是松松垮垮的。虽然在写作过程中有过间隙，但这个间隙是没有办法的，我的工作必须要符合哈佛燕京图书馆的整个工作计划。期间冒出来一些事情，比如过去存放在书库里几十年，就是从20世纪40年代末开始，一直存放到90年代的很多从日本搜集过来的线装书，这1800部当中也有一些善本，我必须先作一个整理，才能知道是怎么回事。我必须先通过整理把一些善本书调出来，然后再写成书志，归纳到我们这部书志中。当然，写书志是善本部工作中一个最主要的事情，也是哈佛燕京图书馆工作计划中最重要的一个部分，对我个人来说，则是全身心的投入，否则是完成不了的。

说松了一口气，是因为这工作不只是我一个人的，实际上是好几

《美国哈佛大学哈佛燕京图书馆藏中文善本书志》(广西师范大学出版社，2011年)

个人共同努力的成果，包括华东师范大学古籍研究所严佐之教授、浙江图书馆古籍部主任谷辉之研究员、清华大学图书馆的刘蔷博士和北京大学图书馆的张丽娟博士。这是我们5个人的合作成果，不仅是我松了口气，他们也都完成了自己的既定目标，他们也都松了口气。

这项工作做起来真的很不容易。哈佛燕京图书馆在1928年成立后，由哈佛燕京学社提供采购经费，从中国北平、上海大量采购古籍，当然也包括40年代第二次世界大战以后，日本成为战败国，他们有很多图书流散出来，这里面也有很多中国古籍。当时裘开明先生作为哈佛燕京图书馆第一任馆长，他自己到日本，也委托了几个人，在日本广泛搜集中国传统古书。这批古书的到来，不仅增加了哈佛燕京图书馆的馆藏，而且有很多是中国已经没有的古籍。所以《哈佛书志》的出版，对国内学术界来说，它可以提供一些信息，就是几十年来流落到美国，或者说欧美地区汉学重镇图书馆中的中文古籍到底是怎么回事，有多少数量，哪些是非常珍贵、国内没有的，包括没有这部书或者没有这个版本。通过这部书志，这些信息都可以钩稽出来。

哈佛燕京图书馆毕竟是经过80多年的搜集，它的收藏量在欧美地区来说可以媲美美国国会图书馆。您知道，美国国会图书馆的收藏历史已经很悠久了，相当于从清朝末年开始，而哈佛燕京图书馆是从

1928年开始的。无论从古籍收藏的数量还是善本书的质量，哈佛燕京图书馆收藏的古籍都是可以和美国国会图书馆相颉颃的，这是毋庸置疑的。过去美国国会图书馆也出过自己的善本书志，那是王重民先生在20世纪40年代到美国作访问时留在美国，花了几年时间做出来的，后来又经过袁同礼先生的加工，终于在70年代把它印了出来，但那是比较简单的。王重民先生在美国普林斯顿大学葛思德东方图书馆也做过一部善本书志，收有1100部左右，其中大量的是明刻本，也有的是中国所没有的。如果说能将美国国会图书馆、普林斯顿大学葛思德东方图书馆和哈佛燕京图书馆的收藏全部写成善本书志，那无疑是为中国的学者，世界各地的汉学研究者，或研究东亚学、中国传统文化的学者提供了很好的工具书和参考书。

美国国会图书馆书库

任雅君：这部《哈佛书志》您最早是从1992年开始写的，直到2010年才完全结束，整整18年，这真是一段漫长的经历，足可使一个人完成从中年到老年的"蜕变"。回想18年前，您从中国香港赴美国为哈佛燕京图书馆撰写书志，开始了一段新的人生，这样的机遇并非每个人都能碰到。能否请您谈谈您是如何加入哈佛燕京图书馆，并接受撰写《哈佛书志》任务的，也就是这部书的编纂缘起是怎样的？

沈津：我是很相信缘分的，这和您说的"机遇"这个词在某种方面有点儿相像。我以为我的缘分与别人是不同的。我在上海图书馆工作了整整30年，这30年中，是我的导师顾廷龙先生、潘景郑先生和瞿凤起先生，把我从一个什么都不懂的小青年培养成一个对古籍版本学、目录学有一些认识的学者，我觉得这样的缘分是中国图书馆学界这几十年中几乎没有人能得到的。所以有时和朋友谈到版本学的师承问题，我就会很感谢我的导师，也感谢上海图书馆给了我这样的机遇。另一次缘分是在哈佛燕京图书馆，我能有这样的机遇去写它的善本书志，这也是很多图书馆专家难以得到的。哈佛燕京图书馆的第一任馆长裘开明先生收集了那么多善本书，他一直想写一部善本书志，向世人揭示哈佛燕京图书馆的馆藏，但鉴于身体原因，他已无力去做了。裘先生退休后，吴文津先生接任，吴先生很想完成裘先生的夙愿，完成这部善本书志，他一直在寻找机会，直到他遇见我。

您知道，我曾于1986年至1987年在美国做了20个月的访问学者。那个年代在国外做访问学者的人很少，而我则在美国很多东亚图书馆访书，比如美国国会图书馆、哈佛燕京图书馆、芝加哥大学远东图书馆、哥伦比亚大学东亚图书馆，以及耶鲁大学东亚图书馆、普林斯顿大学葛思德东方图书馆，包括盐湖城的家谱图书馆等，我都去看过，也结识了不少东亚图书馆的馆长。这些访书经历使我认识到，在美国的很多地方，收藏有大量中国古籍，包括善本，这些善本书的情况都是国内学者不太清楚的。我当时就想，如果有人能好好揭示这些馆藏，那将对研究东亚、研究中国传统文化是一沈津吾兄道席：

二月在港畅谈，实属意外。音足周府归以还港，未胜欣忭。荣庆、今辰等多次鸿材，对海外学衍界看贡献之。今从港返来后，与典铭燕京学社馆商洽编纂敝馆藏善本（利本及抄本）目录事。今已协该社社长韩南（Hannan）教授同意资助其事，时间暂定一年，期望完成一数似王重民先生之传统式的题目录，编述并拟侠再行出版著录者在社一年内无后全部告成，或多视情形料酌延期半年或一年，待遇年新三万美元，附加健康保险及来往机票，不知兄有无兴趣来日酌晤工作？又夫人能同行、否？尚请多考虑，由哈燕社代付机票费用。登修意在中文使馆免汶以及哈燕社与中大历年来之友谊关系，当时不致为累张。侯兄兴陈方正教授及吴培南馆长先行商洽后，再行进一步，安排，想较妥善。八月上旬弟将赴台北席会议，经来港与吴先生及音足面谈。

兄先生电话示知，再步敬候兄（二月）降赴大陆、携吉林千图书馆收集资料，得先介绍信，但苦不知目前上海图书馆馆长姓名、如能示知、则当感激不少矣。

馆长敬颂

时祺

弟 吴文津 拜启
五、廿日

吴文津邀请沈津赴美信札

个极大的贡献。

  这个机会终于来临。1992年，我在香港中文大学图书馆工作。有一天，在没有任何预知的情况下，吴文津先生来到我工作的地方，我抬头一看是吴先生，便起身迎向他。吴先生这时也看到了我，他惊讶地说："咦，沈先生，你怎么会在这里？"我回答说："我已经定居香港了。"吴先生第二句话就邀请我。当天晚上吃饭时，吴先生向我提出，正式邀请我去哈佛燕京图书馆写善本书志。他说，他回去后一定会向韩南教授主持的哈佛燕京学社申请一笔经费，邀请我去写书志。我觉得这真是一种缘分，因为如果吴先生不到香港中文大学，没有遇见我，他就不会邀请我去美国；我如果没有遇到吴先生，也就没有机会写《哈佛书志》，这完全是一种缘分。

《哈佛书志》

任雅君：我们现在看到的这部用熟悉的"哈佛红"装饰的《哈佛书志》，它精美考究，内容信息丰富，相信定能给广大读者带来方便。您能谈谈它的编纂过程、方法等大致情况吗？

沈津：《哈佛书志》的写作，始于1992年5月1日，那是我自中国香港飞到美国后的第三天。刚开始，吴文津先生对我说，你只要写成像王重民先生的《中国善本书提要》那样就可以了。我试着写了几篇后，觉得王重民的《提要》写得太简单，有不少就是卡片内容的扩大，没有钩稽出原书的内涵和版本依据，于是提出可否写得详细些。我当时的念头是，这些善本书到手里同样是翻一次，那么所有书名、作者、版本、卷数，包括其他稽核项，尤其是作者小传、书的内容是什么，比如它有10卷，每卷都说了什么，作者为什么要写这部书，这些问题的答案大都在序或跋里呈现，还有这部书有什么特点，在书坊印书时有没有扉页，或其他类似版权的像牌记之类的东西，包括藏书印等信息，我觉得都应该予以反映。至于这部书现在流传的情况，藏在什么地方，则更应该反映。过去的善本书志从来没有这样的信息，既然机会只有一次，无

沈津与哈佛燕京图书馆同仁（左一中采部资深编目员朱宝良，左三流通部何迁，右二吴文津先生，右一韩国部主任尹忠男）

非是多花些时间，就可以为别人省下很多精力，而我愿意多付出些力气，为别人提供一些方便。对于我这样的想法，吴先生同意了。

我过去在上海图书馆时，受过 30 年的目录版本学的训练，也读过不少相关图书，包括《四库全书总目提要》《荛圃藏书题识》等，也包括像唐弢的《晦庵书话》、郑振铎先生的《劫中得书记》等。我在 20 世纪 80 年代也写过数十篇较详细的书志，有过一些实践，所以写起来不怎么费劲。

最初这个书志写的是宋元明刻本，因为吴文津先生请我去哈佛大学待两年，时间很有限，而且这两年不是以每年 365 天计算的，而是每年 200 多个工作日，一共才 500 多天，我除了回国休假外，所有时间全扑在这上面了。当时没有电脑，全部手写在稿纸上。我是一部书放在左面，右面是稿纸，稿纸都是我从香港带过去的。我把书名、作者、卷数等信息，按脑子里想好的模式，一股脑儿写下来，这就是以后所谓的"哈佛模式"。至 1994 年 4 月底，全数写竣，共 1450 部，150 万字。

任雅君：您说广西师大版的《哈佛书志》是 1999 年上海辞书版《美国哈佛大学哈佛燕京图书馆中文善本书志》（本文以下简称《书志》）的延续，能否具体说说这两部书的关系以及异同？

沈津：1999 年上海辞书版《书志》收录的是宋元明刻本，而广西师大版《哈佛书志》则囊括了哈佛燕京图书馆藏所有宋元明清善本，包括稿本、抄本、活字本、套印本、版画，不含方志。一个是宋元明部分，一个是全部，当然宋元明部分这次也作了修改、补充。另外，两者书名略有差异，上海辞书版书名中没有"藏"字，广西师大版多了一个"藏"字。

上海辞书版《书志》后面的索引有不少错误，那是有一年我去台北时，资深编目主任张锦郎先生告诉我的。他对我说："沈先生，您的这部书是不错，但索引出了很多问题。"我把他给我的复印件全部交给了上海辞书出版社的社长，后来我才知道，这是出版社另外请人编的。那都是过去的事了。

上海辞书版《书志》收了1400多种善本，写完后，还没等出版，我就开始写清代部分了。清代部分有1700部，数量比较大。由于有了写宋元明部分的经验，而且也没有具体限定时间，所以清代部分较之前所写更为详细，比如经部的《通志堂经解》竟有5000字之多。

任雅君：以目前情况来看，国内较大的公共图书馆，包括大学、研究所，只有苏州图书馆和武汉图书馆出版了古籍善本书志或提要，可惜都只完成了部分。这10多年来，香港中文大学图书馆、香港大学冯平山图书馆都出版了馆藏善本书志，而台湾地区收藏古籍善本最多的图书馆，则于2000年出齐了馆藏善本书志。在海外，前几年，中华书局出版了田涛的《法兰西学院汉学研究所藏汉籍善本书目提要》。北美地区，收藏中文古籍较多的美国国会图书馆、普林斯顿大学葛思德东方图书馆、华盛顿大学东亚图书馆、加州大学伯克利分校东亚图书馆和加拿大多伦多大学东亚图书馆也先后编纂出版了各自的善本书志。在您看来，哈佛燕京图书馆的书志和上述几家图书馆的善本书志有什么不同？为什么？

沈津：目前在国内省市级公共图书馆或大专院校图书馆中，确实都没有自己的善本书志，他们或许有他们的工作计划或任务，一时没时间考虑这项工作。但是我想，每一个重要的图书馆的收藏都是经过几代人的努力搜集来的，是非常不容易的，图书馆会编一些索引、专题书目去揭示馆藏，但撰写善本书志，则是更深层次的、能产出学术成果的大事。任何一个主持人，如果他对自己的馆藏比较了解，并且认识到它的重要性的话，都会想要做成一部善本书志。

虽然书志写作的模式以及详细与否各有看法，但是中国重要的图书馆，包括国家图书馆、上海图书馆、浙江图书馆、南京图书馆、北京大学图书馆、复旦大学图书馆等，都没有自己的善本书志。在中国内地（大陆）以外的一些图书馆，如您刚才所说，像中国香港、中国台湾地区以及北美地区图书馆的善本书志我都读过，个别的较详细，但大多数不能反映书的内涵。比如说，有一部佛经，是元代的朱墨套印本，这个版本是任何一部文献学、版本学、版画史著作中都必定要涉及的重要文献，但在某书志上，此书的书名、作者、版本等信息全部仅有200字，它的里程碑式的重要意义却无一字涉及。

我说过，机会只此一次，写得详细也好，简单也好，都是一个写，我想要写就写得扎实、详细一些。我的老师顾廷龙先生看了缪荃孙写的善本书志后，在日记中曾写道，如果将来他写善本书志，一定要力压"众编"，就是要超过前人所写各种书志，他要开创一种新的局面。对我来说，我也不愿意跟着别人的路子走，总想走出自己的风格，所以别人一看《哈佛书志》，就觉得很详细，信息量比较大。这是我过去在图书馆工作时养成的思维，给自己的定位是"为他人作嫁衣裳"，给别人提供些方便，我多写一些，就可以免去读者查阅的时间。

在《哈佛书志》中，您会发现我们对一些国内没有收藏的善本书作了非常详细的揭示，如明杨继盛手稿《弹劾严嵩奏疏草稿》、明蓝格抄本《钦明大狱录》、清初汲古阁抄本《离骚草木疏》、清袁氏贞节堂抄本《五经异义纂》、清吴骞稿本《皇氏论语义疏参订》、丁日昌稿本《炮录》、两本《永乐大典》，以及一些明清文集、戏曲小说等。另外，《哈佛书志》对于各书的版本依据也多有涉及，并纠正了《中国古籍善本书目》中一些版本著录的不确和疏忽之处。哈佛燕京图书馆藏明代善本有一部分是第二次世界大战后从日本购得的，书的封面装帧虽已变更，但原书扉页或牌记尚保存着，这为确定书的出版年代提供了确切依据。而国内收藏的有些图书，或佚去扉页和牌记，或残缺不全，所以当时只能笼统定为"明刻本"，如今哈佛燕京图书馆的藏本有了确证，版本项著录也可更加准确。

关于书志

任雅君：您刚刚提到的"哈佛模式"，是一个让我感兴趣的概念。的确，这部《哈佛书志》，包括上海辞书版《书志》，是我看到的多家图书馆中文古籍善本书志或提要类著作中比较"善解人意"的一种，似乎研究者关于某部书所有想了解的信息，包括卷数、编著者、版本、册数、批校题跋者、行格字数、版框高宽、序跋、书之大体内容、目录、版本源流、扉页牌记、刻工姓名、递藏、纸张、钤印等，均记录在案，可资凭借。这样的编纂体例和方式，真正体现了"以读者为本"的理念，其实也体现了您主编、撰写这部书志的思想，即服务于学术研究的现代图书馆理念，这为想从中了解哈佛燕京图书馆藏书信息或细节的读者给予了极大的满足。是否请您对"哈佛模式"作一个简单的阐述，为什么您会想到采取这样的编纂方法？

沈津：所谓"哈佛模式"，就是比较详细地揭示书的内涵。一部古书出版后，经过几百年或上千年，遭受了无数自然灾害、兵燹或人为的政治因素，能保存至今，确是不易之事。古代多少藏书家费尽心思、积几代人的收藏，往往经过一场灾难就化为乌有了，像钱氏绛云楼、鲍氏知不足斋，他们的藏书都受到了祝融的"光临"。尤其是清代乾隆时，编《四库全书》又禁毁了大量图书。至于太平天国时期，也销毁了很多儒家著作。大量图书被毁，或是政治的原因，或是自然灾害，但既然流传下来了，我们就应该给它一定的待遇，给它比较好的保存条件。从图书馆的角度来说，要善待它，揭示它的内容，以便更好地利用，不然这些图书保存下来，你不知道它，不能利用它，那又有什么意义呢？现在的社会已经进入21世纪，这是一个信息时代，我们也要与时俱进。

写好书志确实是一门学问。我认为，撰写善本书志不仅要将群书部次甲乙、条别异同、推阐大义、疏通伦类，还应辨章学术，考镜源流，乃至搜讨佚亡，以备后人征考。所以应在前人的基础上更加详细地揭示书之内容版本，尽可能精审确凿，而不仅仅是一张图书馆卡片的放大，这样的书志才会对读者更加适用。因此，《哈佛书志》是将书名、卷数、行款、版框、题名、序跋等先作揭示，再著录作者简历、各卷内容、撰著缘由及版本依据、全书特点，甚至讳字、刻工、写工、绘工、印工、出版者、其他馆藏、收藏钤记等，尽可能地将这些信息一一记录，供研究者参考利用。

您知道，这些古籍善本流传到今天，收藏在各个地方，有些善本北京有但上海没有，也有些是上海有而北京没有，除非你将这些善本统统影印出来，否则很多藏本的内涵是无法了解的。写《哈佛书志》中很重要的一条就是版本项的认定，即这部书刻于什么年代、是谁刻的，也就是出版年、出版地、出版者。对于其他研究中国传统文化的学者来说，尽管他们在各自领域有很深的造诣，但版本鉴定可能是他们的薄弱之处，所以，那就应该由收藏这些善本的图书馆里的专家去揭示这些书的内涵。我们提供给读者的信息都是从书中得来的，哪怕是同样的书，不同的版本，我们也都认真地加以比较。我们的书志可能比别家的更详细，因为我们吸取了过去学者、专家一些好的成就和经验。

从另一个角度去看，过去我们的前人对古籍整理作了很多贡献，其中书志、提要的历史也比较悠久，汉代刘向、刘歆写了《别录》《七略》，尽管比较简单，但那是一个过程。后来的乾嘉学者，他们对藏书、校勘、文献研究等作了很多贡献。又比如我的老师顾廷龙、潘景郑先生，他们曾做过很多基础性的目录工作，像《上海市历史文献图书馆所藏科学技术史料目录》《司马迁著作及其研究资料书目》《中国丛书综录》等，他们从一个图书馆学者的角度去做这件事，其中心思想是为读者查阅资料、利用资料提供方便，所以他们编的工具书就是拿来给你用的，可以给你指点检索资料的迷津，这就是老一辈图书馆学者的自我定位。对于我们作图书馆研究的人来说，要站在前人的肩膀上向前看，把他们的优点吸取过来，再有所发展。现在的出版界已经出版了许许多多的工具书、参考书，做事的条件、基础比过去不知好了多少，所以我们更应该做出新的成绩来。

任雅君：您认为，古籍书志（或提要、书录）的作用是什么？从古到今，有不少书志流传下来，当然，古代人写的书志多以私家藏书楼为对象，如《藏园群书题记》《嘉业堂藏书志》《艺风藏书记》，还有王重民先生的《中国善本书提要》等。对一个收藏机构来说，比如哈佛燕京图书馆，为什么要写书志？

沈津：过去封建时代的很多藏书家都有自己的善本书志，像黄丕烈尧圃、吴骞拜经楼的书志等。我过去在文章中也曾经推崇过傅增湘的《藏园群书题记》及叶德辉的《郋园读书志》等,我觉得他们写得非常好,因为他们都消化了自己的藏书,毕竟是自己买来的书,哪些书比较好,好在什么地方,哪些书版本较差,差在何处,都记得非常清楚,这对后人大有好处。当然他们写的书志和《四库全书总目提要》有一些不同,出发点也不一样,而我比较喜欢傅增湘写的那一路。我想,私人藏书家都能写,对于公家图书馆,他们的收藏远比私人多得多,私人收藏由于经济上的原因,会有很多局限,而公家图书馆不同,他们有国家经费支持来采购图书,甚或接受捐赠,所以他们的局限比私人藏家要小得多。今天在图书馆工作的人有那么多的工具书,有经费,还有那么好的条件,应该做出比较好的成绩来。

秉持"学术乃天下之公器"之理念,是当时哈佛燕京学社社长杜维明教授和我们在一起时谈到的问题,哈佛燕京图书馆所收藏的东西,虽然是在北美地区一所私立大学的图书馆里,但它们都是"公器"。我们认为,这些东西是中国传统文化的一部分,它们虽然流落到美东地区,但只是收藏地不同。对于在海外图书馆工作的中国人来说,我们很愿意将这些中国传统的东西用另外一种特殊的方式回归中国,这是很有意义的一件事。比如,将收藏在美国的一些难得的珍本影印出来,这就是另一种意义上的回归。再一种回归是通过善本书志这种方式,通过我们揭示的内容,让人们知道,哈佛燕京图书馆有这样一些东西,其中有一些是非常难得的,《永乐大典》也好、明代尺牍也好,或者其他一些稿本、抄本,或者没有影印的,或者是非常有价值的,我们至少可以提供很多信息给那些学者。我觉得这些都是"公器",大家都可以用,不应该视若枕秘,藏于"深闺"。

幕后的故事

任雅君：无论怎样，18年的编纂过程，您为书志付出的心血和努力可想而知，其间也必然会遇到许多问题。我记得您曾经说过，在《哈佛书志》的编纂过程中，有许多不为人道的故事、经历，这个"不为人道"是指什么？能否谈谈这方面的情况，以及您是如何解决或克服的？还有，在编纂书志的过程中，您有过"坚持"的想法吗？又是如何坚持下来的？

沈津：您知道，在国内要编这样一部大型的馆藏书志，是需要许多人参与的，要有主编、副主编和编委，还有方方面面的许多工作人员。而在美国，这是不可能的，它只能由一个人来做，最多再邀请数名国内的访问学者一起做。而访问学者每个人只有一年时间，这一年对他们、对我个人来说都是非常紧张的，我没有时间指导他们，你该如何如何来写。事实上，他们来哈佛燕京图书馆之前都已经熟读了上海辞书版那本《书志》，对"哈佛模式"已经比较了解，每部书该怎么著录或怎么写，都很清楚了。

不为人道的事当然很多。比如在写书志时，必须要看懂书上的序、跋，其中很多是行书，有些字不易识读。而这在美国又没有人可以请教，必须自己去认。还有，明朝人写序和清朝人写序又不同，过去潘景郑先生告诉过我，明朝人写序很多地方十分难懂，标点很难断。哈佛大学东亚系的教授，他们或许是某个领域的权威，但对古籍版本或古代汉语并不一定都熟悉，所以我没有人可以去请教，我必须自己去查很多书，或记下来回国时找人请教。我觉得在美国做这件事很难，因为没有人可以帮你、教你，你只能一个人摸索着走下去。比如有一个本子，它到底是日本的还是中国的，我一时吃不准，那时冀淑英先生还在，我写信请教冀先生，寄去了照片。冀先生回复说，这很可能是高丽本，最后我就把这部书舍掉了。在尽可能揭示书的内涵时，有些话我写得比较"留有余地"，对一些极罕见的本子，我从来不说"此为孤本"，虽然我知道它们流传得非常少，只有哈佛燕京图书馆有。

由于最初计划是用两年时间，而宋元明刻本有1400种，所以我给自己的目标是每天写三篇，这个指标短期可以，但整整两年，每天3000字，真的很累。现在老了，不可能做到了。后来严佐之、刘蔷他们来哈佛燕京图书馆时都是每天一篇，我也是一篇，所以最初写时是很艰苦的。那时候，我每天从书库里调出三四部书来，就这么写写写，没有开会等一切杂事，也不必接待读者。上海辞书版《书志》最后那篇后记，真实地记录了我当时的情况。那时我每天走在路上，冬天有时候回家时月亮都要出来了，一路上脑子里就是考虑怎么去写、还有多少，除了这个，其他什么都不会去想。

《哈佛书志》在写作过程中也有过暂停的阶段，而且一停就是两三年。写书志的工作必须要符合哈佛燕京图书馆的整个工作计划。过去存放在善本书库里几十年，就是从20世纪40年代末开始，一直存放到90年代的从日本搜集来的1800部线装书，当中也有一些善本，我和我的助手必须先作一个整理，才知道是怎么回事。此外，书库的整顿、善本书的钤印、移走非善本、接待读者、回答咨询，乃至杂七杂八的事，都是我工作的一部分。2005年3月，我大病一场，卧床半年，甫上班，又开始了书志的写作，那时真的很苦。

这部书虽然由其他几位作者和我共同完成，但书稿送到出版社后，在整整一年审稿过程中，责任编辑总共提出了近千条咨询问题，这些问题只能全部由我一人负责回复。我每天要入库核查原书、回邮件，联络的越洋电话就多达数十小时。至于《哈佛书志》中收录的近千幅图片，扫描工作开始是我做，后期才有助手帮忙完成。哈佛大学和出版社有合同，必须按时出版，所以出书前那一年，我一直处于忙碌中。

说到坚持，写《哈佛书志》确实需要一种毅力。你不可以打退堂鼓，认准了前面的目标，就必须走下去，就像胡适先生说的，做了过河卒子，只能拼命向前，不能后退。当时，在哈佛燕京图书馆工作的戴廉先生，英文非常好，他会作诗，也会写词，他曾写了一首词给我，收录在上海辞书版《书志》的后记中了，那就是我当年工作的写照，非常真实。

任雅君：我注意到，您在美国期间还主编了《美国哈佛大学哈佛燕京图书馆藏中文善本汇刊》，由广西师范大学出版社出版。该社近年来还出版了您的多部著作，如《翁方纲题跋手札集录》《书城风弦录：沈津学术笔记》《书韵悠悠一脉香：沈津书目文献论集》《中国珍稀古籍善本书录》《老蠹鱼读书随笔》等，似乎广西师范大学出版社对您的著作特别感兴趣，或者说，您对广西师范大学出版社特别信任，是这样吗？我也是一个出版人，我知道任何一个有理想的编辑，做梦都在追求有传承价值、能留存下去的好选题，而《哈佛书志》是当之无愧的。您是否可以谈谈这部《哈佛书志》为什么最终"花落广西"？

沈津：广西师范大学出版社是中国 500 多家出版社中位居前列的出版社，是一家后来崛起的出版社，他们出版的很多人文类著作得到了学术界的认可。哈佛燕京图书馆和他们的合作始于 2000 年、2001

年的时候,那时广西师范大学出版社只是在影印古籍方面迈出了第一步。他们总编辑一行来到了哈佛燕京图书馆。当时我曾想,过去我们接触的都是传统的老字号,像中华书局、商务印书馆和上海古籍出版社这样的大型专业出版社,他们有很好的责任编辑和口碑,像广西师范大学出版社这样的社,我都没什么印象。他们来和我们谈合作,他们的选题设想和魄力都使我感到意外,当时那些老字号专业社都没有这么做。我想,像这样新型的、崛起的出版社,我们应该支持它、看好它。

他们社每年都会来美国谈项目,不仅来哈佛大学,还去芝加哥大学、普林斯顿大学等,所有的地方他们都会去谈。他们把触角伸到美国东部和西部,在国内出版社中比较早地意识到美国是收藏东亚图书的一个宝库,他们也愿意涉足这方面。能够将收藏在海外的善本编辑影印,变成汇刊,在国内出版,这一点,当时很多国内出版社都没有意识到。另外,我们也看到他们是非常诚心的,他们每次来都谈这件事,很希望把这个项目给他们,表示能把这件事做好,他们有这方面的力量。

当然,后来广西师范大学出版社确实也做出了很好的成绩,他们影印了《美国哈佛大学哈佛燕京图书馆藏中文善本汇刊》,共 67 种,37 大册。

他们希望通过与哈佛燕京图书馆的合作,将收藏在海外的重要的稀见古籍善本引进中国,让更多的学者能看到,所以他们做得很用心。这部书在 2005 年获得第十四届"中国图书奖",这对大家来说都是一种欣慰。当时我们选的是明刻本中 188 部中国没有的名目或版本,他们在北京请了很多专家进行甄别。

广西师范大学出版社确实出版了几本我的书,因为在和他们合作过程中我感觉他们的力量比较强，而且有诚意，希望为哈佛燕京图书馆做一些工作。对于出版社来说，他们很想利用哈佛大学这样一块金字招牌；对于我们来说，我们也想借助这样一家向人文方面迈进的出版社出版我们的书。他们出版的所有书，哈佛燕京图书馆都买，包括影印的一些大型丛刊、汇刊、明清档案、日本档案，做得确实不错，所以我们愿意和他们合作。对于《哈佛书志》，他们很早就看中了，认为有重要学术价值。因为有了前面的合作，而且他们做得很不错，所以哈佛燕京图书馆就把这个项目给了他们。这个合同是在2005年、2006年签订的。

任雅君：最后一问，《哈佛书志》完成后不久，您即于2011年初退休，又于4月回到国内。您曾经说过，编写善本书志，将"'养在深闺'、鲜为人知、难得面世的珍本予以揭示，为研究所用，那也算是对学界的'功德'了"。我十分赞同您的意见。学术，真乃天下之公器也。这么说来，您当初应邀赴美写书志，在哈佛燕京图书馆18年，陆陆续续，最终完成这厚厚的6大本后，旋即"告老还乡"，这对您的人生来说，也像是一种"功德圆满"，您说呢？您觉得这部《哈佛书志》，对您个人有什么意义？

沈津：当年是吴文津先生请我去哈佛燕京图书馆写书志，经过18年，我完成了。我也不想恋栈，还有其他事情要做，我觉得应该"见好就收"吧。能够完成《哈佛书志》，这确实是件很有意义的事，是难得的机遇，并不是每个人都能遇到的。有的时候，你想得很好，但机会不一定给你，在这方面，我也许比较幸运，机会给了我，所以我很知足。一个人一生能做几件有意义的事？可能有些人碌碌无为就这么过了一生。对我来说，过去在上海图书馆受到了30年的专业训练，我所学到、看到的东西，很多是书本上没有的，或是别人得不到的。我的所谓学识和进步，都应该贡献出来，让别人有所参考。把自己学到的东西用在撰写善本书志上，或做成一两件有意义的事，这对我来说，既是一种义务，又是一种欣慰。

我这一生写了大约 800 万字，其中 400 万字是善本书志，约 3000 多篇。之前，王重民先生写得最多，约 200 万字。当然，我的体例、模式和他的不同，毕竟时代也不同了。清代以来，去海外访书的学者最早是杨守敬，他是作为驻日公使黎庶昌的随员到日本，在日期间，他留意收集流落到日本的中国古籍，出版了《留真谱》和《日本访书志》。后来张元济、傅增湘以及前些年严绍璗等人都去日本做过访书工作。在北美，就是王重民、袁同礼、田涛诸先生了。总之，这项工作得有人去做，而我只是参与其中做了一些事吧。

2011. 8. 29

注：上文原以《〈美国哈佛大学哈佛燕京图书馆藏中文善本书志〉编纂访谈记》为题刊发于 2012 年出版的《天一阁文丛》第十辑，收入本书时内容略有修订。

关于古籍版本的价格
——敬答钱存训先生

检理书稿杂件,竟然发现20年前钱存训先生给我的信以及我的复函,内容涉及古籍版本的价格。信是1991年12月写的,那时古籍买卖的市场还没有形成,拍卖公司或许尚在酝酿的阶段,所以古书价格不是很高。如今,已是今非昔比,当年没人赏脸的残书也是一飞冲天,身价百倍,更何况那些难得之帙、珍椠罕本。

钱存训先生,美国芝加哥大学远东图书馆前馆长、远东语言文明学系及图书馆学研究院教授、中国国家图书馆顾问,今年(2012年)高寿101岁。他在以往的教学及研究中,对汉字的特色、书籍和各种文字记录的载体、造纸印刷等的传播与演进,作出了开创性的研究与定论。他是图书馆学界的老前辈,也是一位受人尊敬的长者。

今将当年之信录如下,读者诸公就当老皇历看罢了。钱公1991年12月6日的来信:

香港中文大学图书馆
沈津先生:
……
我因加拿大卑诗大学图书馆委托代为其蒲坂藏书估值,主要为保险之用。这批藏书共约3200种,4.5万册,1959年由王伊同编有《宋元明及旧钞善本书目》一册,现该馆正另编一全部简目，供估值之用。我已分函日本及中国台湾索取最近书店旧籍目录，以供参考。不知香港及内地方面近年有无私人藏书交割？中大或其他图书馆最近有无收购善本或清代线装书？中国大陆方面善本虽不能出口，但上图或市上书店仍有买卖。希望能取得此类数字，以作估值根据。

如无市值可查，拟请兄就个人经验将宋元明清各代版本，以册为单位，作一平均数字估计，亦可以专家意见，作为根据之一……即恳便中抽暇打听见告，不胜感荷。因此事必须在明年初作一交代，盼能在今年底或明年初以前用 FAX 惠示一二，尤所企幸。

……

我在 12 月 19 日收到钱公的信后，当天即回复：

关于蒲坂藏书，我记得在美时曾见到那一小本目录，是否即从澳门整批售出者，如是那批，应该是抄本居多，可能多为陈澧（兰甫）的藏书。王伊同的《宋元明及旧钞善本书目》，中大没有，所以我无法作一很详细的说明。

大陆的线装书价格在 20 世纪 50 年代、60 年代、80 年代、90 年代都大有不同。一般来说，流传较多的明刻本，指在 20 部左右者，大约是每部 4 册 200 元人民币，60 年代则加至 300—400 元，80 年代则为 600—800 元，而今更高了。然而善本书中的罕见本则以稀为贵，价钱上落很大，各地的旧书店又不一样，主要以北京中国书店和上海古籍书店为最重要，而北京又要贵些。这类书一要名头冷，二要不见著录，三要有名人题跋，那就价值高了。反过来说，就是宋本书，如《通鉴纪事本末》，传世多为宋刻元明递修本，而大陆、台湾加起来有10多部，这种"老头儿货"，虽然册数也多，但价值就高不上去。又比如《渔洋山人精华录》，康熙本，传世很多，不少馆都有，但是如要进入善本书目，则必须有名人题跋或批校者方行，而一般的则不入目了，价钱也不高。而名人中又分好多档次，价钱也不一样。如黄丕烈，则会在原书价上加50%—80%，小名头的则会加10%—20%。

至于抄本则更为复杂，有的抄本是据未刻稿本传抄，价值就大；有的仅乡村老学究所抄，而刻本又多者，则不值钱。这里还有一个鉴别的问题，诸如内里的收藏印、题跋等，还有抄写的大致时间（清初抄本、旧抄本、清抄本、清末抄本），如非目验，很难说出所以然。

目前上海、北京以及不少的古旧书店，已不向大图书馆卖善本书了，原因是不能像过去从市面上继续收得善本书，库存卖一部少一部，另外他们自己也想留些样本。如果要卖，也是以书易书，即他给你善本书，你给他过多的复本旧书，现在已没有单纯的卖给图书馆那种经营方式了。至于私人藏书则更鲜有售与图书馆、书店者，识货者又要待价高时再售。20世纪50年代末、60年代初，上海古籍书店（今上海书店）有几大本善本书价格参考目录，以书名排序，卷数、作者、版本、册数、价格都有。我曾在他们收购处见过，但他们是对外保密的，当然现在价码不知飞涨多少倍了。

5年前，我曾为香港中文大学估过罗原觉的一批藏书，原罗氏开价80万港币，我估应在20万港币左右（因为其中几部原著录为宋本者，实为明刻本），后来香港中文大学未要，书被香港大学冯平山图书馆购去,大约价在30万港币不到。后来,我又为纽约的一家书店估保险,因为他们为筹办北京图书馆的善本书在华府办展览而找到我。当时,我的估价方式是:以每种书流传多少、稀有价值,再乘上6,即为美元的价钱。至于别人如何估,我不知道。我的根据是:一、多年来看书鉴定的实践;二、上海、北京等地旧书店的善本书标价大致记在我的脑子里;三、上海书店出口古旧书(线装)至港澳以及外宾门市部的旧书价格,10年来,我全部看过。所以这些估价,一定要根据每部书的具体情况来标价,而不是以每册来衡量。又以刻本来看,清代的即有清初刻本、清刻本、清末刻本之别,价钱都不一样,而书的流传多少也是衡量书价的一个重要标准。总的来说,不看到原书,很难估。或者是要先看目录,要标出版本,或加工者。

另:香港方面有私人藏书(零星)转让者,大致上以册来估,平均每册明刻本2000港币,我也看过数十种,还有不少(数十册)宋刻藏经。香港中文大学、香港大学近年没有买到什么善本书。

以上所写,不知对先生有没有用,仅供先生参考。如先生有蒲坂简目,可否复印一份给我,待看后再向先生报告。

按:我对书价有兴趣,是因为它亦是图书版本学的一个方面,只不过书价的资料不好找,尤其是第一手的。以明代刻本来说,它在明代的售价是多少,这个题目真是不容易作。几十年来,我经眼了近万部的明刻本,只找到10来部有钤有当年书价的木记。10年前,我写就一篇关于明代书价的文章,后来收到我的《书韵悠悠一脉香:沈津书目文献论集》中了,前些年又收集了不少清代及民国间书价的资料，但是都没有完成，我还要再找时间去做。

信里所说的蒲坂藏书，为中国澳门姚钧石南州书楼旧藏，1959 年由图书馆之友及姜纳博士（Dr. Walter Koerner）捐赠，现藏于加拿大不列颠哥伦比亚大学（University of British Columbia，以下简称 UBC）东亚图书馆，"卑诗大学"是当地华人对它的称呼。去年（1990 年）3 月，该馆袁家瑜主任和我联络，希望我抽暇去 UBC 看看该馆新入藏的庞镜塘藏书，也顺便了解下那批蒲坂藏书。后来，我因为旅行证件即将过期来不及加签，而失去机会。

2000 年夏，沈津在国际图书馆协会联合会芝加哥会议期间拜访钱存训
（从左至右：沈津、钱存训、周原、严佐之、马小鹤）

"文革"前，上海古籍书店送到上海图书馆善本组的善本书，每部第一册都夹有小签纸，上有书名、版本、册数、价钱，而北京中国书店的书则在每种最后一册末页左上角贴有印就的小标签，上面也有册数及价钱。顾师廷龙先生要求我对送来的每种书都要查一下馆藏有否，所以在查的过程中，我也会留意各种图书及版本的书价。

罗原觉的藏书，今藏于香港大学冯平山图书馆。1994年我去冯平山馆，馆长李直方兄还特地打开存放善本书的橱柜让我看，当时我还翻了几部。

上海书店出口古旧书（线装）至港澳以及外宾门市部的旧书，都必须由上海市图书出口鉴定小组成员鉴定后，再钤上小火漆印后方能售卖并出口。从1961年至"文革"前，70年代末至1990年间，火漆印都是我亲手盖上的。当年同去的有潘师景郑先生、瞿师凤起先生，还有吴织，有时我们还会闲聊议论，说及某书定价太贵，或某书不能出口，等等。

2001年，沈津在芝加哥参加亚洲研究协会年会期间拜访钱存训（摄于钱先生寓所）

1991年以后，乃至今日，古旧图书的市场价格发生了极大的变化。在拍卖的场所，一些善本书（普通本）居然拍出了天价，这是几乎所有的人，包括藏家和买家都始料不及的，当然，还有别有用心者人为地不符实际地炒作与欺诈。

不过，那也是某些人在茶余饭后津津乐道的"闲话"。

2012.4.1

注：原文首刊于2012年《南方都市报》，收入本书时内容略有修订。

一生只做一件事
——答王雪霞问

[**《藏书报》记者王雪霞按**]：沈津，当代鼎鼎有名的版本目录学家，学富五车，为人谦和。2011年2月他从美国哈佛大学哈佛燕京图书馆退休，4月回国被中山大学图书馆聘为特聘专家。沈先生经历独特，50余年工作在图书馆一线，旅居海外多年，经眼珍贵古籍无数。10余年来他出版著作800万字，并热衷于写博客，通过博客与广大古籍爱好者交流。经过多次联系，我们近期特别专访了这位大家。

《藏书报》：沈先生您好！您去年从美国哈佛大学哈佛燕京图书馆退休回来，已经一年多了吧？主要是在中山大学图书馆工作，是吗？

沈津：是的。大约是因为一辈子都在图书馆工作，和书打交道，所以，我想退休之后不会马上闲下来，正好中山大学图书馆的程焕文馆长想让我去帮一点儿小忙，我就答应了。毕竟在图书馆工作50多年了，有些感情。去年2月底退休后，我先在美国待了一段时间，然后4月中旬去了中山大学图书馆。

我在很年轻的时候，就跟在老先生后面作古籍版本的整理、编目、鉴定，一辈子就干这一件事。这和中国图书馆学界的很多人不太一样，有些人是做一段时间以后换工作，或者调动，或者升职呀什么的，就离开了一线的工作。我是每天都和古书打交道，从上海图书馆，到香港中文大学图书馆，后来到美国都是如此，从来没离开过一线。我总觉得这对我来说是一种缘分，这里面涉及自己对图书馆的情愫，对书的责任感，以及对我的导师的至深感情，我也把这些看成是一种福分。在中国图书馆学界，较之其他同行，我以为我是最为幸运的。

《藏书报》：为什么说是幸运？是因为自己特殊的经历吗？

沈津：就说我这个经历吧，我在上海图书馆待了整整30年，1960年就跟随顾廷龙先生。顾先生那时是上海图书馆的馆长，国内最重要的图书馆事业家，也是古籍版本目录学家。这真是一种机遇，当时上海要培养一批戏曲、文博、艺术方面的人才，要后继有人。那时上海博物馆的徐森玉先生，他的学生就是汪庆正（后来上海博物馆的副馆长），上海图书馆就是顾廷龙先生带我。所以在图书馆搞目录版本我比较早。那时我年纪轻，记忆力还不错，带我的老师除了顾先生外，还有潘景郑先生、瞿凤起先生。这三位都是中国图书馆学界最好的版本目录学家。潘先生本身是藏书家，是苏州潘祖荫的后人，章太炎的学生，又师从吴梅学曲。我跟出版界如上海古籍出版社的朋友聊起潘景郑先生，他们都说潘先生的学问非常好。我后来写过一篇文章，是专门关于潘先生的，写了一万多字。瞿凤起先生是清代四大藏书楼之一铁琴铜剑楼的传人，对宋元版本鉴定很有眼光。这三位老师对我的帮助、提携太大了。有人说这是"三房合一子"，真是一种缘分，也是一种福分。

再加上上海图书馆有丰富的馆藏，那时约有古籍善本1.4万部，当时要做上海图书馆的古籍善本书目。这是个大工程，要做好几年，那时我就跟在老先生们的后面。我的工作很简单，就是帮助提书，他们做的卡片都经过我的手，包括书名、卷数、作者、版本等，我都要核对。顾先生要求我认真看他们在卡片上改动的地方，为什么要改，不懂的地方就要问他们。在这样一个大的工程中，我能看到很多很多的书，所有的书都经过了我的眼睛。那时办公室里只有我们几个人，一年半后顾老又带了吴织，那时就带了我们两个人。

我有时候就想，如果那时各地图书馆的一些专家，比如说浙江的毛春翔，《古籍版本常谈》的作者，他有很多实践经验，如果那时他也带学生的话，那多好。丁瑜先生是国家图书馆资深研究馆员，他也是在1960年进入北京图书馆善本部的。他告诉我，他早就知道我。1962年、1963年的时候，北京图书馆善本部主任赵万里先生南下访书，在上海图书馆看见我跑进跑出，还写毛笔字。赵先生回京后就说上海图书馆顾馆长在带一位年轻人，在培养接班人，我们北京图书馆也应该带。他们就物色人选，最初物色的是雷梦水，后来觉得他年龄偏大，后来就选中了林小安。林小安和我同岁，他在1964年进入北京图书馆善本部，只是他后来到四川大学从徐中舒先生攻读硕士，念文字学，拿到学位后回到北京，不久后就离开了北京图书馆，到了文物局、故宫博物院，当然这也是后话了。这说明那时候北京图书馆也在培养人。当然这之后也来了大学生，如陈杏珍、李致忠，那是1966年初的事情。我觉得对我来说，我在上海图书馆的这种经历，老师们的诱掖、教导对我来说太重要了。

当然这也包括我后来到美国去的经历。1986年春，我在美国纽约州立大学石溪分校世界宗教高等研究院图书馆做访问学者。那时候能够出国到美国做访问学者的人非常少，而且在图书馆学界更少。在美期间，我可以在美国国会图书馆及好几个重要的东亚图书馆看书，还可以进入他们的善本书库。我在那里待了两年，1987年10月回到国内。1990年我又到了香港中文大学图书馆，不到两年又去了美国，在美国哈佛大学哈佛燕京图书馆做访问学者，并在哈佛燕京图书馆写善本书志，把他们馆藏的明代及明代以前的古籍善本予以揭示。1994年我得到了哈佛燕京图书馆的永久职位。我的工作是回答教授、研究者的咨询，还有就是继续做该馆的清代善本书志，这样一做就是18年，如果再加上之前做访问学者的两年，就是20年。这种机遇跟国内许多人来比较是很难得的，这种经历让我对中国和美国的古籍收藏情况比一般人了解得都多一点儿。因为哈佛大学在世界上是非常重要的殿堂，是一流的学校，是欧美的汉学重镇，所以哈佛燕京图书馆的古籍善本有一些是中国没有的或者是中国学界不了解的，能在那里工作也是一种幸运。但是我也非常感谢上海图书馆，因为如果没有在上海图书馆30年的专门训练和打下的基础，我很难做好后来的工作。

《藏书报》：您这种经历是比较传奇的，但是您一辈子只做一件事情，一般人都很难坚持下来，而您仅把它解释为一种机遇。

沈津：其实很多事也很难说，比如说国内搞目录版本的，或者升职，或者被领导调到别的地方去了。当时我们在做《中国古籍善本书目》的过程中，全国的精英分子都集中起来，后来他们做了一阵子后回到自己的单位就被提拔为副馆长，比如说浙江图书馆的崔富章、湖北省图书馆的阳海清、辽宁省图书馆的韩锡铎、青海省图书馆的党岗等。这其中韩锡铎虽为副馆长，但他大部分精力仍放在特藏部门。

1978年全国古籍善本书总目编辑工作会议摄影留念（最后一排左一为沈津）

1978年全国古籍善本书总目编辑领导小组会议摄影留念（倒数第二排右五为沈津）

《藏书报》：那您想过改变吗？换一种行业或者工作角度。

沈津：没有。我真的一直在第一线，我总觉得顾先生让我做的事情没有做完，我要继续做下去。1988年1月，我获得研究馆员的职称，当时我是中国图书馆学界最年轻的研究馆员，管的是特藏部，那可是上海图书馆最重要的一个部门，拥有1949年以前所有的200万册旧书刊及古籍。我负责管的就是古籍组、旧平装组和徐家汇藏书楼。我管理这些，第一是安全问题，第二要接待读者，第三是培养人，自己也作一些研究。所以我真的不能离开。

《藏书报》：这种经历对您来说，最大的收获是什么？

沈津：对上海图书馆来说，我有点儿遗憾，我在上海图书馆那么久，从来没有很好地报答它对我的培养，也没为它留下什么东西。后来的帮助是非常间接的，如翁万戈藏的宋元本是怎么从美国回归上海

2003年10月18日在哈佛燕京图书馆75周年招待会上，
沈津正在向秦曾复讲述翁氏藏书事
（从左至右：秦曾复、戴龙基、翁万戈、沈津）

图书馆的？那是我最早告诉上海图书馆信息，透露情报，这件事的前前后后可以参阅我写的《"翁氏藏书"回归背后的故事》。

  我觉得人的一生太短，做好一件有意义的事是很不容易的。对于我来说，在哈佛燕京图书馆我想做两件事，两件都做成了，我就感觉很欣慰。这两件事，一是对哈佛燕京图书馆收藏的中文古籍善本予以揭示，那就是写成善本书志。哈佛燕京图书馆所收藏的善本书、线装书都是1928年以后从中国陆续购买的，并通过海运的方式运到美国。那时中国处于一个战乱的年代，很多书流散出来。在美国，哈佛燕京图书馆收藏的古籍在数量和质量上，并不亚于美国国会图书馆，可以和它抗衡，这个很了不起。但哈佛燕京图书馆的收藏是什么，好在什么地方，国内的学者、研究者都不清楚，而我的责任就是把它揭示出来。因为国内外大多数参观团到哈佛燕京图书馆走一走就完了，还有就是访问学者进不了那个善本书库，而我则随时随地可以进入。保险箱里藏的珍贵文献都是我放进去的，并做了一份目录，我知道哪些是从来没有发表过的。

  善本书库里的3000多部中文古籍善本我几乎都翻了一遍。我请我的搭档，包括华东师范大学的严佐之教授、浙江图书馆的研究馆员谷辉之博士、清华大学的刘蔷博士、北京大学的张丽娟博士，他们都是比较有实力的，我请他们一起来作清代的善本书志。他们每人写了一年，每人写了20万字，我们总共写了400万字的善本书志，由广西师范大学出版社出版了，这对哈佛燕京图书馆来说是一件大事。对大型图书馆来说，可以将馆藏善本编成善本书目、出版善本书影，但是揭示馆藏最好的方式是写成善本书志。国内那么多公共图书馆，拥有傲人的丰厚资源，但是都限于人员、时间、财力等条件，尚未将其列入议事日程。

很多朋友来看望我时，都说很希望做这样有意义的事。每个大图书馆的资源都是几代人的辛勤努力收集起来的，都有自己的特色。我所知道的武汉图书馆、苏州图书馆都在作善本书志，有的只作了经部，有的完成了经部和史部。我们的书志采取的是"哈佛模式"，这样的模式对别的图书馆可以起到一个参考作用。对于书的内容揭示，国内的研究人员通过我们的善本书志即可得到他们所需的信息。

这些书写成书志后，国内的研究者还是看不到原书，我当时就在考虑，比如明版书，哈佛燕京图书馆有1400多部，数量比较大，这当中有哪些是中国图书馆没有入藏的呢？我就对照《中国古籍善本书目》等书目，发现居然有188种，没有这个版本，或者根本就没有这个名目。我的前提是中国内地（大陆）没有，中国台湾没有，中国香港的香港中文大学图书馆、香港大学冯平山图书馆也没有，还有就是日本的图书馆如东京大学图书馆、京都大学图书馆、静嘉堂文库、内阁文库、尊经阁文库等都没有收藏的，然后将其列成目录，可以按图索骥。我当时想如果有机会让这些书化身千百，让大家都能看到、都能用，那多好呀。在哈佛燕京图书馆，包括图书馆馆长，我们都有一个宗旨：学术乃天下之公器。这些藏品无论是手稿、文献还是珍贵图书，如果只放在那里，永远不见天日，那不是个办法。这些中国没有的书及文献当时是被收购过来的，我就想应该通过另外一种途径回归。怎么回归？这个我也是受到顾廷龙先生影响，顾先生过去在20世纪三四十年代也编书，把那些难得的书籍手稿印出来，如《合众图书馆丛书》等。所以我也受这个影响，必须让它们回归。

那时正好广西师范大学出版社的总编辑到美国来。他最初来的时候，住我家里，当时我还很疑惑，他们能和我们合作吗？他给了我一本他们已出版图书的小册子，又谈了他的想法，他的想法和我的想法正好契合，我就把他引荐到我们馆长那里。于是就有了后来的《美国哈佛大学哈佛燕京图书馆藏中文善本汇刊》（37 册）。我把当时我记录下来的 188 种善本的目录交给广西师范大学出版社，他们又送到北京，北京组织专家去查。核查这些书的前提是，第一中国没有，第二有学术价值。这些书陆续经过核查后，最后变成 67 种。这符合我们的宗旨，即"公器"回归，这样研究者就不用到哈佛燕京图书馆来了。这个事情对我来说很有意义。这套书在 2003 年出版，后来还得了第十四届"中国图书奖"。我居然能为出版做些事情，而且做成了，我也是非常欣慰的。后来哈佛燕京图书馆也就不断地把自己珍藏的图书影印出版，以嘉惠于学林。总之有一条，让海外收藏的中国难得的善本书通过这种影印的方式回归，是极有意义的事。

《藏书报》：两件事都做成了，您背后下了很多功夫吧？

沈津：两件大事我都做成了，确实是用了很多时间。比如说上面提到的《美国哈佛大学哈佛燕京图书馆藏中文善本汇刊》，这在国内做，一定要有一个编委会，几个人十几个人，分工合作，但在哈佛燕京图书馆，就是我一个人做，包括前言也是我代笔的。在美国，如普林斯顿大学葛思德东方图书馆，他们也有非常好的馆藏，也很想把难得之帙影印出来，但是他们没有人去做。我的导师顾先生教我的不只是版本鉴定，他还教导我要做有意义的事情，要做看得见、摸得着的事情，做的事情不要让人诟病。

《藏书报》：在做这两件大事期间，您在 2006 年出版了一些著作，是您自己有一个写作的规划呢，还是水到渠成成就了这样的成果？

沈津：我在中国毕竟经过了 30 多年的训练，有比较好的基础，但那时顾先生告诫我不要急于写文章，要大器晚成。我和顾先生在办公室就是面对面坐，他对我的教诲很多。我的很多文章和著作都是后来在美国写的，在国内出版的，这些东西是我自己 50 多年来所学，应该回馈给社会。如果不写出来，或许以后就淡忘了，所以我想把我看到的、听到的写出来。除了《翁方纲年谱》《顾廷龙年谱》之外，我写的都是人和人、人和书的一种漫笔，还有我和老辈学者的交往。我对自己的要求就是不要写得太粗糙，不要太严肃，要活泼一些，这都在《书城风弦录：沈津学术笔记》《书丛老蠹鱼》《老蠹鱼读书随笔》《书林物语》中可以见到，这可能对于其他人是一种启迪，对我来说也是一个小结。多年来出版了十几本书，我自己统计了一下大概有 800 万字，我计划还有几个题目要写，写到 1000 万字，就再也不干了，因为压力太大。

《藏书报》：您写博客是出于什么样的目的？

沈津：这是有个过程的。2005 年我生了一场大病，半年多躺在沙发上，吃也没有胃口，睡也睡不着，我当时就在想，如果我活下来的话，一定要把脑子里想的事慢慢写出来。当时我身体非常虚弱，看报纸都没有力气，真的很苦。半年后上班，我的一个同事高青女士，介绍我去看博客上的文章，我看后觉得蛮好的。她说我帮你开个博客，你把你想写的全部放上去，还说你等着，我花 10 分钟就给你搞好。她这样一弄我就骑虎难下了。那时我一个星期写一篇，写得多了居然有点儿效应了，广西师范大学出版社和中华书局都来找我，他们觉得我写的博客有点儿意思。后来他们两家一家一半，出版了两本书，对我来说也是一种鼓励。我现在的博客流量已有 31 万人了。我还有些书林札记，可以写成一篇篇小文章。后来上海辞书出版社出的《书林物语》都是我博客里面的东西。现在博客对我来说也是一种促进，我稍有懒惰，时间久了就会有人打电话说，您的博客好久没有更新了。我说，呀，现在还有人在监督了。

《藏书报》：回国一年多，您去年11月到台湾作讲座，也在一些图书馆演讲。您在讲座里讲了些什么样的内容？是关于哈佛燕京图书馆藏书的还是古籍方面的？

沈津：都有。比如在广东图书馆学会讲哈佛燕京图书馆的馆藏情况；在上海博物馆讲美国东亚图书馆的馆藏，因为很多人都不了解美国东亚图书馆的收藏到底是什么情况。另外就是我去台北作讲座，讲了5讲，都是古籍版本鉴定方面的内容。台北那边是2010年的时候就发出邀请了。其实，版本目录当中最难的就是版本鉴定，但你掌握了之后也可认为它是雕虫小技，它的前提是一定要看得多，多翻多查。鉴定很重要，因为你要给一部图书一个准确的版本说明，最好不要误导读者，稿本不能说成抄本，如果是抄本必须要把大体时间告诉别人，是清初抄本还是清抄本、清末抄本。我在台北讲藏书印的鉴定、书估的作伪等，讲书志、图录等，比如图录哪一种好，为什么好，要讲出个所以然来，每次讲三个小时。我在中山大学图书馆也是经常跟我的同事就一个题目大家聊一聊，从实践中慢慢地去研究探索，一步一步来。

《藏书报》：您回国一年多，也看了一些图书馆的馆藏，您感觉现在国内和国外的馆藏在古籍善本收藏方面有什么不同？国内需要解决的问题有哪些？

沈津：美国的东亚图书馆和中国的公共图书馆，每个图书馆都有各自的特色，也都是经过几代人辛勤搜集才形成今天的丰富资源。美国有美国的情况，美国也是通过各种途径得来的这些书。这些书的来历一种是采购，一种是别人捐献，交换的方式非常少。

他们的保管条件应该说都是一流的，比如说哈佛燕京图书馆，书库里恒温恒湿，没有灰尘，古籍善本保存在那里几十年都没什么变化。他们买的时候就买一些书品比较好的，残破的不要，他们知道要修补的话比较麻烦。那里的每一部书都有函套，差不多都有胶卷，或扫描成数字版。当然国内现在的保管条件也很好，最近我去了一些图书馆，很多是新馆，非常漂亮，比如说杭州图书馆。从保护的角度来说，国内也非常重视，花很多经费做这些事情。

我也知道国家古籍保护中心在做古籍的普查工作，我觉得这里面要做就做得细致些，不要以时间表来约束那些图书馆，不要急于求成，如果求快、讲速度的话，那将来肯定得返工。这种教训过去实在太多了。我最近到浙江图书馆，他们的副馆长徐晓军告诉我，他们的普查一定要做得细致，要详细地全面著录，他们不希望以后重来。有的图书馆赶时间，著录马虎，这样的话后遗症太多了。古籍的著录是慢功夫，急功近利做出来的东西经不住考验。《国家珍贵古籍名录图录》在开始征求意见的时候，公示的东西一公布，就有很多问题，甚至不是善本书的一般刻本也混了进去，珍贵难得的本子和一般善本分不清楚。当然出发点是好的，但执行过程中没掌握好。

《藏书报》：您也拜访过一些国内的私人藏书家，看到媒体介绍有韦力、田涛、励双杰等，为什么要拜访私人藏书家？

沈津：他们都是我的朋友，大家都有这个爱好，同时他们也希望我去看看他们的收藏。我到了北京,也专门安排时间去看韦力的藏书,他真的很了不起。我过去在国内看过很多大图书馆的善本书库,包括台北的、香港的、澳门的也看了不少,有的很有规模,但是我看了韦力的藏书之后,就和他开玩笑说,我居然会有刘姥姥进大观园的感觉。他的收藏非常了不起,我过去对某些版本的叙述可能也要改写。再比如励双杰的思绥草堂,我去他家里三次,我也觉得非常不容易。他们这些人与1949年以前的藏书家是一脉相承的,他们也不是为了自己怎么样,也不是投资人,不是为了谋利。现在一些人通过拍卖图书谋利,扭曲了传统的收藏理念。而韦、励难能可贵的是,他们得到这些藏品后还要作研究。他们从普通的喜欢,经过好多年的收集,然后再作研究,把自己变成一个专门家。比如说韦力的鉴定能力比省市公共图书馆善本部的专家要强,他强在有实践、看得多,也善于总结,他的喜好就是书。他们这样的人在若干年后绝对是"高手",包括在古籍整理、古籍鉴定方面。我也很欣赏韦力他的为人低调。

励双杰就喜欢收藏家谱,别的不藏。上海图书馆的家谱是国内最多的,近两万种,但只有6000余部是全的,励双杰凭一己之力,10多年就收集有1700多种,这非常了不起。海外收藏家谱最多的是美国哥伦比亚大学东亚图书馆,全部加起来是1040多部。我第二次去励双杰家的时候,还有一个台湾

沈津在慈溪励双杰家看家谱
(中为励双杰,右为童银舫)

大学的教授陪着，他就问励，是否有可能出卖，励说不卖。

前些年出版的有关版本目录鉴定什么的书都是给一般人看的，大多是抄来抄去，很少有新意，有的作者甚至把自己的书换一个书名交给另一家出版社，人家说换汤不换药，现在连汤也不换了，真是可悲。其实古籍版本领域里有很多题目可以做。我看了韦力、励双杰的著作，觉得都不错，都是他们实际操作的东西。励双杰的书，是公共图书馆里专门研究家谱的专家学者都写不出来的，他藏的家谱我看了三回还不过瘾。而且这些收藏家都非常豁达，很开明，并未把自己的藏书视若枕秘，而是当作"公器"般，如果有需要的话，他们就拿出来。我已介绍励与广西师范大学出版社合作，出版他的家谱汇刊，以化身千百。

《藏书报》：您对自己的工作、生活还有什么样的规划？

沈津：要做的事太多了，来不及做。年初，我又得到顾廷龙先生的不少手稿和书信，有很多材料可以补入《顾廷龙年谱》，大约20来万字吧，可以把它增订为100万字的书。我还收集了顾先生的100多篇佚文，想补入他的《顾廷龙文集》。我要重新编一本，因为其中有不是顾先生的也收了进去，我觉得有必要修正一下，要重新做一做。做完我也就轻松许多，然后再做我未做完的事。

《藏书报》：今天我们聊得很开心，下次有机会我们再谈。谢谢沈先生！

注：上文原以《当代版本目录学大家沈津：一生只做一件事》为题首刊于2012年7月2日《藏书报》，收入本书时内容略有修订。

版本学、文献学永远研究不完

——答崔华林问

[**《深圳晚报》记者崔华林按**]：提起沈津，可能很多人并不熟悉，但在当代版本目录学界，他堪称"国宝级人物"。他著述数十本，几乎每本书皆与书相关，且书名中多含有"书"字，比如《书城挹翠录》《美国哈佛大学哈佛燕京图书馆中文善本书志》《中国珍稀古籍善本书录》《翁方纲年谱》《顾廷龙年谱》《书韵悠悠一脉香：沈津书目文献论集》《老蠹鱼读书随笔》《书丛老蠹鱼》等。

2013年4月19日，记者在深圳图书馆见到了这位传闻中的"蠹鱼"，只见沈津穿着格子衬衫、背着双肩包，神采奕奕，看上去完全不像一位68岁的老人。他和夫人及两名学生甫一到达地点，就在图书馆工作人员的陪同下，直奔6楼的图书馆专用古籍书库。还没等走进去，一股独属于古籍室的味道远远就飘散开，夹杂着用来防潮防虫的樟脑丸气味。

据深圳图书馆副馆长张岩介绍，图书馆现有古籍300种，约3000册，其中善本古籍约有300册，抄本居多，均为1989年知名中医教授张太无老先生的捐赠。在浏览了书库的主要书籍字画后，沈津点评，馆藏的果亲王点定抄本《唐宋元文约选》"非常好，很难得"，"书的记载和装帧都很漂亮，用的纸张和线也很不一样，一看就知道不是寻常百姓家的东西",并建议工作人员可以为该书申报《国家珍贵古籍名录图录》。但至于该书是否为孤本,沈津表示还需要作更细致的筛查。对于曾有争议的该书的抄写地点,沈津认为,目前来看并没有确切印章或文字表明具体地点,所以无法完全断定,他强调支撑古书研究的结论都得有实物证据。

参观过程中,沈津还对其余古籍善本进行鉴定,传授了不少关于古籍的经验:翻看古籍不一定非要戴手套,正常的翻看并不会对书造成伤害;古籍还要经常翻,这比放樟脑丸防止蠹虫效果要好得多;生了虫子的古籍最好挑出来另外放,因为古籍也有"传染病",生虫的古籍会侵蚀那些完好的部分等。

善本不以时间为线, 以稀为贵

《深圳晚报》:现在划分善本的时间是怎样的?

沈津:现在一般是按照清代乾隆六十年(1795年)来划分,但是也不能完全按照时间线一刀切。比如太平天国时期的出版物,国内现在留存的不到10本,其余的大都被传教士带去国外,所以基本上都算是善本。还有延安时期的出版物流传到现在的也很少,因而也很珍贵。总的来说,善本的标准还是"以稀为贵",即难得、珍贵的图书,并非完全按照时间线。

《深圳晚报》:版本判断的主要依据有哪些?

沈津:主要还是看两点,字体和纸张。另外,图书的装帧、印章用来辅助。但这个没有捷径，还是要多看多记。

《深圳晚报》：您非常幸运，在海外接触到大量古籍善本。

沈津：确实，在海外图书馆看古籍很享受。在哈佛燕京图书馆里，我看到了大量1949年以前的图书，尤其是元明清的善本和大量近代书。大约是民国初年，有很多古籍被人从中国陆续运到美国，除了哈佛燕京图书馆，美国国会图书馆和耶鲁大学、哥伦比亚大学等很多大学的东亚图书馆藏量也很可观。并且海外古籍的质量很好，有很多收藏都是国内没有的，加上有西方学者用西文写的研究中国的学术著述，从而得以看到西方视界里的中国。

很多访问学者到了这些图书馆就像是"小老鼠进了大米仓"，使劲儿汲取知识。除了作研究看书，最重要的是大大开阔了收藏古籍的眼界。比如在20世纪五六十年代，有很多大学教授到了台湾，在那边作研究，成果大都发表在图书和杂志上，这些由于当时的条件限制都看不到，后来我在哈佛燕京图书馆里居然看到了。还有，大陆以前没有版本学杂志时，台湾某图书馆的馆刊给版本学研究者提供了参考。

做看得见、摸得着的东西

《深圳晚报》：您回国后，很多图书馆都给您抛出橄榄枝，但您后来选择了中山大学图书馆，这两年您在那里都做了些什么呢？

沈津：当年我选择中山大学图书馆，主要是因为那里收藏的古籍善本基础就很好，除了数量上可以名列全国前五，还很有自己的特色。加上馆长程焕文思想前瞻、思维活跃，一直在为推动图书馆前进、增强馆藏方面做大量工作，我就有意加入。另外，中山大学图书馆还有个古籍修复基地，是国家文物保护项目。

这两年，我在中山大学除了与外国图书馆合作，修复西文古籍，就是作善本书目，希望作一本可以体现中山大学图书馆藏资源的书目。虽说是"无错不成书"，但我在工作中还是尽量避免出错。工作中，我一方面也还在坚持学习，另一方面就是把我多年在版本学的工作实践告诉给同事。比如有一次，有个同事拿到一本书，说这本书无序无跋，怎么整理？我拿过来一看，就立即断定这本书肯定不是中国东部地区的，根据图书采用的皮纸判断，它应该出自贵州、云南、四川等地。后来我看到书中有一个图章很有意思，写有"刻、印、篆"，我就大致可以推断出这本书应该出自一家刻字店，并且是刻字、印刷一条龙的店，这个图章就是这家店推销自己的办法。

我还在做一件事，就是给图书馆里日本、韩国、越南出版的关于中国传统文化的著述写提要、善本书志。这些书的数量不少，写三四千种书的提要跟写一两篇不一样，得有一定的模式。我一般是先让学生写一篇，再通过实践训练，同时借鉴前人著作经验，让学生的写作慢慢积少成多，也算是培养人才吧。总之，我一直坚持做看得见、摸得着的东西。

民间收藏家是一股势力

《深圳晚报》：国外的馆藏和国内的古籍善本收藏情况不太一样，国内民间有不少搞收藏的。

沈津：国内有很多一流的收藏家，比如韦力。还有励双杰，他是浙江慈溪人，收藏家谱，收了1800多种，是中国收藏家谱最多的一

沈津与林章松

个人。收藏印谱的林章松也是个奇人,他收了1800多部,很多都是元明清的,大概称得上是华人世界里收藏印谱最厉害的了,但他很低调,很多人根本不知道他,所以说民间收藏是一股势力。他们对于藏书大都是"只进不出",同时也在不断向前进,为传统文化作研究,贡献力量。现在,民间收藏的数量可能占不到5%,其余95%以上的收藏都在图书馆,但是这5%的收藏也不能小看,有很多是国家没有的,很多是孤本,特别了不起。尤其在中国传统文化经历灾难、战争后,这些书能保存下来,实在很难得。

《深圳晚报》:那您接下来还有什么打算?

沈津:我打算写一本《新书林清话》。《书林清话》这本书很好,是文献学、目录学必看书目,作者学问也很好,但书中引的都是各家的藏书志。所以现在也有个问题,文献学、版本学上的很多观点都是千人一面,很少人有实物研究。比方很多人说宋代书籍装帧都是蝴蝶装,但我就有个疑问,说这话的人有亲眼看过宋本书吗?看了多少呢?内阁大库、国史院的蝴蝶装都属于内府,但除了官刻,还有大量坊刻和私刻,很多坊刻本都不使用蝴蝶装帧。所以我作研究一定要亲眼看到第一手材料,比如研究明代书籍价格,我一定要看到有书价的印才行。版本学、文献学永远研究不完,写别人没写过的,才有意思。

《深圳晚报》：但现在的人根本没有条件看到实物啊。

沈津：确实是。但古籍版本再不做就来不及了。一方面，图书馆现在的情况是专业人才青黄不接；另一方面，很多拍卖行顶替了旧书店，很多普通人根本没有条件接触到大量古籍。这种情况下私人能出人才就很了不起了。过去，很多杂物店小老板后来养成了大本事，成了大专家，就是看得多，练就了本领。做这一行没有捷径，还是要多看多记。

注：上文原以《对话沈津：版本学、文献学永远研究不完》为题刊发于 2013 年 4 月 28 日《深圳晚报》，收入本书时内容略有修订。

书志及书志写作
——答张维祥问

[**《藏书报》记者张维祥按**]:"现代人需通过书志对图书馆馆藏内涵进行揭示。"对于书志这一特殊的版本记录形式,著名版本学家沈津说。近几年,沉寂已久的书志编纂引起了古籍界的极大重视。2015年3月30日至4月3日,第一期全国古籍书志编纂培训班开课,复旦大学博士生导师吴格、国家图书馆研究员李致忠、哈佛燕京图书馆善本室原主任沈津,就"常见书志撰写体例比较研究""古籍书志编纂研究""中华再造善本书志编纂""《中国古籍总目》之编纂""哈佛燕京汉文古籍书志撰写"等专题进行开讲,业界将书志的撰写提上日程。书志因何而来?为什么要撰写书志?书志对于古籍保护工作起着怎样的推动作用?为此,记者采访了沈津先生。

《藏书报》:书志是什么?在版本目录学里,它有什么重要性?

沈津:在中国传统目录学、版本学的著述中,书志、读书志、藏书志、访书记、提要、书录、叙录、经眼录、题跋记等,都是介绍古籍的写作形式,书志是在书目的基础上发展起来的。一般来说,书志是一部书的客观记录和自己主观意见的结合,资料性和学术性的结合。它蕴含更多的信息量,比以往的叙录、解题更符合揭示图书形式和内容特征的本质要求。比较好的书志，即是有内容、有分析、文字不枯燥的书志，要站在读者、学者、教授的层面上去写，从目录学、版本学的角度去提供资讯。

无论是书志还是其他写作形式，对书的客观描述都是有详有简。详者则对书名、卷数、作者、版本、行款、版式，以及著者简历、内容、牌记、序跋、题识、刻工、讳字、流传著录、藏印等详细备载。而一般的经眼录、题跋记、访书记等都较简，记录则各取所需。

《藏书报》：书志的写作难度在哪里？

沈津：所谓"看人挑担不吃力"，不少人看了我们写的书志总觉得很容易，不难。是的，确实不难。但是，每天写一篇，面对不同的书、不同的作者、不同的版本，都要去查询有关的材料，时间一长，就会有一种厌倦情绪。如果没有"拼"的精神，没有一种压力，就不会做好。而且要一次成篇，更是不容易。担子有轻有重，分量不一，挑担不仅要靠技巧，还要看走路的远近、耐力。不是担得起就能胜任，而是要走很长的一段路，还要有各方面广博的辅佐知识。

所以说，撰写善本书志不是一件容易之事，甚至是件苦差事。如若易办，那先人前辈早就着手，而不用等到今天。无论是哪一个图书馆，书志的写作都取决于一个模式，或为简志，或为繁志。简志者，如20世纪30年代出版的《浙江省立图书馆善本书目题识》《岭南大学图书馆馆藏善本图书题识》，以及之后的《北京大学图书馆善本书录》等，每书之介绍，仅限于书名、卷数、作者、版本及序跋、稽核项，如此而已。繁志，即是在简志的基础上，揭示出版本之认定依据、全书之内容、因何而撰、序跋之摘录、他处入藏情况、书之特点及钤印等。

《藏书报》：肯定会有各种写法的书志吧？

沈津：流传至今的各种书志不外乎 4 种类型：一为政府（或公家）出面所编，如《钦定天禄琳琅书目》《四库全书总目提要》等；一为私家所编，如陆心源的《皕宋楼藏书志》、叶德辉的《郎园读书志》、傅增湘的《藏园群书题记》、潘宗周的《宝礼堂宋本书录》等；一为坊贾所编，如王文进的《文禄堂访书记》、严宝善的《贩书经眼录》等；一为学者读书所得，如张舜徽的《清人文集别录》、袁行云的《清人诗集叙录》等。

其中，公家藏书志较少。中国书籍解题之作虽然较早，但成规模的提要写作却迟至乾隆中期。乾隆以前的书目，有解题者寥寥，即如现存载录明代书籍最为全面的《千顷堂书目》，也多只有书名、作者，有时有卷数，偶尔有三言两语的解题。直到乾隆三十八年（1773 年），开始编纂《四库全书》，其后不久，才又对每部著录书与存目书都写了简明的提要，至乾隆四十七年（1782 年）完成提要初稿，又过 7 年，方才将提要定稿。

《藏书报》：这其中，藏书家的书志量最大吧？

沈津：是的。各种藏书志中，以藏书家的书志最多。但作为藏书家，有书志作品的并不多。自古至今的藏书家，早期有记载的不算，宋元明三代也不计，单就清代、近现代，那多了去了。叶昌炽的《藏书纪事诗》记载了 739 人，其中清代 329 人，而《续补藏书纪事诗》补清至近代 360 人。《广东藏书纪事诗》收明代以后广东地区藏书家 50 余人，而《上海近代藏书纪事诗》录清末以来上海地区藏书家亦有五六十人。郑伟章的《文献家通考》中载清初以来文献家 1500 余人。当然，同为藏书家，也有大有小，有著名者也有小名家。但完成书志的又有几家？值得一提的是，封建时代的一些藏书家，他们都有自己的善本书志，像黄丕烈荛圃、吴骞拜经楼的书志等。我过去在文章中也曾经推崇过傅增湘的《藏园群书题记》及叶德辉的《郋园读书志》等，我觉得他们写得非常好，因为他们都消化了自己的藏书，毕竟是自己买来的书，哪些书比较好，好在什么地方，哪些书版本较差，差在何处，都记得非常清楚，这对后人大有用处。

《藏书报》：书志的编写现状是怎样的呢？

沈津：中国是收藏中文古籍最多的地方，在20世纪50年代至"文革"以前做了不少古籍整理工作，80年代以后乃至现今又陆续出版了一些有关书目、书影或提要的专著，其中影响最大的当推王重民撰《中国善本书提要》、吴格整理《嘉业堂藏书志》、杜泽逊撰《四库存目标注》、袁行云著《清人诗集叙录》等。

1950年至2008年，近60年来，出版了不少专类的提要，包括戏曲小说、诗文集、医家释道等，但以图书馆之善本藏书撰成书志者不多见。我孤陋寡闻，只见有1948年岁末出版的《北京大学图书馆善本书录》，那是北京大学50周年纪念会展览的馆藏精品，包括宋元明清刻本、抄本、稿本、日本及朝鲜刻本计499种，极简略。

台湾地区最大的图书馆于1994年开始"第二阶段古籍整编计划"，组织了13人撰写该馆所藏善本书志，从1996年出版经部始到2000年出版丛部止，共12册，著录12369部。在香港地区，1970年即出版饶宗颐编著的《香港大学冯平山图书馆藏善本书录》，著录了229部。2003年又重新编著《香港大学冯平山图书馆藏善本书录》，著录了704部。香港中文大学图书馆也于1999年出版了《香港中文

沈津与饶宗颐

大学图书馆古籍善本书录》,著录了848部。

在美国,除美国国会图书馆外,一些重要大学如哈佛大学、普林斯顿大学、芝加哥大学、哥伦比亚大学、耶鲁大学、加州大学伯克利分校的东亚图书馆也都收藏了不少中国古籍,且有不少善本图书是国内如今所不存的。但他们要想编纂书志,很少有专门人才,只能借助中国的专家学者。

所以在北美地区,则有王重民著、袁同礼修订《美国国会图书馆藏中国善本书录》(该馆印,1957年)、王重民著、屈万里校订《普林斯顿大学葛思德东方图书馆中文善本书志》(台北艺文印书馆,1975年)、李直方著《华盛顿大学远东图书馆藏明板书录》(该馆印,1975年)、我编纂的《美国哈佛大学哈佛燕京图书馆中文古籍善本书志》(上海辞书出版社,1999年)、柏克莱加州大学①东亚图书馆编《柏克莱加州大学东亚图书馆中文古籍善本书志》(上海古籍出版社,2005年)。此外,加拿大多伦多大学的《加拿大多伦多大学东亚图书馆藏中文古籍善本提要》也已出版。

实际上,对善本书的揭示许多国家的学者都是非常重视的。如日本的书志学研究,他们有《书志学》杂志,说明日本的研究一直不断,对此很重视。后来他们又促成了《图书寮典籍解题》《国立国会

---

① 柏克莱加州大学现在一般称"加州大学伯克利分校"。——编者注

图书馆所藏贵重书解题》《庆应义塾图书馆藏和汉书善本解题》等书的出版。

《藏书报》：这一时期书志的编纂是很繁花似锦的。

沈津：是这样的。从20世纪40年代至今，在图书馆系统中，并不是没有人想到书志的重要性，也不是没人想去撰写，我所接触到的或知道的就有很多。我过去在写《顾廷龙年谱》的时候，看了顾先生的日记，其中有一条记录我觉得非常有意思，那就是顾廷龙先生曾经看过缪荃孙写的书志，他觉得不满意。顾先生说："如果将来有条件的话，我来写那种善本书志，我要力压众编。"我以为这所谓"力压众编"，当然是雄心壮志，就是详细揭示书之内涵及版本源流，这从20世纪30年代顾先生编的《章氏四当斋藏书目》4卷可见一斑。

20世纪50年代，赵万里先生在完成《中国版刻图录》后，准备将北京图书馆藏古籍善本写成善本书志，但当时的形势致使工作无法开展。60年代，"文革"之前，有《浙江省图书馆善本书志》（初稿油印本），可惜未成书。

图书馆学者卢震京有《中国古籍书目解题》，为其遗稿，未出版。该书历时20年编成，收录数千种中国古书提要，内容包括自汉代至1962年8月底前已刊、未刊的古籍书目，以及民国以后期刊所载有关古籍书目的重要论著，分为综合书目、艺文书目、藏书书目、著述书目、特编书目、专科书目6大类。其中私藏书目（私家藏书楼、私立图书馆书目、个人藏书目、藏书题记、外国人所藏汉籍书目）、学院学派著作书目、妇女著作书目、个人著作书目、外国人汉籍著作书目、征阙书目、译书书目、考订书目、禁书书目、传记书目、金石考古书目、敦煌书目、宗教书目，以及科学书目（古历算书目、中医书目、古农书目、古河工水利书目）等，颇富特色。

除了图书馆外，私人也有写书志的计划，王重民先生的《中国善本书提要》，总共 4400 种。20 世纪 80 年代，黄裳先生将自己过去写在藏书中的跋集中起来，编成了《来燕榭书跋》等，这是私家为个人藏品写志。90 年代，有杭州严宝善的《贩书经眼录》，之后又有苏州江澄波文学山房的《古刻名抄经眼录》等，这是经营旧书及古籍的坊间人士将几十年来所经眼的善本书写成的书志类著作，也是继 20 世纪 40 年代王文进《文禄堂访书记》后的书估作品。

《藏书报》：一些小图书馆也能编出书志？

沈津：大馆大，资源丰厚，工作性质也多样，开工后就不能停，所以谨慎之极。但是小馆没有这么多的限制，编写了几部令人欣喜的书志。例如，《武汉图书馆馆藏古籍善本书志》（经部，119 种，28 万字，三人撰写，2004 年，湖北人民出版社），再如，《浙江省图书馆善本检记初稿》（夏定域著，140 种，6 万字，油印本，未出版）。以武汉图书馆为例，该馆并不大，善本藏书也不多，古籍约 21 万册，和湖北省图书馆相比，是小巫见大巫，和其他省市一级的大图书馆相较，那更是不能望其项背。然而，小馆也可以做大事，可以做大馆一时半会儿做不到的事。那就是他们有意将数量有限的馆藏善本逐步写成善本书志，而且已经出版了经部（第一辑）。书志包括了原书各种记录及刻工、钤印等，哪怕是一种不怎么样的丛书零种，也引用资料，还以图表的形式，加上自己的见解，有图有文，图文并茂。

小馆真能做事情，除了武汉图书馆，还有苏州图书馆。苏州图书馆也作了自己的善本书志，《苏州图书馆藏古籍善本提要》（经部，172 种，9 万字，11 人撰写，2004 年，凤凰出版社），现在出版了经部和史部。这个经部我原来在哈佛燕京图书馆时就看了——我看看写得怎么样,为什么这样写,用的什么样的模式。几年前的 3 月份,我到苏州去看沈燮元先生,他陪我去苏州图书馆,就看到史部也出来了。这很好,这说明这个"机器"在运转,史部出来了,无非就还有"子"和"集","集"最多,那就慢慢写。所以顾廷龙先生有句话,我说它是真理,是非常简单的真理。他说:"火车只要开,总归要到站的。"只要开,不要停,慢慢来就行。

《藏书报》:一个俗套的问题,书志的编写有什么意义?

沈津:一些收藏古籍较为丰富的大型图书馆,必定有不少珍贵善本和稀少的图书文献,有馆方为之骄傲的"镇库之宝",也有视若枕秘的孤椠秘本。如若馆藏珍本多多,但严锢深扃,既不与研究者利用共赏,又不传播流布,广众见闻,那实在是一种浪费,是不见天日的"待字闺中"。这些鲜为人知的、少见世面的珍本,如能让馆内专家予以揭示,广为众晓,那也算是一种功德,甚至是嘉惠学林之大功德。因此,大型图书馆编著善本书志不仅是对馆藏古籍善本文献的详细记录,使家底清楚,心中有数,同时还可以给有关研究者提供各种资讯,也可为其他图书馆编目人员核对版本提供依据。这不仅仅是扩大影响,而且是开发古籍文献,实现资源共享的必要手段。

从另外一个角度来说,这也训练了干部,培养了人才。你在图书馆工作 10 年也不一定能翻到数百部善本。你通过实践,不仅可以知道这里面的特点是什么,还可以知道馆内最重要的典藏是什么。掌握书志写作的方法,学会熟练地使用工具书、参考书,对你将来的写作必定有帮助。

所以,善本书志的编著有百利而无一弊。或许这将是一些重要收藏单位在若干年后必定会制订计划、配备班子来进行的重要工作。可以说，这种目录学、版本学的实践也必定是一项长期而艰巨的工程。

注：上文原以《沈津谈古籍保护必要措施：向馆藏要善本"书志"》为题刊发于 2015 年 4 月 20 日《藏书报》，收入本书时内容略有修订。

半世纪师缘书缘，千万言叙录缥缃
——答何朝晖①问

[**何朝晖按**]：沈津先生是当代著名的版本目录学家。他早年在上海图书馆师从顾廷龙、潘景郑、瞿凤起三位前辈大师治版本流略之学，后担任上海图书馆特藏部主任。20世纪90年代以后，他先后任职香港中文大学、美国哈佛大学哈佛燕京图书馆，从事古籍整理与研究工作，先后出版了《书城挹翠录》《翁方纲题跋手札集录》《翁方纲年谱》《顾廷龙年谱》《顾廷龙书题留影》《书城风弦录：沈津学术笔记》《书韵悠悠一脉香：沈津书目文献论集》《中国珍稀古籍善本书录》《老蠹鱼读书随笔》《书丛老蠹鱼》《美国哈佛大学哈佛燕京图书馆藏中文善本书志》《书林物语》等著作，累计达数百万言，又编有《美国哈佛大学哈佛燕京图书馆藏中文善本汇刊》《日本汉籍图录》，在国内外产生了广泛影响。

此前沈津先生曾接受过几次访谈。沈津先生的经历极其传奇而丰富，其建树和成就是多方面的，前面的几次访谈各有侧重，但有不少细节还没有涉及。深入了解沈津先生成长为一个版本目录学家的过程，聆听他对版本目录学的看法和

---

① 何朝晖，山东大学儒学高等研究院古典文献研究所教授，博士生导师。——编者注

给后辈学人的建议，对于当今的学科发展和人才养成都是很有意义的。有鉴于此，2015年8月，笔者趁着在美国访学的机会，对在美国休假的沈津先生作了4次比较深入的访谈，每次大约三小时。其中沈津先生不仅谈了他个人的成长经历，还讲了不少学人掌故和书林旧事。2006年至2007年，我曾在哈佛燕京图书馆跟随沈津先生学习一年，以后又多次见面，但不少"秘辛"还是第一次听说。保存这些口述资料，对于将来学术史的研究是很有价值的。现在整理发表的文字，已经对内容作了不少删减和浓缩，对前几次访谈讲得比较多的部分从简处理，对以前没有披露过的若干重要细节则详加叙述，尤其突出了古籍版本学人才养成方面的内容。

入行拜师

何朝晖：您的事业是从上海图书馆起步的，能不能请您详细谈谈您是怎么进入上海图书馆工作的？

沈津：我是安徽合肥人。沈家在安徽合肥是一个大族，我们家的《沈氏家传》是历史学家陈寅恪教授的父亲陈三立先生所撰。我的祖父叫沈曾迈，喜欢文史，学问非常好。他擅书法，曾是书画家吴昌硕的学生，20世纪三四十年代曾在上海办过书法展览，有很多人去捧场，作品也全部售罄。他写的石鼓文等都曾下过很大的功夫，也有人把他写的篆字当作吴昌硕的拿到市面上卖，因为可以乱真。他在天津靠教书谋生，办私塾。很多名门子弟都曾跟我祖父学习，比如李鸿章之子李经迈就请我祖父到家里做家庭教师。著名书画家、上海市政协委员戚叔玉先生，曾告诉我他当年和我祖父交往的情况。我祖父后来到南京江南水泥厂做厂长秘书。

我的父母亲都是职员，完全靠工资生活。我初中毕业以后，家里当时的经济状况不是很好。我们家有6个孩子，作为老大，我想替父母亲分担一些生活压力，想早点儿参加工作。我母亲在上海图书馆工作，那个时候上海市历史文献图书馆，也就是过去的合众图书馆，还有上海市报刊图书馆、上海科学技术图书馆、上海人民图书馆，都合并到了上海图书馆，很多书集中在一起，需要找临时工帮忙整理，于是1959年我就进入了上海图书馆。

何朝晖：您后来成为版本目录学家，您有两个弟弟都是很有成就的书画家，这里面有没有您祖父的影响？

沈津：或许有一点儿基因吧。我的大弟沈平是中国美术家协会理事、香港水彩画协会会长，在香港从事美术教学、展览和出版，他办的香港心源美术出版社出过100多种画册，其中有不少有潜力的内地画家的作品。二弟沈强从小爱好书法、篆刻，入少年宫学习，后来毕业于东京学艺大学，现定居日本。他在日本办过53次书画展，曾获得日本文部省的书法大奖，篆刻也拿过大奖。日本《中文导报》的插图都是他画的。他经常在杂志上发表文章，弘扬中国的艺术和文化。

我出生在天津，小时候在祖父的指导下描过红，写过毛笔字。我祖父在1953年、1954年前后从天津到了南京。我的书法主要是进了上海图书馆之后跟顾廷龙先生学的。我祖父收藏过不少书画，其中有董其昌、恽寿平、任伯年、张大千等大家的作品。

何朝晖：您成为顾老的学生是在哪一年？具体的过程，还有顾老当时收徒的标准您能介绍一下吗？

沈津：1960 年冬天，当时上海市委宣传部制订了一个计划，让文化系统的老艺人、老专家收徒，把他们的技艺、学问传承下去，而我也就有幸被挑选，跟着上海图书馆的顾廷龙、潘景郑、瞿凤起三位先生学习古籍版本。三位当中顾老的年龄最大，我记得他当时是 57 岁，潘景郑先生比他小一岁，瞿凤起先生又比潘先生小一岁，从年龄上来说正好是他们在事业巅峰的时候。顾廷龙先生是上海图书馆馆长、著名的版本目录学家、文献学家。潘景郑先生的家世比较显赫，家里产业很多，开有酱园、银行，到他这一代家里有些败落了。潘先生有了多余的钱就去买书，他就是喜欢书。他的哥哥叫潘博山，是收藏界收藏明清尺牍最有名的一个。他们的收藏眼光独到，注重苏州的地方文献以及一般文人学者的稿本和抄本。瞿凤起先生是铁琴铜剑楼的传人，他对宋元善本很熟悉，他家的收藏就很了不得。

领导希望他们三人，尤其是顾老，能够带学生。我当时只是上海图书馆的一个学员，工资非常低，每月只有 36 块钱人民币。我小时候祖父教过我临帖、描红。我想领导考虑到我这个小青年很求上进，又比较刻苦努力，字也写得还可以，于是就把我送到了上海图书馆典藏部特藏组，拜顾老为师。我感到非常幸运，这也是缘分。当时有一个拜师合同，是特藏组组长张仪明拟的，拟好以后让我用复写纸复写了两份。合同里边的具体条款我现在已经不记得了。我跟着顾廷龙先生学习古籍整理、编目、鉴定，大概一年或者一年半以后，上海图书馆的领导又觉得，光培养一个沈津不够，要加强特藏组的力量，就又派了一个叫吴织的女同事，也跟着顾老学习。吴织当时在上海图书馆方法研究部，之前是海军文工团的。顾老对外公开承认的学生就是我和吴织，此外在上海图书馆再也没有带过正式的学生。

何朝晖：三位先生和上海图书馆的渊源您能简单介绍一下吗？

沈津：顾先生和潘先生是郎舅关系，顾先生抗战时期参与创办了上海合众图书馆，后来潘先生也到合众图书馆工作。1951年顾先生等人把合众图书馆捐献出来，成为公立的上海市历史文献图书馆。1958年上海市历史文献图书馆又合并到了上海图书馆，顾先生、潘先生自然就进入上海图书馆工作了。瞿氏铁琴铜剑楼的藏书在1949年以后捐献给了北京图书馆，瞿先生被安排到上海市文物管理委员会整理善本古籍，参与了上海图书馆的筹备工作。1952年上海图书馆成立，他就一直在那里工作，直到退休。

何朝晖：您是如何接受三位先生的训练的呢？

沈津：我在上海图书馆开始的正式训练，由顾先生指导，潘景郑先生、瞿凤起先生从旁辅导。当时为了培养我和吴织，每个星期要集中讲一次课，一般讲一个半小时，主要是潘先生、瞿先生讲。讲课的内容不固定，也没有教学大纲。比如讲过《纲鉴易知录》，主要是讲历史，一点点读下来，这部书内容比较多，最后没有念完。讲过上海的地方志，还讲过《唐诗三百首》和陶渊明的《桃花源记》。潘先生是章太炎和吴梅的学生，所以他对词曲非常熟，有时除了讲，还要唱。当时听课的人除了我和吴织，还有赵嘉福和潘美娣，有时候上海图书馆党支部副书记、党团办公室主任黄眷澜和典藏部主任赵兴茂也会来旁听。讲课一直持续了两年多。赵嘉福本来在上海民族乐团拉二胡，潘美娣在上海舞蹈学校学民族舞蹈，由于国内在1961年的时候碰到了经济上的困难，所以有些原来学习其他技艺的学员就转到图书馆来了。他们两个人也都是小年轻，到了上海图书馆就开始分别跟着碑刻名家黄怀觉、古籍修复专家曹有福学习了。

黄怀觉在20世纪30年代就成名了，技艺高超，得到吴湖帆等著名书画家的认可。曹有福和北京图书馆的张士达并称南北修书的"国手"，但南北修书的手法并不一样。曹有福修书能真正做到"整旧如旧"，不少海派藏书家，比如黄裳的书都是经曹有福之手修复的。

顾先生要求我看一些版本学、目录学、文献学方面的书，比如《四库全书总目提要》、叶德辉的《书林清话》、钱基博的《版本通义》、刘国钧的《中国书史简编》等。前面的几种，初看时有点儿吃力，只能是慢慢读。我家里的那一套商务印书馆出的《四库全书总目提要》就是顾先生送给我的，我记得上面还有一方小图章，好像是"起潜持赠"。

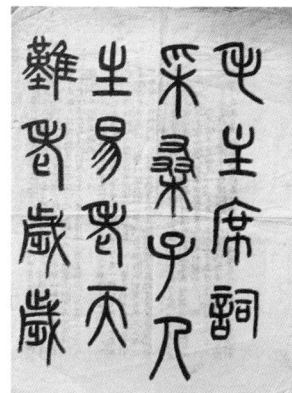

顾廷龙当年坐在沈津的座位上随手写的篆字

顾廷龙先生还要求我每天用一个小时写毛笔字，要我自己选字帖练习书法。唐代欧阳询、褚遂良，宋代黄庭坚、米芾，清代梁巘、顾莼的字我都临过。临的最多的是褚遂良，大概有一年多。顾莼的字帖是潘景郑先生从家里拿来的潘家宝山楼影印的珂罗版小本。有时候顾先生就站在旁边看我临摹，性起时甚至还亲自作示范，我至今还留有一两张顾师改动过的作业。那时北京文化部门要求上海图书馆呈交一份一级、二级藏品的目录，其中就有碑帖方面的，上海图书馆收藏的好的碑帖，包括宋拓本、明拓本、旧拓本，我几乎都看了一遍。我也曾临过赵孟頫、董其昌的字，顾先生看到后就告诉我不要临他们的字，因为这两个人人品不好。我临帖一共临了大约三年时间。

顾先生要我临帖、接受书法训练，实际上是在培养我鉴定古代抄本、校本、稿本，以及题跋、尺牍真伪的能力。真品一气呵成地写下来，伪品破绽表现在什么地方，你自己写了以后就可以去慢慢体会。我在看那些抄本、校本、稿本、题跋的时候，比较用心地去熟悉名家的手迹，有些人的笔迹就印在我脑子里了，这些人的字体一看就知道。比如纪昀、王士禛的字，本来就不怎么好，碰到端端正正的，你就要注意了，肯定不对。

沈津坚持练字

我当时毕竟只是初中毕业，所以必须在文化上有所进修。上海市文化局有一个职工业余学校，夜校性质，一个星期大约两三个晚上有课，请的一些授课老师都是很有水平的，比如上海京剧院的编剧何慢。我在那里拿到了高中文凭，这是次要的，主要是学到了很多国学、文学和艺术方面的知识。

后来我又报考了武汉大学的图书馆学函授班，被录取以后系统地学习了图书馆学、目录学、分类法、读者工作、工具书使用等方面的课程。虽是函授，但也上课，老师都来自上海图书馆，例如副馆长韩静华、方法研究部主任陈石铭，以及其他部门的主任如陈柱麟，他是蒋介石的侄女婿。他们在业务上都有一套，讲课很有实践针对性，比空谈理论不知道要好多少。所以我常常觉得虽然我上的是函授，但比那些上全日制的学生都要幸运，我得到了更好的教育，学到的都是实践的知识。老师布置的作业通常是在晚上完成，工具书使用课上学的知识最能派上用场，那些工具书在善本组的办公室里全有，比如《中国丛书综录》，都是我经常用的，所以我查起来特别快，轻而易举就把作业做完了。

1966年"文革"开始时，我已基本完成学业，只是未拿到毕业文凭。70年代后期，武汉大学图书馆学系派一些学生来上海图书馆实习，请我去讲课。讲完课后我和武汉大学的老师闲聊，我说我曾是武汉大学图书馆学系函授的学生。他说："噢，你也是武大的？"我说我书都念完了，也没有文凭什么的。他说我回去给你查一查，看能不能给你补一个毕业证书。过了几个月，我真的收到了武汉大学图书馆学系颁发的毕业证书，上面有校长刘道玉的签名和公章。

何朝晖：也就是说您虽然上的是武汉大学的函授，拿的是武汉大学的文凭，但您的课基本是在上海上的，授课老师都是上海图书馆的专家，是这样吗？

沈津：对，是这样。

何朝晖：课程是由武汉大学来定的吧？教材是武汉大学定还是授课老师自己选呢？

沈津：教材都是武汉大学图书馆学系寄过来的。我在图书馆工作，又有一定的师承，得到了最好的老师的指点，而且学到的都是实践的知识。

何朝晖：学习版本鉴定，实践经验很重要。在实际工作中，三位老师是如何培养您的专业能力的？

沈津：当时上海图书馆在进行古籍善本书目的编制，这成为善本组最主要的工作。我做的工作是什么呢？每天瞿先生交给我一沓卡片，卡片都是按经史子集分类排列的，我就拿着这些卡片，推着书车到书库里去，把这些书一部一部取出来，交给瞿先生。瞿先生和潘先生负责用书核对卡片。每张卡片上面有书名、卷数、作者、版本、稽核项，有不对的地方，他们就在上面用毛笔修改，有时也把卡片上原来没有的一些著录，比如钤印、行款、鱼尾、刻工以及其他比较特殊的，如牌记、扉页上的文字，记在卡片的背面。

顾先生因为是馆长，事务繁忙，偶尔会看看卡片，但他要求我和吴织将潘先生、瞿先生在卡片上所作的修改都要看一看，让我们了解修改的原因，着意培养我们。比如卡片上原来写"明万历二十七年刻本"，为什么"二十七年"要删去呢？因为这部书的序虽然是万历二十七年作的，但序文里并没有明确说书是在这一年刊刻的，缺乏明确的依据，所以只能表述为"明万历刻本"。

潘先生、瞿先生有时会加上一些著录项，为什么要加这些著录项？它们在书里的哪些地方有反映？碰到这些问题我们都要仔细地到书里去查找。为什么在书里的这个钤印旁边打个叉号，标个"伪"字，认为它有问题？为什么说它的印色不对？我和吴织仔细揣摩，加上老师的耐心指点，逐渐积累起版本著录的经验，慢慢地对版本的鉴定有了心得。

何朝晖：记得您曾说不光白天看这些古籍善本，晚上也看，住在图书馆里。能不能谈谈当时的具体情况？

沈津：好。我怎么会晚上也去看书呢？这要从善本组的具体位置讲起。上海图书馆善本组的办公室在333号房间，这是一个大办公室。顾先生和潘先生面对面坐，我和吴织也是面对面坐，瞿先生坐在靠天台的一个窗户那里。333旁边的334是个小阅览室，所有读者来阅览室都是我去取书和接待。三楼的中间是一个长走廊，右边就是三个善本书库，善本书库的钥匙都是我在保管。善本书库涉及保卫工作，领导觉得我比较年轻，又没有结婚，没有家室之累，三楼电梯旁边有一个小房间，就安排我住在那里晚上值班。有时典藏部主任赵兴茂、特藏组管革命文献的工作人员卢调文，也偶尔住在那里值班，但大多数时间都是我一个人值班，整个三楼就我一个人。这就给了我晚上在办公室读书的时间，把白天看不完的书继续看完。白天事情比较多，晚上时间集中，效率高。我不光看自己手里的，也把吴织看的全部翻一遍。当天的书必须当天看完，因为第二天瞿先生又会给我一沓新的卡片了。

这样的训练每天都要进行，从1961年、1962年开始，一直到"文革"前才告一段落。就这样，在那几年时间里，上海图书馆所有的宋刻本，元刻本，明刻本，清刻善本、稿本、抄本、批校本、活字本、套印本，大约1.4万部，包括名人题跋等，我都经眼了一遍。这些实践沉淀在我脑子里，使我后来的职业生涯受益无穷。

碰上潘先生和瞿先生去古籍书店选书买书，顾先生一定会跟他们说，沈津也去。我就像一个小书童一样跟在他们后面。顾先生告诉我，潘先生、瞿先生经验非常丰富，他们挑的书肯定是高质量的，但我不要在旁边光是打个下手，也要参与选书，选了以后才知道对还是不对。选好的书送到了上海图书馆，谁来查重呢？我来查。把没有复本、价钱又不是很贵的书留下来；如果有复本，绝对不予考虑。整个查书的过程就是一种训练。另外上海图书馆还承担了出口图书的鉴定工作，凡是出口到香港的图书，或者是可供海外学者选购的线装书，都要经过鉴定，确定符合出口的标准，打上火漆印之后才能出口。当时的标准是1911年以前的不能出口，1911年以后的才可以出口。潘先生、瞿先生看过这些书后，由我来盖火漆印。每一次我都会经眼几百种线装书，十部里能记住一部，就积少成多了。

帮顾先生查书也是一种训练。有时候顾先生会拿个纸条给我，说："沈津，你去查去。"我就要到各个书库去查各种资料。顾先生希望我能够知道什么书怎么查，遇到什么问题查什么书，怎么检索到自己所需要的材料。除了善本书，我也要去看普通线装书和旧平装书（1949年以前的出版物）、新书（1949年以后的出版物），了解这些书的用处。我觉得每一天的工作都非常充实，能够学到很多东西。

1961年的时候，顾先生给我定了一个题目，做《翁方纲年谱》。顾先生有一个习惯，每个星期天的上午一定会去长乐路书库，也就是过去合众图书馆的所在地，在那里思考一些问题，写一些东西。我知道了以后就说："馆长，我可不可以也到长乐路书库去陪陪您？"他说："好啊，你来吧。"于是每个星期天上午8点半到12点，长乐路书库顾先生办公室里只有我们师徒二人，面对面坐着。顾先生给我讲了很多东西，都是他平时在办公室里不讲的。讲20世纪30年代他在北京，40年代在合众图书馆，跟张元济、叶景葵这些人交往的事情，也讲民国年间藏书家故实，有时也让我查书或抄材料。

有一次他对我说，你作古籍版本鉴定，实际上是一个技术上的问题，必须跳出来，要作研究。于是，他出了一个题目，让我把翁方纲的年谱做出来，他过去就做过《吴大澂年谱》。他说所有关于翁方纲的东西你都要去搜集，比如很多重要的碑帖上面都有翁方纲的题跋，你把这些题跋，还有翁的手札全部录出来。于是每个星期天我就在长乐路书库开始做这项工作，碰到问题，包括不认识的字，随时可向顾先生请教。资料搜集工作我一直坚持不懈地做下去，一直到40年之后《翁方纲年谱》出版，才算是完成了顾先生交给我的任务。

顾先生在长乐路书库时跟我说过一句话，我印象特别深："'学问'就是'学'和'问'两个字。凡是不懂的，你就去问潘景郑或者瞿凤起，也可以来问我。"我和他们三位的关系超越了一般的师徒关系。所以，上海图书馆里有人就对我说，你是"三房合一子"。这是上海话，意思是三个人就你这么一个儿子，都对你好。三位老师都是非常好的厚道人，从没有想过把自己的知识藏起来，都会毫无保留地教给我。

何朝晖："文革"的时候要反对"白专"道路，您还热衷于搞古籍版本，当时有没有什么压力？

沈津：这倒没有。我在大书库里为读者取书，反而比较自由了，读者不多时我就拿书看，把《书林清话》这样的书拿起来再读再看。

即使在最困难的时候，我也没有放弃搜集《翁方纲年谱》的资料。那时也不知道这些资料什么时候能够用得上，什么时候能够整理出版，但这毕竟是自己的心血所系，我要把它们好好地保护起来，发现了新的材料，就找时间录下来。后来"文革"结束后，编纂《中国古籍善本书目》，到各地出差的机会多了，只要看到关于翁方纲的资料，我就抄录下来。搜集整理这些资料的工作，到了美国以后才最后收尾。这些资料都是一条条粘贴起来的,最后的稿子就像百衲本一样。

何朝晖:能够坚持下来,真是很不容易。能否谈谈您三位老师的经历?

沈津:潘景郑、瞿凤起先生被派去劳动,不能再跟古书打交道。他们虽然没有受到打骂,但心情是很低落的。顾廷龙先生那时也到普通书库里劳动,去擦外文期刊合订本上的霉斑。他萌生了一种"黄昏"思想,觉得自己老了,没有精力来整理这些图书了。他来找我谈,我就安慰他。

1967年8月,顾师母去世了,那时顾先生没钱办丧事。"文革"前顾先生的工资是每月212元,很高,但银行存款很少,我记得仅有几百元。顾先生找到我,跟我说他爱人走了,需要钱办丧事。当时上海图书馆有一个互助储金,每个工作人员每月扣5块钱、10块钱存进去,有急事的时候可以从里面支。顾先生问我可不可以从里面拿一点儿钱出来,我说这个没问题。后来我就跟财务方面打了招呼,他拿到钱后,就把顾师母的丧事办了。顾先生那时心情很不好。

1970年秋,顾先生被派到上海市文物图书清理小组工作了将近两年时间。那段时间顾先生的心情是比较愉快的,因为他又可以摸到古书、整理古书了。他在那里找到了一些很重要的文献,如清代学者戴震的手稿本《声韵考》、鲁迅的书信、老舍《骆驼祥子》的手稿,还有很多老照片,比如李鸿章及其后代的照片。落实政策以后,顾老才从文物图书清理小组调回到上海图书馆,被任命为上海图书馆革委会负责人,以后又改回馆长的称呼。

何朝晖：文物图书清理小组是怎么回事？

沈津："文革"期间上海地区抄出了大量文物图书，为了清理这些文物图书，上海市革委会政宣组成立了文物图书清理小组。文物图书清理小组最初筹备时有三个人，牵头的是《文汇报》理论部主任杨天南，另外两人上海博物馆、上海图书馆各出一个，上海博物馆是陈永祺，上海图书馆是我。办公地点在河南中路16号上海博物馆。抄出来的书由上海图书馆负责保管，其他的文物由上海博物馆保管。当时上海图书馆有一个部门叫"420小组"，专门负责清理这批图书。

上海过去是十里洋场，资本家、地主、"成分不好"的人很多，谁家里没有书呢？当时抄出来的图书数量极多，总数在400万册以上。这些书很多很杂，其中有古籍，不乏珍本，也有近代出版物，开始时并没有得到很好的管理和保护。这些抄来的图书放过好多地方，比如普陀区的玉佛寺，后来又集中到以前的铁道医学院，最后转移到徐家汇藏书楼后面的天主教堂，那个地方的一部分后来变成了中国伞厂，文物图书清理小组就在这里开始清理工作。工作进行了两三个月，上海的形势发生了变化，我就从清理小组调出来，回到上海图书馆，负责别的事情。

后来，上海市革委会政宣组要求文物图书清理小组把抄来的书分出等级，给其中最好的古籍中的一、二级珍贵图书编一份目录。杨天南到上海图书馆找到我，说沈津你帮帮忙，赶快把这个目录搞出来吧。当时上海图书馆得到的最重要的书有两批，一批是陈清华的郇斋藏书。"文革"刚开始的那段时间，上海图书馆接到一个电话，是附近徐汇区湖南路街道委员会打来的。电话里说陈清华的女婿、上海财经学院（现上海财经大学）三级教授刘絜敖的家可能要被冲击了。陈清华离开内地去香港时带走了一批书，还有一批书带不走，就留在湖南路自己家里，刘絜敖说希望这批书给上海图书馆。上海图书馆党支部马上组织人员连夜赶到刘絜敖家里，我是被派去接收的人员之一。我被分配了一个任务，把刘家所有的古书编上号，注明版本及册数，做出一份清单。我从晚上10点开始，熬了一个通宵，把清单做出来了。

另一批书的来源是，黄浦区新昌路街道房管所打电话到上海图书馆，说房管所里有两大箱子书，问我们可不可以拿走。馆里就派我带着两位同事韩永续和叶福庆，用老虎塌车去把那两箱书拉了回来。到了善本书库打开一看，都是好东西，不得了！原来是朱学勤结一庐的旧藏。当时也没办法马上整理，就赶紧封起来，放在善本书库里。

要编上海图书馆一、二级藏品的目录，我就向当时上海图书馆的负责人提出要抽调几个人来，实际上我是想让顾廷龙、潘景郑、瞿凤起先生来做这项工作。上头同意了，于是三位先生就在上海图书馆307室工作了两个月，完成了目录的编制。我又可以和他们在一起工作了，所有的工具书、参考书及各种书目，都是我通过小电梯运至三楼的。这两个月，三位先生可以不用参加体力劳动，就安安心心地查书、编目。

目录做出来了，用H号的铅笔写在上海图书馆的工作报告纸上，又用复写纸复写了两份，一共三份。第一份在我手里，第二份报文物图书清理小组转上海市革委会政宣组备查，第三份可能是上海图书馆存档了。这个书目里面著录了当时抄来的存于上海图书馆的最好的敦煌写经、宋元刻本、明刻本和抄校稿本，真是秘籍琳琅，满眼珠玑。后来我常说，"文革"当中我们做了一件很具体的工作，把抄来的那些最好的东西留在了公家的图书馆里，为国家、为民族保存下来一批珍贵的古籍。我手里的这份目录上面是铅笔字，字迹最清楚，背面是蓝字，因为用的是蓝色的复写纸。三位先生的笔迹都在上面，里面除了书名、作者、版本，还有很精要的解题，用三四句话就把书的价值所在说清楚了。这份目录我一直带在身边，从上海带到中国香港，又带到美国。现在三位先生都去世了，睹物思人，让人不胜感慨。

何朝晖：您跟三位先生感情很深，我看过您去年写的回忆瞿凤起先生的文章，很感人。

沈津：实事求是地说，如果没有这三位老师对我的教诲和提携，没有他们手把手的训练，一步步地把我带进版本目录学的学术殿堂，就不可能有今天的我。如果说我后来做了一些工作，取得了一点儿成绩，都要感谢三位老师对我的悉心培养和指导，否则我后来不可能在哈佛大学立足，也不可能写出400万字的善本书志。我的许多工作方法、工作程序，都是从他们那里学到的，使我受益终生。

在三位老师中我写顾先生写得最多，还编了《顾廷龙年谱》。关于潘先生，我写了《一片冰心在玉壶——怀念潘景郑先生》，发表在《藏书家》杂志上，其中讲到了潘先生在"文革"中的境遇，写得比较详细。广东的著名藏书家王贵忱先生对我说："你写的那篇纪念潘老的文章我看了几遍，没有人比你再能写了。因为你跟着潘先生整整30年，没有人像你这样。"王先生说他也是潘先生的学生，当然王先生很谦虚，他年纪比我大得多。

我确实跟潘先生最久，潘先生也很喜欢我。潘先生的女儿潘家都一直说："嗲嗲（爸爸）老早（过去）顶顶欢喜你了。"潘先生有12个子女，现在有的已经不在了。我跟他们当中接触最多的是家都和家武，他们都是"家"字辈的。潘先生健在的时候，我每年从美国回来一定会去看他，带些点心、水果，拍几张照片。我写瞿先生的那篇文章，我从美国把文章发给《南方都市报》，4天时间就见报了。后来报社副刊部的一个主任在广州见到我说，这篇文章写得非常好，反响很大。

三位老师当中，瞿凤起先生先走的，我没有去送他。当时是1987年，我在美国做访问学者，让国内同事送了花圈。顾廷龙先生走的时候，我从美国飞加拿大再转到北京，去八宝山送他最后一程，马上又返回美国。潘先生走时，我正好从美国回沪探亲，还准备去看他。我的同事任光亮电话里告诉我，潘先生两天前刚走，我很难过，在上海龙华参加了潘先生的追悼会。

参编 《中国古籍善本书目》

何朝晖："文革"之后有一项非常重要的工作，是您协助顾老完成的，那就是编纂《中国古籍善本书目》。我相信，参加这个项目一定使您的版本目录学功力更加深厚了。能不能谈谈您是怎样协助顾老工作的，有哪些收获？

沈津：好。这是一项大工程，是编委会的集体成果。编纂《中国古籍善本书目》是为了完成周恩来总理的嘱托。周总理病重的时候指示，要尽快把《中国古籍善本书目》编出来。不久后，这件事马上就被提上了议事日程。谁能够担当此任呢？顾廷龙先生出任《中国古籍善本书目》的主编，是众望所归。当时最重要的版本目录学家，北方是北京图书馆的赵万里先生，南方是上海图书馆的顾廷龙先生。一些重量级人物，比如王献唐、王重民等，已经离世了。周叔弢先生是非常重要的藏书家，做过天津市副市长，是工商界的头面人物，但毕竟年事已高，又不在图书馆学界。顾廷龙先生专程从上海去北京接受任务，同去的还有上海图书馆副馆长、党支部书记潘皓平。

这个工程几十年来谁都想做，但谁都没有做起来。这次下决心做，面临很多具体问题，比如说这个书目是简目还是繁目，按什么来分类。当时有些人提出要编一个新的古书分类法，但这样一来就麻烦了。后来领导说，线装书就是线装书，古籍就是古籍，就按四部分类法，按经史子集来分。于是要开一个全国性的会议来统一大家的思想，这就是1978年3月的南京会议。全国各省、市、自治区的图书馆和文化局的负责人全部都到了，古籍整理方面的不少专家也到会了。南京会议是古籍整理界在全国范围内第一次开的这么大的会，我是会务组组长，会场布置、设备、茶水，代表们的接送、吃住、考察都由我负责。会议解决了三个问题：一是统一著录条例，二是确定收录范围，三是制定分类法。

南京会议结束以后，以大区为单位分头行动，有东北、华北、西北、华东、中南、西南6个地区，由各大区的重要图书馆牵头开展工作。因为工作关系，我和很多大馆的馆长、特藏部主任、古籍部主任、参考部主任都熟悉起来。《中国古籍善本书目》编委会主任委员的扩大会议，我基本上都参加了，而且在会上发言，谈古籍版本鉴定的一些问题，有些后来整理成文，收入我的《书韵悠悠一脉香：沈津书目文献论集》了。划分各个大区以后，就开始普查，就像今天的普查一样。发现了很多珍贵的古籍，着手加以保护。古籍保护工作在那个时候就已经开始，现在的古籍普查及人才的培养都是过去工作的延续。当时所有图书馆的善本书都要交出一套卡片来。尽管上海图书馆基础比较好，但还是每一部书都要以卡片核书，重新校一遍。上海地区的工作最初由赵兴茂负责，后来赵兴茂身体不好，就由我接手。

各地图书馆提供的善本卡片陆续汇总到北京香厂路国务院招待所，共有13万张卡片。这些书目卡片先经过初审，然后再复审、定稿。初审的时候是"大兵团作战",几十个人集中在一起,在香厂路招待所工作了8个月。每天就是跟卡片打交道,大家相互打趣说:"哎呀,我们都变成'骗(片)子手'了。"当时成立了经、史、子、集、丛5个编辑室。我当时是经部副主编,主编是吴田易老先生,甘肃图书馆来的。复审就是小范围的了,经部、史部由顾先生负责在上海复审,子部由潘天祯在南京负责,集部由冀淑英在北京负责。最后集中在上海定稿,除了正副主编之外,参加的还有丁瑜、沈燮元、任光亮、陈杏珍、宫爱东和我等人。经、史、子、集、丛,完成一部出版一部,不是全部结束以后再来排印。《中国古籍善本书目》的汇编、整理、定稿过程,冀淑英先生的后记说得很清楚。前言是我起草的,经过顾先生和冀淑英先生修改。

1991年4月在南京参加《中国古籍善本书目》编委会主任委员扩大会议期间留影
(前排左起冯秉文、冀淑英、顾廷龙、潘天祯、沈津、丁瑜,
后排左起宫爱东、任光亮、沈燮元、潘寅生)

编纂《中国古籍善本书目》各个环节的工作从头到尾我都参加了,得到了很多锻炼。这是第一手的工作实践,而且是过去从来没有

参与过的大工程,能够把所学的知识在实践中运用和检验。如果你整天跟目录卡片打交道,学会怎样去判定、辨别书目记录的正确和错误,然后联系到书,就能够不断增长才智。没有经过这种实践的训练是没有办法练就版本鉴别的本领的,所以我们说当"片子手"是最好的进步途径。

1991年4月在南京参加《中国古籍善本书目》编委会主任委员扩大会议期间留影
(从左至右:胡耀辉、方行、顾廷龙、沈津、谭祥金)

何朝晖:各地交上来的书目数据会有标准不一、参差不齐的问题吧?怎么解决呢?

沈津:这种事情是客观存在的。有些图书馆尽管是地区大馆,但缺乏古籍方面的专家。比如某大学图书馆提交上来的一个数据,说是《洪武正韵》的明初刻本,让人生疑。就写信去问,请他们把复印件寄过来,原来是一个万历刻本。他们只是从洪武年间的序来认定的,这当然不对,哪一本《洪武正韵》里面没有洪武年间的序呢?各个基层单位的数据都要集中到省里,经过省里专家审核,但数据报到北京之后质量仍然是这样,所以北京编委会工作人员的压力可想而知。他们每天要审核很多卡片，在卡片中发现问题。当时不像现在这样方便，没有网络，发现问题只能发函外调，索取书影，通过比对确定版本异同。省馆还好办，有些小馆、文化馆当时还没有配备复印机，就很难办了。

何朝晖：很多问题就只能通过卡片上有限的信息来判断了？

沈津：是的，13万张卡片，量很大，里面有些合并了，有些淘汰掉了。

何朝晖：一些书只能看到卡片，没有办法看到书影，有没有可能存在这样的情况：本来可以合并的却没有合并，不该合并的却合并了？

沈津：可能会产生这种事情，这没有办法。在《中国古籍善本书目》付印的时候产生了一个问题，就是里面的行款，要还是不要。行款是鉴定、区别不同版本的一个非常重要的辅助条件，为什么后来全部都删掉了呢？就是因为有些图书馆提供的卡片，行款是不对的。

何朝晖：行款这么简单的事情，怎么还能数不对呢？

沈津：你根本就想不到会出这种错，而且错的还不少。有的把抬头算进去了；有的不是算的卷一首页，而是把序算进去了。这就影响到整个书目的编辑质量了。怎么办呢？重新来过的话，要花多少时间和精力？可能永远也定不了稿。后来编委会就开会讨论行款要还是不要，最后顾老、潘天祯先生、冀大姐决定割爱，不然的话会误导读者。现在有些人出来写文章责难，说行款那么重要，你们为什么不要？他们根本不知道当时条件多么艰苦。为了不贻误后人，慎重起见，只能是这样处理。我相信，谁来当主编，都会这么做。

何朝晖：当时除了行款之外，其他方面的著录错误是不是也不容易发现？

沈津：很多问题都能够发现。比如说突然之间跑出来一个黄丕烈的跋，是真的还是假的？我和沈燮元到北京一个古籍收藏很多的大学图书馆去目验，所谓黄丕烈的跋，是假的。又调出所谓翁方纲的题跋来看，也全是假的。这样的赝品当然要淘汰掉。这个馆编的书目当中还列出了杨守敬从日本带回来的书，著录成元刻本，其实是明刻本。后来这个馆出善本书目时，也没有去和《中国古籍善本书目》核对，还是原样照搬，一错再错。这样的大馆都出现那么多的差错，小馆就更不用说了。

再给你举个例子。我们到某地去开主任委员扩大会议，承办方把自己的馆藏精品拿出来展览。其中有一部《大广益会玉篇》，标明是元刻本，我一看，说这部书不能收进《中国古籍善本书目》。为什么呢？因为这是日本刻本，不符合收录范围。之前我在另一个省馆看过一部同样的书，当时一看就觉得不大像元刻本，但是没有依据。我就将卷端、断版等版本特征记下来，回到上海以后我即从上海图书馆馆藏中找出一部日本刻本，相较之下，特征全对，日本的皮纸与中国皮纸也是不同的。

最近有人提出想重新修订《中国古籍善本书目》，理由是现在经过普查，又补充了很多书；另外书目里有不少错误，应该进行修改。表面上看，也没错。实际上，做起来却非常难，因为没有办法建立一个真正懂业务的班子，而且争权夺利的人大有人在。顾先生在北京的时候，他有很多想法并没有告诉我，但顾先生心里明白极了，有的人就是想做《中国古籍善本书目》的副主编，总有一些人无事生非，编委会并没有那么团结一致。一小部分人缺乏真才实学，却热衷于争权夺利。我原来并不知道详情，后来看到了顾先生写给编委会副主任、上海市文化局副局长方行的一批信件，多是汇报关于《中国古籍善本书目》编纂过程之事，里面就涉及当时某些人的不正当行为。个人向组织汇报情况，这是很正常的事。

当初参加《中国古籍善本书目》编纂的骨干，已经有大半过世了。当时这项工程的重要领导人方行曾经说，《中国古籍善本书目》早十年做不起来，晚十年也做不

沈津因参与编纂《中国古籍善本书目》获表彰

起来。早十年，"文革"闹得正凶；晚十年，没有人有能力担当这个重任。当时一批老专家、老学者还健在，他们承担起了时代的重任。

赴港访美

何朝晖：20世纪80年代后期您到美国做了近两年的访问学者，是改革开放后较早走出国门寻访海外汉籍的中国学者。那次访美给了您怎样的收获？

沈津：1984年、1985年的时候，美籍物理学家杨振宁教授访华。之前他已经来过好多次了，是中美关系改善以后第一个踏上中国土地

沈津与杨振宁

的华裔科学家。他知道我研究版本目录学，就说："你做这一行，应该到外面去看看，我可以帮助你联系到美国访问。"杨教授当时主持全美华人协会，旨在促进中美关系。受这个协会的资助，我和中央美术学院一位姓曾的画家到美国访学。我访问的是纽约州立大学石溪分校世界宗教高等研究院图书馆。

当时国内对流失海外的中文古籍的情况所知甚少，之前我从香港《明报月刊》上发表的一篇钱存训先生介绍北美东亚图书馆概况的文章中了解到一些信息。这次能够亲自到美国访查中文古籍，机会非常难得，我内心很是兴奋。

我到美国后，四处打探寻访中文古籍，为此杨振宁教授帮了我很多忙。他当时是纽约州立大学石溪分校物理研究所的所长。每个星期六上午，我都到他的办公室和他见面、聊天。他是我的长辈，却没有什么架子，处处提携我、照顾我、帮助我。他问我在美国想见什么人，我就说翁万戈先生，翁先生手上有一批翁氏藏书。他说这个容易，马上当着我的面打电话给翁万戈。翁先生那时候是纽约华美协进社的社长。我到纽约专程拜见了翁先生，他对我非常客气，请我到他家里去看他收藏的书画和古籍。我告诉他我在研究清代乾嘉学者翁方纲，翁先生就把他收藏的两册翁方纲《复初斋诗集》手稿拿给我看。

见钱存训先生也是通过杨教授介绍的,我先是跟钱先生通信往来,后来他就邀请我去芝加哥大学作演讲。我在芝加哥大学待了一个星期,作了一次关于《中国古籍善本书目》编纂的演讲,演讲费 1500 美元。钱先生亲自接送,我很感动。

在美国访问期间,我还去了哥伦比亚大学、耶鲁大学、普林斯顿大学、纽约公共图书馆、美国国会图书馆、犹他州家谱图书馆等地方。我看了王重民、屈万里先生编的《普林斯顿大学葛思德东方图书馆中文善本书志》,知道普林斯顿大学有不少中文善本古籍。我找纽约州立大学石溪分校世界宗教高等研究院图书馆的杨丽娜馆长要来普林斯顿大学葛思德东方图书馆的地址,提笔给他们写了一封信,表达了前去访问的愿望,很快就收到了王秋桂教授的回信,他表示欢迎我去。我到了普林斯顿大学,待了两个星期。

王秋桂教授介绍我跟著名汉学家牟复礼教授认识。牟复礼早年在中国学习期间曾经问学于顾颉刚先生,而顾廷龙先生与顾颉刚先生是叔侄关系,这一下就拉近了我们之间的距离。牟复礼教授希望我在普林斯顿大学东亚系作一场演讲。我讲的题目是"上海图书馆的古籍收藏"。说好讲 45 分钟,提问讨论 15 分钟,结果光提问讨论就用了一小时 15 分钟。牟教授认为演讲很成功,非常高兴。

沈津与牟复礼夫妇(前排左一、左三)、
中国社会科学院考古研究所徐苹芳夫妇(前排左二、左四)、
王秋桂(后排左一)

他让他的博士研究生朱鸿林告诉我,我在普林斯顿大学期间的房租全部由东亚系承担。朱鸿林现在是香港中文大学的教授。后来我再去普林斯顿大学,被褥等生活用品都是牟先生从家里拿来的。

我去犹他州家谱图书馆,先写信联系他们管中文家谱的负责人沙屈尔(Sacher),他跟我同年,当时都是42岁。我在信中告诉他,我是上海图书馆来的访问学者,上海图书馆有近两万部家谱,很想跟你交流,希望两方面能够合作。他给我复信,邀请我到盐湖城去,但是要在杨百翰大学图书馆学院作一场关于中国古籍收藏的演讲。

我有一个舅母在美国国会图书馆负责缩微胶卷的部门工作,她帮我联系到国会图书馆亚洲部中文组的负责人王冀先生。王冀先生知道我是上海图书馆来的中文古籍专家,就邀请我到国会图书馆工作了两个星期。美国国会图书馆存放中文善本的地方是一个装有密码锁的"大铁笼子",每天我就一个人待在里面看善本,中午吃饭时才被放出来,就这样被"关"了两个星期。我主要看王重民20世纪三四十年代在美国国会图书馆时没有看过的部分,以及第二次世界大战以后美国从日本大批廉价收购的中文古籍,写成了200多种书的版本鉴定记录交给王冀。

跟哈佛大学哈佛燕京图书馆的联系也是从那时开始的。在美期间,我一共去过哈佛燕京图书馆4次。第一次是佩斯大学历史系主任郑培凯教授陪我去的。那时郑培凯的太太在哈佛大学某系做实验,他家在哈佛大学所在的坎布里奇镇,我第一次去哈佛燕京图书馆时就住在他家里。哈佛燕京图书馆管中文古籍的是一位叫戴廉的老先生,英文特别好。那时候善本书库任何读者都可以进去,我就在书库里到处看,整整看了三天,见到难得的好本子就记录下来。哈佛燕京图书馆的吴文津馆长知道了以后请我吃饭,我们就这么认识了。

以后的三次都是吴文津先生请我去的,他希望我帮助鉴定馆内收藏的中文古籍善本。我每次去都是工作两个星期,10个工作日。哈佛燕京图书馆的重要中文善本都存放在一个非常大的保险箱里,之前曾经有一位北京去的古籍专家鉴定整理过一次,他们又请我重新作了一次鉴定。其中有一次,吴先生让我从普通线装书里挑选

1986年夏,沈津第一次访问哈佛燕京图书馆,与吴文津摄于哈佛教授俱乐部前

出一些善本。我后来写了一篇《哈佛燕京访书记》,两万多字,除了讲哈佛燕京图书馆善本的来源、特点,还提到吴先生等人都是哈佛燕京图书馆的功臣。文章发表在香港的《明报月刊》上,于1987年的6、7、8、9月分4期登完,反响很不错。《明报月刊》吴先生每期必看,他见到这篇文章很高兴,说我为哈佛燕京图书馆作了宣传。

我到美国寻访中文善本古籍,国内的《参考消息》、《人民日报》海外版、《文汇报》等大报,以及当时美国两大中文报纸之一的《中报》(另一家是《世界日报》)都作了报道,在国内外产生了一定影响。

何朝晖:您回国后不久就被评为研究馆员,是当时中国图书馆界最年轻的研究馆员,又担任了上海图书馆特藏部主任。请您谈谈当时的情况。

沈津:我1987年10月回国,1988年被评为研究馆员。那是中华

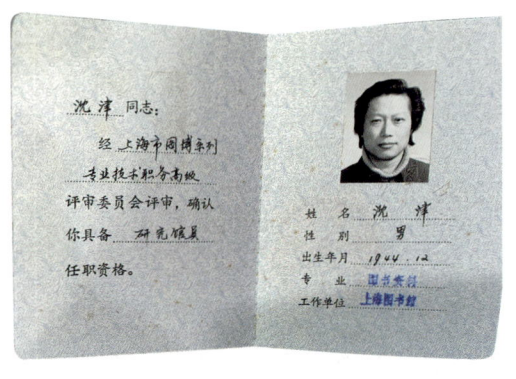

沈津获研究馆员职称证书

人民共和国历史上第一次给文博、图书馆系统的从业人员评定职称,当时我已在《中华文史论丛》、各种图书馆学专业刊物,以及香港办的《明报月刊》《九州学刊》上发表了10多篇文章,45万字的《翁方纲年谱》初稿也已经完成了。顾先生看了《翁方纲年谱》初稿,认为写得很好。我在美国访书很有成效,经媒体报道产生了一定影响,也为我加了分。材料上报到上海市高级职称评定领导小组,领导小组的负责人之一、上海市文化局副局长方行认为我应该被破格提拔。这样我就成为上海图书馆这次被评上的三个研究馆员之一,另外两位是从上海社会科学院调来当馆长的朱庆祚和当副馆长的吴龙涛。

我回国后,特藏部主任吴织退休了,我就接任了特藏部主任。吴织成为顾先生的学生比我晚半年多,但她年龄比我大不少。她写过《书海五十年——记顾廷龙馆长》,发表在《图书馆学通讯》上,那是顾先生唯一认可的一次对他的个人访谈。上海图书馆特藏部当时有70多人,包括古籍组、文献组和徐家汇藏书楼三部分,古籍组管古籍善本,文献组管旧平装书,徐家汇藏书楼藏有非常丰富的旧报刊,甚至超过北京图书馆的旧报刊收藏。

何朝晖:20世纪90年代您到了香港。那段经历您以前谈得不多,这次能否说一说?

香港中文大學中國文化研究所：

沈津同學現任上海圖書館研究館員，特藏部主任。早歲即在上海圖書館善本組工作，迄余離業，前後三十餘年。沈君於古籍目錄學及版本的鑒別，頗具隻眼，嘗參加《中國古籍善本書目》的編輯工作，後以訪問學者前往美國各大東方圖書館遍觀中文善本，所見益廣。著有善本書譜在編印中。

沈君即將移家居港，嘗聞貴校圖書館需要聘請中國古籍專家，特此推薦。

顧廷龍 一九九〇年五月吉

民年譜過程中，所見古籍以及金石書畫亦較廣博。

沈津去香港中文大學前，顧廷龍為沈津寫的推薦信

沈津：我岳母在香港，年紀大了，需要人照顾，于是1989年6月我太太就申请去了香港。我仍然留在上海，和太太两地分居，生活上有很多不便。为了和家人团聚，我也申请移居香港，但要困难得多。因为我是上海图书馆的研究馆员，又是上海市政协委员，向上面打报告，上海市文化局没有权限批，最后是经过上海市委宣传部、统战部的批准，我才得以成行。

1990年我到了香港中文大学，在中国文化研究所和图书馆工作，基本上是各待半天，主要还是和图书、目录打交道。当时在中国文化研究所，他们正在编纂一些先秦典籍的逐字索引。

何朝晖：是不是像民国时期哈佛燕京学社编纂的索引一样？

沈津：对。这个项目是刘殿爵教授主持的，具体的执行者是何志华先生。我在香港中文大学中国文化研究所的工作主要是选择最好的版本作为编制索引的基础，比较轻松。在香港中文大学图书馆主要是写善本书志。香港中文大学是1963年由新亚书院、崇基学院和联合书院三所学校合并成立的，图书馆的古籍主要来自一些藏书家的捐献或出售。我曾调查过图书馆的古籍藏书，挑出其中的善本，建议馆方把善本书集中起来，但当时限于条件没有实现。香港中文大学图书馆收藏的善本书有限，我写的书志不是很多，其中相当一部分内容已经收到《书城挹翠录》里去了。若干年后，香港中文大学和上海图书馆达成了协议，由上海图书馆派陈秉仁和周秋芳把香港中文大学图书馆所藏全部善本写成善本书志，后来出版了。周秋芳曾告诉我，他们写善本书志时，把《书城挹翠录》常备案头，作为参考。

何朝晖：香港中文大学图书馆的古籍馆藏来源里面有没有比较重要的藏书家？

沈津：非常少。这里有一个插曲。1986年、1987年我在美国作图书馆学研究时，中间曾经回到中国香港一次。香港有一个收藏家叫罗原觉，他想将自己的一批藏书出售给香港中文大学。香港中文大学当时的教务长是陈方正先生，美国麻省理工学院的博士，他通过杨振宁教授找到我，请我到香港鉴定这批藏书。这批藏书在香港地区来说，质量还是比较高的，后来我写了一份报告。但香港中文大学认为罗原觉索价实在太高，便没能成交。最后这批书卖给了香港大学。有一次我访问香港大学冯平山图书馆，图书馆主任李直方带我去看馆藏善本，其中就有我早些时候鉴定过的罗原觉的那批善本。

哈佛 18 年

何朝晖：1992 年您到了哈佛燕京图书馆工作。1986 年、1987 年的那次访美已经为此埋下伏笔了吧？

沈津：对。1992 年吴文津先生到香港中文大学来开会，在图书馆一看到我第一句话就问："沈先生，你怎么会在这里？"我说我定居香港了，他第二句话就邀请我。当晚一起吃饭的时候，他就说要向哈佛燕京学社申请经费，邀请我到美国写善本书志。因为之前的那次访美，他对我已经十分了解。后来我才知道那时有几位学者也想去哈佛燕京图书馆做这件事，包括台北的一些大学教授，但吴先生都没有同意。

何朝晖：哈佛燕京图书馆为什么到吴文津先生这一任馆长要写善本书志？

沈津：哈佛燕京图书馆至今已经有将近 90 年历史，先后有裘开明、吴文津、郑炯文三任馆长。1928 年哈佛燕京学社成立时，接收了哈佛学院图书馆的汉和文库，当时叫汉和图书馆，主要收藏中文和日文书籍。首任馆长裘开明先生在任内为哈佛燕京图书馆的中文古籍善本收藏奠定了坚实的基础。裘先生购求中文古籍，可谓不遗余力、呕心沥血。抗战前他主要委托北平的燕京大学图书馆采购，当时燕京大学图书馆的主任是洪业（煨莲），采访部门的负责人是顾廷龙先生，他们为哈佛燕京图书馆的中文古籍采购做了很多工作。

第二次世界大战结束后，日本作为战败国，经济极为萧条，市面上物资匮乏，不少人家将家藏古书出以易米。裘先生在 1950 年前后曾去日本东京、京都、大阪等城市访书，为汉和图书馆购回了许多中文珍稀古籍，比如宋刻本《大般若波罗蜜多经》残卷，明刻本《明心宝鉴》《峥霄馆》和《春秋繁露》，以及明人手札集《明诸名家尺牍》7大册。经过二三十年的努力，哈佛燕京图书馆成为北美大学中首屈一指的东亚图书馆，其中文古籍的收藏无论在数量上还是质量上都可以媲美美国国会图书馆，对此裘先生功不可没。

裘先生不仅在哈佛燕京图书馆的馆藏建设方面作出了卓越的贡献，还认为"学术乃天下之公器"，希望这批馆藏能够得到充分利用。他制定了"汉和图书分类法"，对馆藏图书进行了编目整理。他写过几篇介绍馆藏中文善本古籍的文章，后来都收在《裘开明图书馆学论文选集》里。由于担任馆长期间行政事务缠身，退休之后又精力不济，裘先生在揭示哈佛燕京图书馆丰富的中文古籍善本馆藏方面没有来得及做更多的工作。

1965年吴文津接任哈佛燕京图书馆馆长，这个时候大规模地购入中文善本古籍已经很困难，吴先生主要致力于近现代史料的搜集采购工作。吴先生十分感谢裘先生推荐他担任哈佛燕京图书馆的馆长，有志于完成裘先生的夙愿，向读者充分揭示馆内丰富的中文古籍善本收藏，所以他一直有请人撰写哈佛燕京图书馆中文善本书志的想法。

沈津1992年刚从香港到哈佛燕京图书馆不久，顾廷龙手书"莺迁"以示祝贺

何朝晖： 1992年4月底您就到了哈佛燕京图书馆，吴文津先生办事效率之高真是令人惊叹。

沈津： 1992年的4月28号晚上，我和家人从中国香港飞抵波士顿，5月1号我就正式上班开始工作了。我面前的桌子上，左边放着戴廉先生从书库提出来的善本书，右边放着我从香港带来的500格稿纸，一边翻书一边提笔，将要写的内容直接写在稿纸上。

何朝晖：您写的《美国哈佛大学哈佛燕京图书馆中文善本书志》，1999年上海辞书出版社出的那一版，厚厚的一本，150多万字，您只用了两年时间就写出来了，真是不可思议。

沈津：我开始是以哈佛燕京访问学者的身份到哈佛大学的，哈佛燕京访问学者的访问时限都是一年，而吴先生为我争取到两年。他希望我用两年的时间写出一部善本书志，包括哈佛燕京图书馆所藏的宋、元、明本，不包括抄、校、稿本，数量是1500部。他也没想到我居然能用两年的时间写出152万字。两年时间不是以一年365天来计算的，只能算工作日。美国的假期多，除了星期六、星期天外，还有圣诞节、感恩节、老兵节、国庆节、哥伦布日、马丁·路德·金日，等等，算下来一年的工作日也就200多天。我全身心地投入进去，差不多每天写三篇书志。我的写作基本上是一气呵成的，因为怎么写都在我的脑子里，没有人来跟我讨论怎么写、格式怎样，全都靠自己，也没有回过头来修改的时间，所以写得很辛苦。我在上海图书馆接受的30年的专业训练对撰写善本书志起了很重要的作用。在上海时，我曾经挑选上海图书馆所藏的珍稀宋元明别集写过一些书志，在《文献》杂志上发表了。而我在哈佛燕京图书馆是一气呵成地写了1500篇，可以说是"三十年磨一剑"了。

何朝晖：在哈佛燕京图书馆除了写善本书志，您还和台湾大学的潘美月教授编了一本《中国大陆古籍存藏概况》。

沈津：对。我到哈佛燕京图书馆不久，台湾大学的潘美月教授也到哈佛大学来访问。潘教授是教版本目录学的，我们一见面就聊起来。我说大陆有很多收藏、资源不被外面所了解，很多学者去看书，不得其门而入。可以编一本书，把大陆那些重要图书馆的馆藏、来源、历史、特点等揭示出来，这对学者来说一定有用。我在大陆古籍界有很多朋友，可以跟他们联络，但缺乏经费。潘美月说她可以想办法，从台湾编译馆还是什么地方申请经费。于是商定由我约请大陆古籍界的朋友写文章介绍每个图书馆的古籍收藏情况，我先用自己银行账户的美元支票来垫付他们的稿费，然后再拿到潘美月那里去汇总报销。稿费折合成人民币是每千字60元，这在1993年已经是相当高的了。

现在的中国国家图书馆当时叫北京图书馆，是一定要写的，但我先后约了李致忠、丁瑜、李际宁，他们都因为各种原因不能执笔。后来实在没有办法，只好我自己来写。谁都想不到那篇北京图书馆的古籍善本概述是我写的，我用了一个笔名"慕维"，该笔名源自我住的小镇萨慕维尔。当时我搜集了所有能够找到的介绍北京图书馆藏书的文章，大约有10多篇，然后仔细阅读、分析、推敲。文章里的很多数字都是我自己统计出来的，不是抄别人的。比如北京图书馆收藏的宋元明清版本、抄本、校本、稿本、活字本、套印本的数量，是我花了两个星期的晚上业余时间，根据北京图书馆的善本书目，一条款目一条款目地列表统计出来的。我又把《中国地方志联合目录》里北京图书馆藏的方志数量全部点出来，一共6066种。我觉得没有一个人肯下这种笨功夫，只有我这种死脑筋才这样做。我又花时间弄明白北京图书馆所藏宋刻本中哪些是最有价值的，《西厢记》明代刻本当中北京图书馆有多少不同版本，所藏清代升平署戏曲资料的情况，以及郑振铎专藏当中的稀有版本。写完这篇概述，恐怕北京图书馆没有一个人掌握的数字有我那么翔实了。直到今天，文章里这些确切的统计数字也不过时。

何朝晖：想不到您这样的大专家也肯下这么细的功夫。

沈津：我当时的想法就是希望大陆的古籍资源能够被世人了解。后来稿子陆续从各地寄到我这里，我再把稿子寄到台北给潘美月。最后台湾编译馆的钱申请下来了，出人意料地少。隔了两年，我去台北跟潘美月结账，只报销了其他作者的稿费，邮费没处报销。至于我个人，一分钱也没有拿到过。书是由台湾学生书局出版的，我拿到了20本样书，这就是我的全部酬劳。

何朝晖：没有给您稿费？

沈津：没有，钱全部用光了，潘美月也没有拿到酬劳。我用了很多晚上的业余时间为这本书写了一篇5万字的前言，介绍大陆的古籍收藏。书出来以后，让我吃惊的是，后记中大段大段的文字和我写的前言雷同。好在书出来以后反响很好，北京琉璃厂的一个书店进了一批，不多长时间就全卖光了。

何朝晖：您白天上班，晚上还要做很多其他的工作。常年如此吗？有什么娱乐活动？

沈津：几乎每天都是这样。你知道在美国的生活比较寂寞，我也耐不住这个寂寞。我这个人不会唱歌跳舞，更不会打麻将，扑克牌我也不会。没有什么别的爱好，只会看书。最大的娱乐就是看看电视剧。

何朝晖：电视剧喜欢看哪种类型的？

沈津：谍战片吧。

何朝晖：喜欢谍战片，是因为它和版本鉴定一样，都有悬念，都有破解谜团的乐趣吧？

沈津：不是。完全就是一种消遣，不会太投入剧情，前看后忘，也不会去想后面会发生的情节，不看也无所谓。每天晚上就是看书、写作。我在美国自认为比较勤奋，基本上没有碌碌无为地过日子。

何朝晖：我2006年到哈佛大学见到您时，您的身体很虚弱，每天早晨上班从一楼走到三楼的办公室气喘吁吁，要坐下来休息5到10分钟才能开始工作。据说这之前您的身体一直很好。我听说过一件逸事，哈佛燕京图书馆善本室的阅览室是一个由强化玻璃围起来的透明"盒子"，作为安保措施，每天下午5点下班时门会自动锁死，只有警察局的人才能打开。有一次一个读者看书看到5点才出来，匆忙之中背包被锁在阅览室里。当时您年近六旬，竟然翻过两米高的玻璃墙帮读者把包取了出来，身手矫健赛过年轻人。2005年的那场重病对您造成了怎样的影响？

沈津：在那之前我就觉得身体不舒服，但工作忙一直没有去看医生。后来在我太太的一再催促下，我才去做了检查。结果是晴天霹雳，告诉我得了不治之症。2005年5月16日那天我做了手术，4天以后出院回家休养。那段时间我睡不好，吃不下，身体极度消瘦，连看报纸看电视都没有力气。恰好赶上广西师范大学出版社把我的三本书的校样寄来，看校样的任务很重。当时北京大学图书馆的姚伯岳先生正在哈佛燕京图书馆整理碑帖拓片，他帮我看了《中国珍稀古籍善本书录》的校样，我很感谢他。我自己看了《书城风弦录：沈津学术笔记》和《书韵悠悠一脉香：沈津书目文献论集》的校样。那是我最困难的一段时光，常常无力地躺在沙发上。我曾想，如若天意垂怜，得有更生之庆的话，那我应该做些什么。我要把哈佛燕京图书馆的善本书志全部完成，把我多年积累下来的学术笔记整理成文发表出来。

在家休养了半年，11月13日我就上班了，开始时每天工作半天。马上就接到一个任务，美国国会图书馆、哈佛燕京图书馆、普林斯顿大学葛思德东方图书馆、中国台湾"中研院"历史语言研究院傅斯年图书馆要搞一个珍稀古籍善本的共享项目，将一些稀见的版本扫描成电子版。我对挑选出来的古籍把关很严，标准定得比较高，只有那些别处没有的孤本，或真正有价值、有特色的珍本、善本才能入选。

何朝晖：您的身体康复之后，又恢复了"工作狂"的作风。这些年您开了博客，写了很多文章，著作一本接一本地出，达到了一种"井喷"状态。这里面有没有那场疾病的影响？

沈津：当然有。身体条件发生变化以后，我感到时不我待，有一种紧迫感，要努力多做些事情。顾先生晚年得了胃癌，住在北京的医院里，住进去就没有再出来。他总想着出院回家，把多年的笔记整理出来，但最终还是没有如愿。顾先生早年参与创办上海合众图书馆，毕生致力于祖国传统文化遗产的保护和发扬光大，我追随顾先生多年，耳濡目染，受他的影响很大。我有机会看到这么多珍稀的古籍善本，通过书志、书录、书话的形式把它们的价值揭示出来，让更多的人能够了解和利用，也算是为弘扬祖国的文化做点儿工作。

包括写好哈佛燕京图书馆的善本书志，也是出于这样的考虑。这些珍稀古籍由于历史的原因流落海外，今天我们用善本书志的形式，用一种比较好的体例呈现它们的内容和价值，同时通过与国内出版社合作影印出版的方式，使它们能够被国内的读者所了解和利用，这是这些古籍善本另一种形式的回归。如果我有机会接触到这些珍本秘籍而不努力去做些什么，就感觉对不起恩师对我的栽培，以及上海图书馆对我多年的培养。实际上我是在沿着顾先生的脚印一步步往前走。

何朝晖：您在哈佛燕京图书馆工作了18年，也走访了美国很多收藏中国古籍的图书馆。美国图书馆在中文古籍的收藏和管理方面有什么特点？

沈津：美国的图书馆收藏中文古籍，无非是以服务于研究中国、研究中国传统文化为目的。美国国会图书馆、哈佛燕京图书馆、普林斯顿大学葛思德东方图书馆、哥伦比亚大学东亚图书馆、芝加哥大学远东图书馆、耶鲁大学东亚图书馆、加州大学伯克利分校东亚图书馆等收藏比较丰富，这些地方也是北美地区的汉学研究中心。美国这些图书馆的中文古籍收藏有的是从中国购买的，有的是传教士或外交人员带回国的，也有的是从日本得到的，当然还有少量是接受的捐赠，或者同中国交换而来。清朝政府腐败，民国时海关的管理又很松弛，由于没有一个真正的文物图书保护政策，才导致大量图书文物外流，这是历史的原因造成的。我们知道1900年在敦煌藏经洞发现的经卷被大量劫掠到英、法、日、俄等国，但流入美国的极少。

中文古籍善本流传到美国后，一般情况下都得到了很好的保管，比国内省市一级的图书馆的保护条件更好。美国图书馆的书库很早就安装了空调来保护这些图书。在东亚图书馆担任馆长的人中有几位是中国人，他们对这些线装书很重视，也采取了各种各样的保护措施。

从来没有听说哪个图书馆的中文古籍善本生虫了。他们这里缺乏中文古籍修复人才，残破的书他们在采购时是不会要的。但是书一旦入库，当初它进来时是什么样子，现在还是什么样子，不会发生很大的改变。

何朝晖：北美公藏单位的中文古籍收藏我们了解得相对比较多，北美私人藏家手里有没有值得注意的中文古籍善本收藏？

沈津：我相信在美国收藏中国古籍的人并不多。收藏中国古代文物、字画的远比收藏古籍的要多得多。美国拍卖行经常拍卖中国文物，价格高得惊人，但拍卖中国古书的基本上没有。翁万戈先生曾是美国甚至北美地区收藏中国古籍善本最多的人。这是有渊源的，翁万戈继承了他的高祖、清光绪帝师翁同龢的藏书。他在20世纪40年代末把藏书从天津运到了美国，2000年以450万美元把其中的大部分藏书卖给了上海图书馆，这件事情我帮了上海图书馆一把。后来我在我的博客"书丛老蠹鱼"中专门写过翁氏藏书回归背后的故事，并收入了我的《老蠹鱼读书随笔》。翁先生的女儿住在波士顿，每次翁先生来波士顿，一定会到哈佛燕京图书馆三楼我的办公室来和我见面聊天。

翁先生的书转让给上海图书馆后，曾出版过一本《常熟翁氏藏书图录》（本文以下简称《图录》）。这本《图录》编得很差，错误百出，是我见过的民国至今所有善本图录里最差的一种。尤其是文字说明，不仅不规范，而且错得离谱。有的藏书印认不出来，或释错。后来我告诉翁先生，他只是苦笑。

我拿到这本《图录》一看，就知道有几种书不在其中，如翁方纲的《复初斋诗集》手稿。又过了若干年，翁万戈先生才将翁方纲的手稿拿出来拍卖。后来我在韦力家里看到此书,就告诉他,1986年我在美国纽约翁先生寓所里看到过这部书,那时我还在作翁方纲的研究。

沈津与艾思仁

还有一位美籍瑞典人叫艾思仁(Soren Edgren),藏有一些中国古籍,这和他喜爱中国文化大有关系。他经常买书,也参加国内的古籍拍卖会。有些比较重要的拍卖会,他会专程飞到中国参加。我认为,他的中文古籍版本鉴定能力应该比中国绝大多数省市一级图书馆的古籍专家、私人收藏家,以及拍卖公司的鉴定专家都要强。这是真本事,没办法糊弄的。如果你是行家里手,一部善本书放在你面前,给你5秒钟,或者一分钟,你必须把它说出个所以然来。你的本事就在这里。

何朝晖:艾思仁先生在版本鉴定方面没什么师承,主要是见得多吧。

沈津:确实。起初他在瑞典斯德哥尔摩大学的时候就学中文,又到台北去学,20世纪60年代末70年代初再到日本京都大学求学,购买了不少中文古籍。那时候日本的中文古籍很便宜,他可以用有限的钱买到比较心仪的古籍。艾思仁的版本鉴定眼光好,还有一个原因:从1991年开始,他主持美国研究图书馆组织的"中文善本书国际联合目录"项目长达20年之久,项目组设在普林斯顿大学。这个项目建立了一个古籍联合目录数据库，囊括了除美国国会图书馆外北美各图书馆的几乎全部中国古籍善本收藏，以及中国国内省市一级的公共图书馆、大专院校图书馆的部分善本藏书，数据有两万多条。参与项目的图书馆不光要把善本书的书目数据发给他，还要提供书影，每条记录付费10美元。他通过这个渠道获得了大量信息。图书馆提供的信息里面最重要的是版本依据，艾思仁收到数据以后还要再进行辨别审核，所以他水平提高得非常之快。

关于艾思仁的古籍鉴定眼光，我给你举两个例子。有一次，我们在美国芝加哥开美国图书馆年会，正值广西师范大学出版社出版我编的《美国哈佛大学哈佛燕京图书馆藏中文善本汇刊》（67种37大册），在会上散发宣传小册子，艾思仁拿了一本，坐在我旁边翻阅。他翻到一个尺寸很小的图片，说这个万历刻本如何如何。就这一句话，我就知道他的眼光了。只通过这么一张小小的图片上的字体，他就可以鉴定出版本，这是一般人做不到的。

我从哈佛燕京图书馆退休后，又到中山大学图书馆工作，正好艾思仁来访问。我请同事拿出一卷五代雷峰塔藏经给他看，他一下就看出那不是五代时候的，而是民国年间重刻的。我又有意给他看另一件藏经，那是一位大名鼎鼎的前辈教授捐赠的，上面有捐赠者写的题跋，说是北宋时期的金粟山藏经纸写本，中山大学图书馆的卡片上也是这么著录的，其实是后人作假的。艾思仁看了不到一分钟，只说了一句话："这种字，我都写得比他好。"他的版本学功力可见一斑。

艾思仁在日本搜集了很多过去旧上海、老北平旧书店出版的旧书目，这是非常有眼光的。这些东西过去不受人重视，后来有识之士认识到这些东西的重要价值，才开始系统收集，比如韦力就收了不少。我在哈佛燕京图书馆的时候，看到这样的旧书目就送到善本书库里，好好保存起来。艾思仁还藏有明末刻本《警世通言》等书。有一次吴文津馆长把我叫到他的办公室，给我看一个书单，说想收购上面的书，我一看就知道这是艾思仁的藏书。

版本学家的养成

何朝晖：艾思仁作为一个外国人，对中国古籍版本有这样的鉴定能力确实让人佩服。下面我想跟您聊聊如何才能成为一个版本学家。我觉得现在学习、研究版本学的条件比以前改善了不少，您怎么看？

沈津：版本学的研究越来越向纵深发展，远比几十年前做得更加细致，更加深入，提出的很多问题是过去我们的前辈没有意识到的。同时版本研究的条件也在改善，近些年出版了很多古籍善本书目、书志、图录、影印本，尤其是图录和影印本的出版，可以为学习版本鉴定提供很多感性认识。20世纪90年代以前很少有古籍图录出版。1958年赵万里、冀淑英编的《中国版刻图录》，是非常重要的大型参考图录，直到今天它都是立于不败之地的。20世纪40年代初由潘景郑和顾廷龙先生编的《明代版本图录初编》，也是一部极为重要的图录。几十年来，还没有别的什么版本图录能超过这两部书。现在的印刷条件远比过去好，但有两条比不过这两部书：一是选择之精，二是文字说明之好。现在的文字说明没有能超得过赵万里、潘景郑、顾廷龙几位先生的。

何朝晖：《明代版本图录初编》涉及您的两位老师，这部书的编纂背景据您了解是怎么样的？

沈津：关于顾廷龙与《明代版本图录初编》，我很想写一篇文章。这部书我也有一部。那是在 1961 年，我每个星期天的上午都会去长乐路书库。有一次，顾先生专门拿了一套《明代版本图录初编》送给我，让我好好看看。潘景郑先生是顾师母的弟弟，他们是连襟，关系非常要好。1940 年 2 月，他们一起商量，想编一部版本通说之类的书，而且也有一家出版社准备出版。后来他们觉得还是先编一部明代版本图录，因为当时宋元本书影已多，而明代尚无人做过。但光凭北平燕京大学图书馆和上海合众图书馆的馆藏，材料还是远远不够的。他们也不会去用很通俗的本子，于是就到瞿氏铁琴铜剑楼、商务印书馆的涵芬楼等地方去借。像明代的洪熙刻本特别难得，他们查访了很久都找不到，后来顾先生才在南浔刘氏嘉业堂藏书楼见到一部《欧阳修撰集》，借来影印收到《明代版本图录初编》里了。这些在我编的《顾廷龙年谱》里都有记载。

书印出来后就送给了叶景葵和张元济等人，张元济曾致信顾先生，说："际此乱世，搜辑材料，居然保全，且印刷亦殊不恶，是有天幸。"徐森玉也告诉蒋复璁，说《明代版本图录初编》乃为研究所得，非一般收藏家之书影。这部图录是黑白的，开本也比较小，因为那个时候是抗日战争时期，要节约成本。这部书的影响是比较大的，后来台湾还出了影印本。这部书的文字说明是潘先生写的，和赵万里写《中国版刻图录》的文字说明一样，都是高水平的。

何朝晖：那个年代能出现这么多版本学大家，您认为原因何在？

沈津：20 世纪三四十年代，有陶湘、董康、张元济、傅增湘、叶景葵、郑振铎等人。到了四五十年代，还有周叔弢、王欣夫等人。顾廷龙先生、赵万里先生、潘景郑先生他们在工作中都经手了大量的古籍善本。北京图书馆的善本书几乎都是经过赵先生的手进来的，我相信所有的书他大概都翻过一遍。顾先生在燕京大学图书馆待了那么些年，天天处理的就是北京琉璃厂各个书肆的小伙计送过来的书，他要挑选哪些书可以留下来，有些价格太贵的要退回去。退回去之前顾先生把书里面的序跋都记下来，那时候没有扫描仪，照相机也是奢侈品。后来成立上海合众图书馆，张元济、叶景葵、李拔可、叶恭绰、陈叔通等人的书集中起来，都要经顾先生、潘先生之手去编目，他们身体力行地去做，看得多、摸得多、查得多，这就是成就大家最基本的条件。潘先生除了祖上留下来的书，自己也买书。他有时候也会买错，于是就琢磨为什么会买错，交了"学费"，下次就不会再犯错。

这些前辈见书见得多了，书一到他们眼里，他们立即就能分辨出是稀见难得之本还是通俗之本，以及名人题跋批校的真伪。所以要成为一个真正的版本学家，实践是第一位的。从今天的角度来看，如傅增湘的《藏园群书题记》《藏园群书经眼录》，你看他经眼了多少东西呀，没写进去的又有多少呢？回过头来看，又有谁能写出这么多的文字呢？

何朝晖：对今后版本目录学的发展趋势和走向，您怎么看？

沈津：2007年国家古籍保护中心成立以后，做了很多工作，在很多方面都比过去跨进了一大步，比如进行古籍的普查、登记和定级，举办各种古籍鉴定、著录、修复的培训班等，都取得了很好的成效。关于版本目录学今后的发展，我认为有很多方面的研究都需要进一步深入下去。譬如版本鉴定，目前没有什么好的教材。谈版本鉴定的著作大多人云亦云，浮在面上，都是前人已经谈过的那些东西，没有多少新的内容。理论上的、抽象的东西多，来自亲身实践的、具体的、鲜活的例证少，让人看了之后还是不得要领。

版本鉴定理论和方法的丰富和发展，是以很多细节的深入研究作为基础的。例如关于雕版，它的材质、刊刻技法、风格、刷印次数、修补、剜改，以及在版本上的表现，都很值得作深入研究。从2014年开始，古籍版片开始纳入《国家珍贵古籍名录图录》的申报范围，这是一个很好的开始。不光要从版本鉴定的角度研究雕版，雕版的保存、租借、买卖、流传、散佚、损毁，都是很值得研究的。除了雕版以外，对于纸张、字体、钤印等的研究，都有待于推陈出新，作得更深更细。

何朝晖：回到版本学家的话题。现在要出一个版本学大家是不是比以前更难了呢？现在民间兴起藏书热，私人藏书家中有不少人见多识广，版本鉴定能力不可低估。除了版本图录，现在由于网络的发展，看到珍贵的古籍书影不再是什么难事。这些是学习版本学比以前便利的地方。

沈津：产生版本学大家的那种温床、土壤、气候很重要。你可以看到像顾廷龙先生、赵万里先生，他们能成为一代大家还有另外一个条件，即当时和他们交往的是张元济、叶景葵、李拔可、叶恭绰、徐森玉、谢国桢、朱士嘉、张秀民等前辈或同辈学人，他们互相切磋、一起研讨，这种条件今天已经不可能有了。和一流的人在一起，你能学到很多东西。要成为一个一流的专家学者，好的导师非常重要，这一点，我是深有体会的。

何朝晖：大量的古籍版本实践和有好的老师，可以说是两个最重要的条件吧。您的书缘加师缘可以说是空前绝后了。您在上海图书馆守着如此丰富的古籍善本收藏，旁边是顾先生、潘先生、瞿先生三位大师，随时可以请教。这个条件今天没法复制。

沈津：我曾说过，中国图书馆学界恐怕没有人比我更幸运了。三个最好的导师带一个学生，今后也不可能再有这种情况。上海图书馆那样丰富的古籍资源，我有许多机会任意翻阅，这样的机会很难再有。我参与了《上海图书馆古籍善本书目》的编纂，又参加了《中国古籍善本书目》的编纂，这样的机缘也很难得。韦力曾对我说，你在整理古籍和版本鉴定方面的经历是无法复制的。我曾写过不少文章，纪念我的老师顾廷龙先生、潘景郑先生、瞿凤起先生，因为没有他们的教诲和提携，恐怕我还是一个版本目录学领域的门外汉呢。

何朝晖：您确实非常幸运，但这只是客观条件，主观努力也很重要。我很少见到像您这么勤奋的人，这么大年纪，工作的劲头还跟小伙子一样，几乎用所有的时间和精力去看书写作，这一点我十分感佩。几十年如一日地读书钻研，才成就了您今天作为版本目录学家的地位。您曾说经眼了超过两万种古籍善本，这个恐怕是最重要的。

沈津：我在上海图书馆工作了30年，在香港中文大学图书馆两年，在美国哈佛燕京图书馆18年，在中山大学图书馆已经5年了，这50多年来，我一直在一线工作，每天都在和线装书打交道。在上海图书馆，我过手的古籍善本是1.4万部以上，在哈佛燕京图书馆是4000种。另外在香港中文大学图书馆、中国台湾的台北故宫博物院、"中研院"历史语言研究所傅斯年图书馆、台湾大学图书馆等，北美的美国国会图书馆、纽约公共图书馆、哥伦比亚大学东亚图书馆、普林斯顿大学葛思德东方图书馆、芝加哥大学远东图书馆等地方看过的中文善本,至少在 2000 种以上。在这些图书馆里,我都是抓紧时间大量地看。比如今年(2015 年)7 月,美国国会图书馆邀请我去工作半个月,主要工作就是将他们馆藏的宋元刻本和《永乐大典》全部作一鉴定。多出的时间,我每天就请工作人员调出二三十种书,连着看了两个星期。所以我经眼的古籍善本绝对在两万种以上。

此外还有域外汉籍,比如哈佛燕京图书馆所藏的日本明治以前的 3600 种日本汉籍善本,我都翻阅过一遍,所以才会有编《日本汉籍图录》的念头。这套书有 9 册,是我和南京大学的卞东波合编的,2014 年已经由广西师范大学出版社出版了。至于普通线装书,哈佛燕京图书馆所藏的 1.8 万种,我也全部都翻过一遍,都是利用星期六去翻的,那时每星期六必定去看书的还有白谦慎。翻普通线装书,源于我想编一部《清代版本图录》,现在正在和卞东波合作中。加上在上海图书馆以及其他地方看的普通线装书,我经眼的也应该在两万种以上。

何朝晖:今天要造就一个古籍版本学人才,应该走一条什么样的路呢?您说过好的老师就是让学生少走弯路,您带学生的话会怎么做?

沈津:这个问题问得好。如果今天让我来带学生,我要用尽量短的时间让他学到实实在在的东西。因为我的年纪大了,我也不想浪费学生们的时间。第一步,我会先让他们比较系统地读一些书,比如《四库全书总目提要》《书林清话》;书志、题跋,选几种精读,比如黄丕烈的、傅增湘的;还有黄永年、郑振铎、王欣夫等人关于版本学方面的著作。其他人的很多书都是你抄我我抄你,人云亦云,没有真材实料的,看了浪费时间。叶昌炽的《藏书纪事诗》、郑伟章的《文献家通考》对熟悉古今藏书家有用，其中一些比较重要的人物要牢记于心。读这些书的目的就是让他们打基础，每半个月必须给我一个报告，写出心得体会。第二步，出几个题目给他们作，告诉他们运用哪些工具书和参考书，怎么完成这些题目。三个月后交稿，至少是一万字以上。第三步，训练他们写善本书志。首先阅读、吃透《美国哈佛大学哈佛燕京图书馆藏中文善本书志》的写作模式，在这个基础上，每个月练习写10篇书志，用10个月写100篇，再用两个月大家进行讨论，讨论遇到的问题和取得的进步，交流心得体会，最后交给我一个总结报告。

何朝晖：能否谈谈您在中山大学图书馆是怎么培训古籍版本专业人员的？

沈津：中山大学图书馆特藏部有8位已获得博士学位的同事，我和他们在一起工作也学到不少东西。我们是在实践中讲版本鉴定的，怎么做呢？我会请我的同事从书库里调出一书车的书来，一二十种，然后一部部地分析、讲解。比如一部抄本不能入善，他们就问为什么。我说时代太近了，这是个民国抄本，而且不是名人抄的，所抄底本也不稀奇，不够标准。比如书上有清代阮元的印章，但是假的，为什么假？我就请他们去找真的比对。又比如明代的蓝格抄本，分析其特点：这种抄本基本上都出自明代万历年间，字体就是那个时代的特征，基本上都是楷书，但和清代人写的那种端楷有显著的不同；纸张也有特点，明代使用的就是这种白皮纸，清代刘燕庭嘉荫簃抄书也用蓝格，但纸张不一样。总之我的做法是结合版本实物来讲版本学。

另外我每周二都会用两个小时来"聊天"，题目有时是我的同事出的，有时根据工作需要而定。比如广东多家单位合作编纂《广州大典》，我就讲《永乐大典》的前世今生。他们关心流失域外的汉籍，我就讲北美的中文古籍收藏。最近我还要给国家古籍保护中心在中山大学图书馆设的人才培训基地授课，这个基地办了个传习所，招收了 10 位专业硕士研究生。有时，我也会给中文系的博士研究生或传播学院的学生上课。

沈津与中山大学图书馆特藏部的博士们

最后是指导我的同事写善本书志。中山大学图书馆有 4000 部善本，已经出版了上下两册《中山大学图书馆古籍善本书目》。你知道，国内不少省市一级的大图书馆以及大学图书馆虽然古籍善本藏书丰富，但都没有写善本书志的计划，因为这是一项大工程，很难启动。中山大学图书馆就想尝试啃这块硬骨头。一个大学图书馆的善本书志应该具备比较高的学术水准。中山大学图书馆善本书志的写作完全采用哈佛燕京图书馆善本书志的体例和模式，我已经对参与写作的同事进行了善本书志写作的培训，同时要求他们在撰写中碰到问题随时向我咨询。他们每完成一篇，都必须交给我看，我都要仔细核对、修改。此外，通过撰写《中山大学图书馆藏域外汉籍珍本汇刊书志》，完成60余篇10万字左右；又将《广州大典》所征得的海外底本约80篇10万字写竣，他们已大致掌握了书志写作的方法与技巧。当然，中山大学图书馆善本书志的写作是大项目、大工程，全部完成的话我认为至少需要七八年的时间。

何朝晖：您是否打算自己编一本版本学教材？那样的话可以系统地把您这么多年来积累的知识和经验传授给大家。

沈津：不瞒你说，我正在写一本《版本目录学三十讲》，已经和出版社签订了合同。也有可能改个题目，比如《沈津古籍版本论丛》。也可能一本不够，写个正编、续编。总之，我写的一定和过去已经出版的不同，因为我用了不少第一手别人不曾用过的新材料。书中讲版本鉴定，也会讲与此有关的人和事，很多都是我自己的实践。

何朝晖：近年来您密集地出版了那么多著作，是怎么做到的？

沈津：我平时作了许许多多的笔记，都是日常翻书时得到的第一手资料。我读书时看到有用、有意思的材料，大都作了记录。后来成了家，有了孩子，不再住在图书馆里，一家三口挤在斗室里，条件很艰苦，照样坚持看书作笔记。我年轻时业余喜欢打乒乓球，喜欢看小说。顾先生说你不要浪费时间，要多看业务方面的书。他着意栽培我，跟我谈过很多次，说不要锋芒毕露，不要急于写文章，要大器晚成。我很理解顾师的苦心，他希望我能够成才。后来我就把这些爱好都"戒"掉了。

我曾经花了不少力气作关于室名别号的记录。这类书之前有两本比较重要，一本是陈德芸的《古今人物别名索引》，一本是陈乃乾的《室名别号索引》，还有很多室名别号这两本书没有收进去。我每次翻看古籍的时候，发现那些序、跋的后面往往都有作者的室名别号。我一查，凡是这两本书没有收的，我就用一个小纸片记下来，往手边的空目录盒子里一放，日积月累数量非常多。后来顾先生知道了，他说："这种事别人可以做，但你不可以做，你要集中精力多读些书。"后来这些资料我都送给杨同甫了，他在编《清人室名别称字号索引》时多补充进去了。

碰到真正有兴趣的书，我会作很详细的笔记。我看到过一部万历本的《重庆府志》，觉得这部书刻得很好，一查其他馆都没有著录，像是孤本，我就很在意，就把里边的序、跋、目录什么的全都抄到我的笔记本里了。后来我写成一篇文章，收在《书城挹翠录》里了。我在台湾大学图书馆、台湾"中研院"历史语言研究所傅斯年图书馆等地看书，没有办法拍照，笔记记了厚厚一本。开始的时候读书笔记往往是知识性的东西居多，到后来慢慢地就变成学术性的东西了。

我总想把这些年积累下来的资料写成文章，与他人共享。这些第一手资料很多都是偶然碰到的，可遇不可求，不是想查就能查到的，因为不知道什么书里会有。比如明清刻本的版片、书价、印数、残本残页的价值等，都可补中国印刷史之不足。

我在1990年离开上海之前也发表过10多篇文章，但更多的文章是到了香港中文大学、美国哈佛大学以后才发表的。在中国香港时我为报纸写过70多篇"骗钱"的小文章，也在美国的中文报纸上发表了20多篇。至于我在哈佛燕京图书馆写的近百篇涉及书和人的书话类文章，主要是介绍燕京馆藏中有意思的书。我写的善本书志最多，除哈佛燕京图书馆的善本书志之外，我选的多是难得的、罕见的、流传不多的本子，这些书志后来陆续结集出版，1996年出版的《书城挹翠录》是我的第一本书志著作。以后又陆续出了一些书，都是我到了美国以后写的，由国内出版社出版的。

何朝晖：近些年您写了几篇很犀利的书评，针砭国内出版的几部存在问题的版本目录学著作，涉及一些著名学者和著名的出版社。这样做有没有什么压力？

沈津：你这个问题提得好。没有什么压力，因为我在海外，不在他们那个圈子里，而且我是对事不对人。我经常翻阅和专业有关的出版物，以便了解各种最新的信息，这已经成了我的一种习惯。看到一些粗制滥造、假冒伪劣之作，我就忍不住要站出来说几句。我认为无论是图书馆工作者，还是版本目录学的研究者，都是"为他人作嫁衣裳"的，把自己看到的、别人不容易获得的信息传达给读者，为他人提供方便，节省他人的劳动。如果这些信息是错误的，对读者造成误导，还有什么意义呢？一些名声很大的博导教授，在一些权威出版单位出的书，以及一些重要的图书馆编纂的版本图录，都出现了不少鉴定和著录方面的错误，有的谬误满纸，不堪卒读。有的书甚至还存在抄袭问题，这是非常不应该的，对不起读者对他们的信任。我作为一个业内人士，有责任指出这些问题。即使从一个读者的角度出发，我也有权利对这些书提出批评。

何朝晖：近年来您出版的著作多用书话的体例，为什么偏好这种体例？

沈津：首先是受到一些重要学者的影响。我很喜欢读唐弢的《晦庵书话》，里面的文章短小精悍，妙趣横生。郑振铎的《劫中得书记》我读过好几遍，读得兴味盎然，几乎是当作小说来读的。我喜欢活泼一点儿的笔调，不喜欢板起面孔说教，不喜欢读起来拗口、枯燥的东西。我写的都是自己看到的珍贵的、稀见的书，一般的书我不会去写，把自己知道的关于书的有趣的人和事分享给读者。我不希望走别人的老路，希望能够写出自己的面目，用自己的语言，写得活一点儿、轻松一点儿、有意思一点儿，这是一种愉快的分享。

还有一个原因是跟我在网上开博客有关。2007年夏天，我在哈佛燕京图书馆的同事高青女士对我说："沈先生，你也开个博客吧。"她花了15分钟为我注册了一个账号，我就开始试着写，几天写一篇，一发而不可收。文章积少成多，也有了些影响，就有广西师范大学出版社、中华书局找上门来，希望结集出版。我就一家一半，出了《老蠹鱼读书随笔》和《书丛老蠹鱼》两本书。

何朝晖：据说您给自己的写作设定了目标？

沈津：起先我给自己定了个目标，一生要写500万字，后来这个目标又改了。

何朝晖：为什么要改？

沈津：《书城挹翠录》有三四十万字，《美国哈佛大学哈佛燕京图书馆中文善本书志》有152万字，这样我就已经有将近200万字了。我的笔记本里还有很多资料，很多素材，所以出了这两本书以后我就定下了500万字的目标。后来台湾"中研院"中国文哲研究所出了《翁方纲年谱》，约40万字。上海古籍出版社出的《顾廷龙年谱》有

72 万字。广西师范大学出版社出的《书韵悠悠一脉香：沈津书目文献论集》《书城风弦录：沈津学术笔记》《中国珍稀古籍善本书录》《老蠹鱼读书随笔》，中华书局出的《书丛老蠹鱼》，上海辞书出版社出的《书林物语》等，都是二三十万字一本。所以我就觉得 500 万字可能打不住，目标就变成 800 万字。但我从哈佛燕京图书馆退休后又清点了一次，编的、辑的不算，已经有将近 800 万字了。所以我的目标又改成了 1000 万字。现在我手头还有几部书的稿子在写，出版社都找上门来要书稿。我想到 2017 年岁末，我一定会完成 1000 万字的目标。

记得 2009 年我访问山东大学时作了一场演讲，题目是你出的，叫"书缘·书事·书趣"。我有这么好的书缘，有这么好的师缘，我很珍视这种缘分。有了这些缘分我才能够写作，如果我不努力，心里就会感到不安，觉得愧对先师对我的提携与教诲。所以我愿意努力努力再努力，一定要完成 1000 万字的写作目标。

何朝晖：您曾经说自己是劳碌命，但也是乐在其中、乐此不疲。您一辈子都在跟古籍版本打交道，能不能说一说这项工作最大的魅力在哪？

沈津：我曾经管过上海图书馆的古籍善本书库，香港中文大学图书馆的古籍书库，哈佛燕京图书馆的善本书库，整天跟古籍善本打交道，自由地徜徉书海，任意游弋，有这种眼福的又有几个人呢？古书里有很多信息、很多秘密，都等着我们去揭示、去发掘。真正钻进去了，你会发现古书里到处有题目可作。我脑子里想到的题目，几辈子也作不完。书海无底，我觉得这里面的乐趣就是揭示还没有被别人认识到的东西。

这不限于善本古籍，我也写普通线装书，写革命文献，写稀有的平装书，你去看《书城风弦录：沈津学术笔记》就知道了。我觉得凡是有史料价值、文献价值的，都要揭示。我写过《小孩月报》《晋察冀画报》《吉祥剧刊》，还有郭沫若的签名本《南冠草》，这些都是很有特色和文献价值的。哈佛燕京图书馆藏有一批红色文献，是美国著名记者埃德加·斯诺捐赠给汉学家费正清的，费正清又把它们转给了哈佛燕京图书馆。我把这批文献的来龙去脉研究清楚了，把它写了出来，有的还建议出版社影印出版了，目的就是让更多的人了解这批文献。我有条件接触到这些书刊，而很多人是没有办法接触到的，所以我感到有责任把我的发现分享给大家。

何朝晖：有乐趣，也有责任感。您年事已高，还给自己压了这么多担子，请您一定注意休息和身体。非常感谢您接受访谈！

沈津：不客气。也谢谢你！

注：何朝晖先生访谈原稿三万余字，内容在 2018 年先后刊发或收录于《藏书报》《澎湃新闻》等，收入本书时内容略有修订。

修典是对中国文化的一种诠释
——答高慧斌问

[《辽宁日报》记者高慧斌按]：沈津先生曾参与编辑《中国古籍善本书目》，著录了国内各公共图书馆、大学图书馆、博物馆等800多家馆所藏各种善本13万种。沈津先生几十年来通过整理典籍，诠释传统文化。作为媒体中人，向读者推荐典籍，就是在传播传统文化，这是媒体人义不容辞的责任。2018年初，借沈津先生回国之机，我就中国古籍整理、研究、传播情况等，对沈先生进行了专访。

将稀见的古籍善本供学界利用

高慧斌：您曾在上海图书馆、香港中文大学和美国哈佛大学哈佛燕京图书馆任职，几十年来，您从事的都是与中国典籍的保存、整理、研究及传播相关的工作，在此过程中您发现了哪些需要补足的问题？

沈津：我去年（2017年）5月才离开广州中山大学图书馆，在这之前我在几个图书馆里工作了58年，基本上都在和中国古籍打交道，购书、整理、编目、鉴定、保管、服务读者、回答咨询、编辑出版、写作研究，我都做过。也是因为缘分，我有幸在中国内地、中国香港和美国等地的图书馆看了不少古籍，尤其是美国的国会图书馆及各大学的东亚图书馆，藏有一些国内没有却具有重要文献价值的图书。我想，这些稀见的古籍善本应该通过有效途径，用现代化的科技手段回归国内，或化身千百，供学界利用。

中山大学图书馆时任馆长程焕文为沈津签发的感谢状

高慧斌：您所著《中国珍稀古籍善本书录》，收入的都是您认为难得的罕见之书，包括在美国各东亚图书馆、中国香港的大学图书馆里见到的本子，能否举例说明您选书的标准是什么？

沈津：我的著作除了两本年谱外，其他的几本都涉及各种图书，尤其是善本书，您刚才提到的这一本也属此类。几十年中我经眼了两万部左右的善本书，有不少是难得一见的本子，如稿本、抄本等，所以我认为，我应该站在读者或研究者的立场上，将他们很难见到的书或版本加以揭示。在这个前提下，我选书的标准是《中国古籍善本书目》只著录一部者我才写，这说明"物以稀为贵"，流传较多者我就割爱了。

高慧斌：您在哈佛燕京图书馆工作了18年，将其收藏的4000

余种中文古籍善本写成书志,给研究中国传统文化的学者提供佐证,是什么机缘促使的?您在撰写书志的过程中也发现并揭示了一批国内所没有收藏的善本图书,美国大概有多少种中国古籍?哪些是中国没有而美国所独有的珍贵善本?

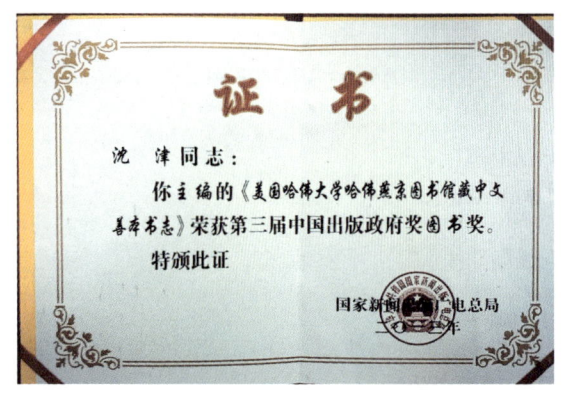

《美国哈佛大学哈佛燕京图书馆藏中文善本书志》
荣获"中国出版政府奖"

沈津:我想先说明一点,我只将哈佛燕京图书馆的3000余种善本写成了300多万字的书志,另外将近1000种是我们请来的4位专家教授完成的。这部书志曾获得第三届"中国出版政府奖"。在美国的国会图书馆和各大学的东亚图书馆里收藏的中文古籍大约在50万册以上,也有一些国内未收藏的古籍善本,如哈佛燕京图书馆的《休宁荪浯二溪程氏宗谱》《新刻全像汉刘秀云台记》《钦明大狱录》《明杨继盛弹劾严嵩奏疏草稿》《清宗室敬徵日记》《北洋海军来远兵船管驾日记》等,该馆大约有360部国内各图书馆没有著录的善本或版本。

高慧斌:我国到底有多少种古籍善本?您认为入选《国家珍贵古籍名录图录》中的图书也并非件件珍稀,几十年来,仅您经眼的明代刻本就有万部,宋元刻本也有千部左右,哪些珍稀独本让您印象深刻?

沈津:30多年前,我参与编辑的《中国古籍善本书目》,著录了国内各公共图书馆、大学图书馆、博物馆等800多家馆所藏各种善本13万种。北京市古籍保护中心成立的10年间，又进行了一次大规模的古籍普查，目前仅知已达230余万部，但具体补充了多少种新的古籍善本，尚无统计数字。至于《国家珍贵古籍名录图录》，顾名思义，应是国家级的珍贵图书，也就是要上等级。所谓"珍贵"，即指贵重、稀有、难得，可现在《国家珍贵古籍名录图录》中却出现了小小偏差，有些流传较多的非珍贵者也收了进去，这很可能是一些地方馆的专业人员在具体执行过程中的理解不同，最后导致审核人员难以把关，将就全收了之。

至于我所见的哪些珍稀独本令我印象深刻，这很难回答，即不知从何说起。就说美国国会图书馆藏的中文善本吧，我曾应邀将该馆所藏宋元版本作过一次重新鉴定与评估，但我认为最好的不是这些宋元版本，而是《永乐大典》41册。这是仅次于中国国家图书馆、台北故宫博物院的收藏，它的辑佚价值不必去说，它的市场价值较其他中国古籍善本都要高。如今《永乐大典》单册价格约为900万元人民币，那41册即相当于3.7亿元，如换算为美元则约5700万美元[①]。众所周知，世界上首屈一指的美国国会图书馆，其最为珍贵的藏品为古腾堡《圣经》，现市价每部在2500万至3500万美元。因此，我们可以推算出《永乐大典》41册的价格，接近于两部古腾堡《圣经》之价。

[①] 作者按照2018年接受采访时的汇率核算，当时1美元约等于6.5元人民币。——编者注

完成揭示善本书内涵的工程是一项成就

高慧斌：《校注项氏历代名瓷图谱》是因其用纸之豪华，不惜工本，而被誉为"民国第一善本"的吗？

沈津：所谓"民国第一善本"，只是一种前人之誉称。不过此图谱确实印得精，盖因其纸料为新发嫩竹，纸帘按书页大小特制，系依南唐澄心堂造法，砑花于上下端。纸质无论在何种气候中，皆能历数百年而不变，且砑印若干次，而纸面愈见光泽。由于其均为西式水印特制，与中国传统木版水印方式不同，加上用纸考究，装帧奢华，富丽堂皇，所以使人一见即有光彩夺目、精美绝伦之感。

高慧斌：在《中国珍稀古籍善本书录》中，您介绍的多为明清的善本，为何之前的收录不多？难道不是古籍的年代越久远就越珍稀、越有价值吗？

沈津：您说得是。《中国珍稀古籍善本书录》共收491种，其中宋刻本收了22种，元刻本收了11种，而明刻本竟达201种，稿本57种，抄本74种。不可否认的是，藏书家最重宋本，因为其书之行式、字迹、纸质、墨色，多精雅古朴，迥非后世所及。或密行细字，或大书巨册，无不动人有美感。我很少刻意去写宋元本，是因为这类宋元本多数流传有序，前人不仅著录，而且详考有加，我若再写，也少有心得。我的着眼点是流传稀见的明刻本，以及那些未刻的稿本、抄本。

高慧斌：宋刻本向来以稀为贵，为何从20世纪60年代开始，人们就已经对宋刻本《新刊名臣碑传琬琰之集》的版本存有疑问，而至今却仍未有进一步研究？版本鉴定学问高深，您如何评价目前国内版本鉴定现状？

沈津：《新刊名臣碑传琬琰之集》作宋刻本的依据不足，确有很多疑点。版本鉴定是一门学问，我尚未完成的书中有一部是《古籍版本三十讲》，其中有一讲是写版本鉴定的，大约有7万字，写的都是我50多年来的所见所闻与实践，将来习流略之学者或可借鉴。说句老实话，国内图书馆界古籍版本鉴定的人才早已呈现出青黄不接之势。20世纪40年代至60年代成名的中国版本目录学家早已凋零殆尽，如王重民、赵万里、瞿凤起、顾廷龙、冀淑英、潘景郑都先后御鹤西归，今后也很难再出现这样的上驷翘楚、高才巨匠。目前国家古籍保护中心也致力于这方面人才的培养，但由于师资力量匮乏，故还要假以时日才能看到效果。反之，民间藏书家中却有不少优秀者，他们的实践能力较强，有的还有研究成果，这是一股前进的力量。

高慧斌：国内大馆如中国国家图书馆，省市馆如浙江、南京、上海的图书馆以及重要的大专院校图书馆，目前都没有自己的善本书志。您如何评价国内古籍资源的整理与保护现状？对此，您有何建议？

沈津：据我所知，这些重要的大馆目前都没有撰写本馆善本书志的计划。大馆的特藏资源丰厚，人员也是兵强马壮，专家多多，这是一般图书馆不具备的优势。但若真的要进行这项工程，时间上很可能就是10年、15年，那是一种长期奋战。写书志确实是一门学问，很不容易，要详细地揭示书的内容版本，尽可能精审确凿。所以，将来完成揭示善本书内涵的工程应是一项成就，就像图书馆一座标志性的建筑，是一处永久的坐标，永存天壤的。它在学术上的影响、价值，不是得不得奖或得什么奖的问题，而是可能影响几代人的问题，这也是我们在哈佛燕京图书馆秉持的"学术乃天下之公器"之理念体现。重要图书馆的善本书志出版的意义不必自己去说，而是由后人去评价。我以为撰写善本书志不仅是将馆藏的各种善本及文献都能予以揭示、编辑、影印，以之嘉惠学林，更重要的是通过这项工程来培养版本目录学这个领域中的专门人才。

采访后记
敬佩沈津先生几十年如一日地整理诠释古籍善本

约访沈津先生，想不到这么顺利。

沈津何许人也？互联网上这样介绍：沈津师从著名版本目录学家顾廷龙，曾任上海图书馆特藏部主任，后任职美国哈佛大学哈佛燕京图书馆善本室主任16年；他经眼超过两万种善本，已出版的专业论著达到800万字。程焕文教授评论道："环顾海内外中文古籍界，能出其右者难以寻觅。"

这也是网上的介绍：沈津的祖父沈曾迈，字斐庐，是有名的书法家，20世纪30年代曾在天津、上海开过个人书法展。《艺林散叶》中记载："沈斐庐从张子开文运学书，子开仅工真行，斐庐于四体书无所不工。吴昌硕见斐庐篆书，大为称赏，且示其子东迈曰：'此合肥沈斐庐所书也，年未三十，而下笔遒劲若此，异日所造，何可量耶！'昌硕曾作一诗赠斐庐。"沈曾迈先生在沈津24岁时过世，那年正是"文革"第三年。之后，沈津跟随顾廷龙先生学习版本学30多年，练习书法，校正卡片，管理书库，接待读者。沈津年轻时每天临池一小时，写大楷、小楷。早年临过多种碑和帖，临摹时间最久的便是褚遂良、欧阳询。

采访沈津也属偶然。原来想就如何阅读古籍善本跟沈津先生约稿，我跟广西师范大学出版社编辑索要联系方式，经过几天的等待，终于索来了在美国工作的沈先生的联系方式。因沈先生没时间供稿，考虑到他近年来就中国古籍目录学出版了多本著作，我最后决定就此话题请其谈谈中国古籍整理、研究、传播情况，以及在此过程中遇到和存在的问题。

采访计划完成后，我跟沈先生沟通，正好他那时要回国，而此间我采访看书也需要时间。热情的沈先生两次从美国打来电话，安排采访时间，那正是美国的午夜，让我感动良久。

《中国珍稀古籍善本书录》太厚重了，阅读并不顺利，我告之沈先生别怪我读得慢，慢读才能读透，才能提出问题。沈先生看到邮件后马上打电话，但电话未通。于是我收到沈先生的信件："高主任，我电你，但打不进去，不知何因。我已拜托深圳尚书吧寄一本我的《书海扬舲录》给你，是上午由顺丰快递发的沈阳，你查收即可，不必付款的。祝顺利，津上。"

我回沈先生，另一本《中国大陆古籍存藏概况》还未找到。沈先生说他正在香港，过两天飞上海，这本书辽宁省图书馆原副馆长韩锡铎有，让我跟韩馆长借阅。

我从事采编工作日久，接触国内外著名的各类专家、学者也不少，像沈先生这么热心的学者，真的是第一次遇到，让我感动不已。

我得知沈先生回国，于是向他索要签名书。沈先生回复："我于昨天（2017年10月19日）下午已飞抵波士顿，如果我提前一天看到则可将书呈上，但现在来不及了，只能明年4月我回上海时寄了。采访的事不急，您慢慢读，等提纲出来后再电即可。我这次回去，在香港、深圳、广州办成了一些事，又在暨南大学及复旦大学作了两场讲座，每次两小时，你可在网上查到的。刚回来，有时差，半夜2时即下楼找点儿吃的，再工作。有点儿累，现在有点儿睡意了。20日晨7时20分。"

采访沈先生的过程，也是精神境界提升的过程。我深知这样的选题一定不会是大众读者都关心的话题，但越是这样的问题，主流媒体越应该关注，这就是党报的社会担当。否则，古籍就真的会蒙上厚厚的灰尘了。通读几本沈先生的大作后，个人也是受益良多。沈先生几十年来通过整理典籍，诠释传统文化。作为媒体中人，向读者推荐典籍，就是在传播传统文化，这是媒体人义不容辞的责任。

后来我跟沈先生在微信上互动，经常被他发来的链接感动，从中受益。他在"儒家文明论坛"讲善本书志撰写，正如李勇慧馆长精彩总结的那样："沈先生没有稿子，没有提纲，洋洋洒洒，滔滔不绝，一讲就是近两个小时。没有枯燥的术语、冗长的定义、费解的概念，讲的都是具体的素材、生动的事例，信手拈来，如数家珍。这就是上课的高境界吧：那些纸面上的知识，沈先生说去看他的文章就好了，他只讲你在书上看不到的，却是能够触发你的兴趣、激发你的灵感的东西。你觉得有趣，自然会主动来学；你觉得不可思议，自然会自己去解开谜团；你记住了他讲的故事，也就明白了什么是真假美丑。"

能够不时受教于这样一位国内外著名的学者，何其幸运。

注：上文原以《修典是对中国文化的一种诠释》为题刊于2018年3月12日《辽宁日报》，收入本书时内容略有修订。

古籍版本鉴定人才的培养
——答周余姣[①]问

[周余姣按]：近年来，古籍保护学科建设和人才培养问题引起了学界的广泛关注。2020年1月18日，版本目录学家沈津先生就"古籍版本鉴定人才的培养"这一问题接受了《古籍保护研究》编辑周余姣的专访，其中所提到的前辈版本目录学家为培养青年人才所作出的贡献、版本鉴定人才培养的三要素（志向、名师、实践）、版本鉴定人才的基本功和学术修养等，均能促进学界对古籍保护人才培养问题作更深入的思考。

周余姣：沈先生，您好！这两年关于古籍保护学科建设和人才培养的话题很热，我们想请您就"古籍版本鉴定人才的培养"问题谈谈您的观点，可以吗？

沈津："古籍版本鉴定人才的培养"，这个题目不容易讲，因为没有在这一行里干过几十年，或没有大量实践和自己的切身体会，是很难说清楚的。目前国内的一些图书馆也面临着尽快培养版本鉴定专门人才的问题。10多年来，不少省市图书馆的古籍版本鉴定力量一直处

---

① 周余姣，天津师范大学古籍保护研究院教授，《古籍保护研究》编辑部副主任。——编者注

于青黄不接的状态。尽管2007年国家古籍保护中心成立后，除培训修复古籍的人员外，也在举办各种训练班，以提高古籍整理、版本鉴定人员的素质，但或许还要假以时日进步才能完全彰显。

实际上，多年前我也在考虑这个问题。20世纪90年代，原文化部图书馆司司长、原北京图书馆常务副馆长杜克两次参加美国亚洲学会图书馆年会，每次我都会和他见面，谈话中多涉及培养古籍版本鉴定人才等事。因为培养训练一位古籍版本方面的专家不是一件容易的事。然而没两年，杜先生竟御鹤西归了。

古籍版本鉴定人才的培养不是几年十几年就能轻易做成的事，而是要有一定的方法、目标和时间。1996年，上海图书馆建馆50周年纪念，我从美国专程飞往上海。其间，上海东方电视台采访我，我说图书馆系统有不少学术研讨会，但发表的论文有质量的少。有些文章虽多为图书馆系统的学会刊物所用，但学术价值不高，多为评定职称的"急就章"。所以，上海图书馆新馆虽然漂亮，但专业人员的培养已到了刻不容缓的地步。

在中国图书馆学界，1960年以前进入版本目录学领域的专家、学者，现在尚健在者只有两位了。其中南京图书馆资深研究馆员沈燮元先生已96岁，国家图书馆资深研究馆员丁瑜先生也94岁了。[①] 他们都退休好多年了，或颐养天年，或做自己想做的事。而我则是1960年3月拜上海图书馆馆长顾廷龙先生为师，研习流略之学，至今还混迹于这个圈子里，和年轻的朋友在一起，时时可以向他们请教。大约再过三年，我也要"金盆洗手"，告老还乡，优哉游哉了。

---

① 沈燮元先生已于2023年3月29日逝世，丁瑜先生已于2020年6月16日逝世。——编者注

周余姣：这个问题，老一辈的学者曾经是怎样看的？

沈津：1979年8月，我随侍顾廷龙先生去杭州。顾先生是中国图书馆学会副理事长、上海图书馆馆长，也是《中国古籍善本书目》的主编，那年顾先生76岁。他和我去杭州，是想了解浙江地区对古籍善本的普查以及工作进展的情况。那次，浙江图书馆的邱力成馆长专门接待我们。邱馆长1949年以前在四明山上打游击，是位老革命，后在浙江图书馆负责历史文献部的工作。他是个高个子，胡子也没刮，说话不紧不慢，有时还带点儿小官腔，但他很随和，没有什么架子，笑嘻嘻的，给人一种很容易接近的感觉，我们聊过几次就很熟了。由于当时正在筹备《中国古籍善本书目》的事，邱馆长就和我专门谈起关于培养古籍整理及版本鉴定专业人员的事。他问我："这方面的人才如何去培养？你怎么看？"他是很诚心地征求我的意见，因为那时浙江图书馆已经面临这方面的问题了。

我当时说了三条，是从我自己走过的路来说的。这三条，后来我在不同的场合都说过，包括在北京、台北。它们分别是：第一是自己要立志，主观上想学，甚至要把它当作一项事业去做。第二是要有好的导师，最好是一流的专家，他们实践经验丰富，可以从各方面指导你。第三是要有大量的善本书、普通线装书以及工具书、参考书可以看、查，而且要不断地总结。三条中缺一不可，而第二条、第三条是相辅相成的。邱馆长对我的说法表示同意，他认为浙江图书馆第二条没有办法解决。当然，没有好的一流师资，也是各大图书馆几十年来无法解决的问题，也没有人能说出自己的师承，所谓的"专家"也多靠自学努力而成。直至今天，国内的古籍版本鉴定似都缺乏一位能一言九鼎的人物，因为这20年内再也不会出现像徐森玉、顾廷龙、赵万里、潘景郑、冀淑英这样的大家了，包括他们的道德文章。当然，如今的台北，自从昌彼得先生走后，也呈现出一样的状态。

周余姣：老一辈的版本目录学家给我们留下了丰厚的学术遗产，他们也曾为版本鉴定人才的培养作出了很重要的贡献。您对哪一些版本目录学家印象较为深刻？他们为培养古籍版本鉴定人才做了哪些努力？

沈津：这几十年来版本目录学家写自己的心路历程者几乎没有，有的只是点滴，不成规模。我看过的最好的两部，一为昌彼得先生10多年前发表在台北《书目季刊》上的回忆录《病榻忆往——宗陶老人自叙》，可惜只刊发了两期就停了，后来台北另一馆刊又刊至第五期。另一部是周景良先生回忆其父亲周叔弢先生的藏书史实，是《丁亥观书杂记——回忆我的父亲周叔弢》吧！

20世纪初，我国的公立私立的图书馆相继建立，百年来在中国图书馆学界出现了不少知名的专家、学者，如缪荃孙、柳诒徵、沈祖荣、袁同礼、蒋复璁、刘国钧、皮高品、汪长炳、李小缘、姚名达、王献唐、屈万里等。20世纪30年代到50年代，在图书馆里成名的版本目录学家不多，北方的赵万里、王重民、冀淑英，南方的顾廷龙、潘景郑、瞿凤起、王欣夫等都是最为重要的人物。他们长期在图书馆一线工作，得天独厚的环境优势造就了他们扎实的专业水平，这种丰富的编目、整理、鉴定实践也就显得愈加珍贵。

如北京图书馆的赵万里，他是王国维的学生。1928年赵先生进入北平图书馆后，又佐著名版本目录学家徐森玉先生。周叔弢谈及赵万里时说："斐云版本目录之学，既博且精，当代一人，当之无愧。我独重视斐云关于北京图书馆善本书库之建立和发展，厥功甚伟。库中之书，绝大部分是斐云亲自采访和搜集。可以说无斐云即无北京（图书馆）善本书库，不为过誉。斐云在地下室中，一桌一椅，未移寸步，数十年如一日，忠于书库，真不可及。其爱书之笃，不亚其访书之勤。"20世纪90年代我写的北京图书馆的古籍善本概述也说及赵先生，他为了采访古籍，足迹遍及大江南北，在江苏、浙江、福建、广东等地为国家搜集了不少宋元旧本和明清罕见善本，我以为他是对北京图书馆贡献最大者之一。

我还记得20世纪60年代初，潘师景郑先生告诉我的事。20年代末他就开始买书，并与苏州藏书家邓邦述、徐乃昌、宗舜年、丁初我等人结识，晨夕过从，纵论今古，乐谈版刻，赏析奇书。30年代他又大事搜集乡邦文献，甚至与老辈收藏家角逐于书林，偶见奇帙，辄相争取。抗战期间，尽管物价腾贵，他仍在旧书店买书，总想多保存一些。他的眼光及鉴定能力都是从实践中获得的。他说，买书也要花"学费"，有时买到一部书，回家后一查，发现问题，甚或藏书章是假的，那就要去想自己为什么会上当，错在什么地方。如不当回事，那以后还会犯错。他说，经验就是从教训中得来的。这话一点儿没错，朴素至极。

早在"文革"前的20世纪60年代初，北京中国书店就请专家及老师傅们给年轻人讲课，也请过赵万里先生，授课时有油印讲义。1965年9月，天津市人民图书馆①的领导请周叔弢先生为图书馆的工作人员讲授"关于书的问题"。至12月，讲稿大致完成，又过10天，"善本"一节也写完了。次年1月，周将稿子交天津市人民图书馆征求意见，2月又寄给赵万里，并请他改正。赵有回信但增改不多。可

---

① 1982年，天津市人民图书馆更名为天津图书馆。——编者注

惜没多久，"文革"开始，此事就不再提了，那一年周76岁。可惜，周先生的稿子就"泥牛入海无消息"了。

20世纪70年代初，上海图书馆就将培养古籍整理及鉴定接班人的事提上了议事日程。当时的上海图书馆仅有300余人，经过"文革"，有些工作人员年龄过大，退休者较多，于是领导就向市文化局打报告，请求有关部门同意招收一批青年人来馆工作。1973年，上海图书馆就从上海长征农场招了50位青年人，经过办学习班培训后再分配到各个部门。我曾从这50人中挑选了4人到古籍组，其中两人为初中生，两人为高中生。其中一位后来成为上海某大学的教授、古籍所所长、博导，另三位也已退休。

周余姣：我国台湾地区的情况怎样？

沈津：像台北故宫博物院前副院长昌彼得先生、文献处处长吴哲夫先生都是老一代的版本目录学家，他们为培养新人作出了不少贡献和努力。即使是卢锦堂先生也还在为培养文献、目录、版本方面的人才而努力工作。乔衍琯先生也早就担心台湾这方面的人才培养，他有一本《古籍整理自选集》，里面就有一篇讲"培育版本鉴定人才"的文章。这4位先生，我都有接触交谈，谈得最多的就是昌彼得先生和卢锦堂先生了。

沈津与昌彼得

台北学者郭明芳博士告诉我:"台湾的古籍整理人才,我认为只限于学院内。30年前政治大学中文系目录学组只招了几年。21世纪初也成立了几个相关系所,其中台北大学古文献所,相关训练也最完整,但撑了13年也告终止。一般图书馆可能接收不到学院内古文献培养的人才(通常都是图书馆学系出身),最主要原因可能是图书馆所藏线装书不多,不受重视。"

要寻找好的导师,尤其是名师,有了名师就有了一个好的学习方法。凡是涉及中国文化的领域都是如此。比如说武术、书画、琴艺、棋艺、中医、烹饪等,这些名家只要一出手,你就知道正法正脉。旁门左道学来的不入流,还是名师的传承靠谱,他们的举手投足、一笔一画都有来历。所以要追随名师,访问高人,多向有德有道之人请教,多切磋,多学习,多体会。尤其是导师口头上的传授,在书本上是找不到的。

周余姣:您谈到要追随名师,可否也再跟我们谈谈您跟随顾廷龙、潘景郑、瞿凤起三位先生学习的经历?

沈津:近代以来,古籍版本鉴定人才的培养多是采用师傅带徒弟的模式,我就是在长期追随导师顾廷龙、潘景郑、瞿凤起三位先生的过程中成长起来的。我在很多时候都谈过他们对我的培养和指导,虽然他们倾囊相授,无保留地将多年积累的经验传授与我,但对我个人而言,要能适应现代社会的需求,还需要学更多。我以为培养古籍整理及鉴定的人才,首先上版本学、目录学的专业课还是很重要的。1975年上海图书馆就专门举办过一个古籍训练班,招收了上海市的大学图书馆、科学院系统图书馆、古籍书店以及上海图书馆古籍组的15位青年人。培训时间为一年半,授课老师请顾廷龙、潘景郑、瞿凤起先生和有经验的同事共 9 人担当,课目计 18 讲,其中潘景郑授有 6 讲,我授有 5 讲。当年的教材,合订起来竟然有一大本。

其次,我感觉到自己成长的过程,即过去传统的师傅带徒弟的方法,最令人受益的就是实践。20 世纪 60 年代初,我跟从顾廷龙先生学习版本目录之事,那时每个星期天上午 8 点半至 12 点,顾师和我都在上海图书馆的长乐路书库的办公室里度过,有不少时光是聆听先生讲过去的事情,如清末民初遗老的掌故,张菊老和叶葵老的旧事,北平沪渎的访书趣事。至于节衣缩食,穷搜坟典,勤俭办馆,更是记忆犹新。那时的我,小青年一个,求知欲极盛,又是"一对一"开小灶,所以听得如痴如醉。那时我已在顾师的指导下,在长乐路书库收集翁方纲题跋手札的资料,做写《翁方纲年谱》的准备工作。如今先生墓有宿草,不免颇有山阳邻笛之感。俱往矣,思之痛矣!

周余姣:您跟着这些学者大家在一起,主要做了哪些工作?

沈津:那时上海图书馆正在编纂《上海图书馆古籍善本书目》的初稿,我做的是最普通、最基本的工作,那就是根据善本书的卡片从善本书库里把书调出来。潘景郑、瞿凤起两位先生就根据书来核对卡片,看看原来的著录对不对,然后再用毛笔修正在卡片上。顾先生对我说,你要看原来的著录和现在的修正,尤其是版本项的认定,为什么要这么修正。所谓版本版本,就是多看而已,就像北京的琉璃厂、上海的旧书店,那些过去的小伙计,为什么会成为眼光不错的小老板?就是多看多记。每个时期的刻本都有不同的特点,尤其是字体、纸张,你必须记着它;什么书是很"冷"的、难得的,也就是以稀为贵,你大致上要知道。

所以,潘、瞿两位先生核对后的卡片我几乎也全部核对了一遍。

许多年后，在经过思考之后我才发现，这样的实践机会实在是不可多得。它是一种缘分，正是那次编纂《上海图书馆古籍善本书目》初稿的机缘，才让我将当时上海图书馆所藏的 1.4 万部善本书几乎全部经眼了一遍，从而打下了较为坚实的版本鉴定的基础。正是那次的机缘，使我在 10 多年后参与编纂《中国古籍善本书目》时不至于迷惘；也正是那次的机缘，使我在 20 多年后在美国哈佛大学哈佛燕京图书馆这座殿堂里，能够游刃有余地完成《美国哈佛大学哈佛燕京图书馆中文善本书志》。

周余姣：他们对您的要求还挺严格的。

沈津：对。顾先生还要求我学写毛笔字，也是为鉴定版本打基础，这种训练是今天的年轻人所没有的。他要求我每天临池一小时，写大楷、小楷。所以我早年临过多种碑和帖，临过很长一段时间的褚遂良、欧阳询的楷书。每临写一个星期，我就将所临的字呈给顾先生看，有时他会告诉我写字的要点。我写字的时候，顾先生有时就在我背后看，兴起时也会临帖一纸让我看。有一次，我无意中将毛笔字写得很小，他看见了，说这样的小字他也能写，说完他就写了"中国共产党万岁""毛主席万岁""精选乌龙水"，这一张小纸

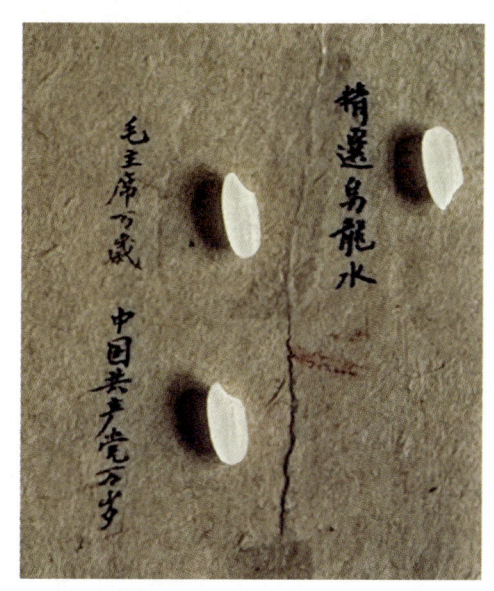

顾廷龙写的毛笔小字（字旁附大米粒以为参照）

我至今仍保存着。

为什么要学习书法呢？那是要让你体会到写一个字或是连写几个字都是一气呵成的，不会停顿，尤其是行书、草书，脑子里想什么，马上就写出来；临摹出来的字是不灵活、死板的，显得呆滞。版本鉴定中，刻本造假，多是割裂挖改，以残充全，或染色或钤假印等。而抄本、稿本、校本不易看，你要看熟各个重要学者、藏书家等人的字，比如翁方纲的字、黄丕烈的字，看熟他们的用笔，笔势的点捺与转折。所以过去旧书估们也怕抄本、稿本、校本，那是因为将真的看成假的，会懊恼不已，失去发笔小财的机会；假的看成真的，搞不好会破财。所以，对于搞版本鉴定的专家来说，一部假古籍，总是有破绽的，多看多思，慢慢地就辨别出来了。这关键就是要多看，多比对，真的假的都要看，还要不断去总结。所以，那时我不仅临帖，还抄过小本的书；不仅在善本书上钤馆藏印，还写过馆藏名人手札的书签等。

周余姣：我想，这样的训练对您个人的学术成长确实是大有助益的。

沈津：可以这么说吧。顾先生在 79 岁时曾写过一篇跋《吷庵自记年历》，跋中谈到当年训练我和吴织写字的事。有云："1958 年，四馆合并，设善本组，仅瞿凤起、潘景郑两君，年逾五旬，领导上考虑培养青年接班问题，因调沈津、吴织两年轻同志来组。余意从事古籍善本，必须能作毛笔小楷，因经常以小册分两同志抄写，此册其一也。今检阅及之，忽忽二十四年矣，补记数语，以告我后来青年同志。前三页沈津写，后九页吴织写。"

我在早年为了了解《四库全书》的编纂，曾专门读了一遍《于文襄公手札》，那是一册石印本。于敏中是当时参与编纂《四库全书》的重要官员，手札都是行书，我不仅读了，还将之全部抄录下来。这是我抄的第一本书，也是一种认字的训练。

对于认字，我还有一些体会，不妨说来供大家参考。不能单纯地为认字而认字，须带有研究性的眼光，在一个课题中认字。1961年，顾先生对我说："你每天都和古籍版本接触，这可以在工作中提高你的业务能力，但是你应该作一个题目，以后还应该作些研究，不能把自己框在一个圈子里。"顾先生要我作的题目是《翁方纲年谱》，并辑录翁氏的题跋和手札。翁是清代乾嘉年间非常重要的学者，著作等身，他的文集、诗集以及散存各处的题跋、序文、笔记、提要、手札等都比明清两代任何一位学者要多，所以翁的一生和贡献都很值得研究。我作的这个题目，既认了字，也产出了新的成果。

周余姣：我现在也在协助美国华盛顿大学东亚图书馆整理古籍，也体会到"认字"——辨识古籍上题写的文字是整理工作的前提，您以前是怎么跨过"认字"这个门槛的呢？

沈津：后来我就利用业余时间开始抄录各种影印本、石印本碑帖中的翁跋，继而扩展到拓本，包括宋拓本、明拓本，以及各种尺牍、佚文等，只要看见就抄。但是最难抄录的是台北文海出版社影印的翁方纲手稿本——《复初斋文集》文稿20卷、诗稿67卷、笔记稿15卷、札记稿不分卷。多年来，这部台北珍藏的善本因为原稿字小且密，又多行草，不易辨认，故从中探索者多望而却步，而整理引用者鲜见其有。所以，我在阅读并作抄录时，耗在辨字读句上的时间实在是很多的。后来我辑的《翁方纲题跋手札集录》收翁跋1300多篇，较之《复初斋文集》多出900余篇，而许多佚文都是录自文海出版社影印的手稿本。我以为这次"认字"的成果，在于这是已刊行的翁氏著作之外的最重要的一次辑佚，也是翁氏题跋之集大成者。

这几十年来，我曾见过不少明清以来的学者书札、题跋，但识认柳亚子的字却是非常不易。因为柳亚子的字像是天书——柳先生的字极为潦草，不要说一般人认不得柳字，就是柳自己也不见得认识。柳曾说："讲到我的字，那真是糟糕，从小就以恶书劣字出名的。""我的脾气太急，写字像冲锋一般，喜欢赤膊上阵，杀了一下，胜败不问，也就完蛋，管它写得像样不像样呢。有人说我的字是新柳字，又说有些像龚定庵。照我自己看来，只是扶乩和画符罢了。"他还常说他写字的毛病就是太快、太随便，倘若把字一个一个地剪碎了，连他自己也会不认得，这如何要得呢？所以说，柳的字突破了书法的藩篱而卓然一格。

1981年，我将上海图书馆所藏的柳亚子藏书中的柳跋全数作了整理，主要是抄录柳的书跋。我没想到的是，柳字是那么难认，我要猜上下文意，要去想，那可真是辛苦。我总共辑得270多篇柳跋，7万余字。我的体会是，在前进的道路上，要做点儿有难度的事，逼着自己向前。什么事都顺顺当当的，进步亦不快，体会也不深刻。所以认字这种作业，是忘却不了的经验，是别的书本上看不来的。这为我在版本鉴定上，尤其是在稿本、抄本、批校本以及各种题跋、题识字体及真伪的辨别上打下了坚实的基础。

周余姣：总体来看，您似乎很自然地就被导引到了版本目录学的领域，有没有走弯路的时候？

沈津：我年轻时也走过一些弯路，业余时间打乒乓球，已经混到了上海市黄浦区队，但晚上时时要训练，要参加比赛，搞得很疲劳。

顾先生就跟我说:"你不要去参加训练了,这种训练对你来说没什么意义,你打得再好,顶多进上海市队,那里强手如林,你打不过人家,但是搞目录版本学的又有多少人?"顾先生说的是对的,那时黄浦区队有个小家伙,每晚都来参加训练,有一次教练丁冠玉(国家裁判)叫我和小家伙对打,我根本就不是他的对手,差得远了。几年后,我才知道,小家伙后来去了北京八一队,再后来国家队,一直打到世界冠军,他就是李振恃。顾先生说了没多久,我就放弃了乒乓球的训练。

20世纪60年代初,我喜欢看长篇小说,那时候的小说有《青春之歌》《红日》《苦菜花》,各种各样的我都看,看得也快。顾先生知道后,对我说:"你不能这样,将来这些小说拍成电影,你只要花一个半小时就能看完一部,现在你把时间用在看小说上面,太浪费时间了。"我一听,马上停,及时刹车是对的。所以说"师父领进门,修行在个人",有严师的督促,我才有进步的可能。

周余姣:这么说来,顾廷龙先生等前辈师长对您的个人影响非常大。

沈津:是的。古籍整理和版本鉴定要靠实践,也要靠导师讲课的案例。实际上,一个人从小学到高中,再从大学到研究生毕业,这10多年或近20年,都是在不同老师的教导下成长起来的,知识面逐步从广博到专题研究,而真正对你有影响的导师可能就是你在读研究生的时期,也就是一至数位导师,这或许是你在专业上逐步打基础的时期。在走上工作岗位后,你面对的可能就是独当一面。然而在版本目录学这个领域,你或许只有皮毛般的知识,因为在大学时期实践的机会少得可怜,你必须在图书馆的古籍版本这样一个书海里游弋个一二十年，付诸大量的实践，方可获得这方面的真知。

  导师的重要，就在于他告诉你的有很多是书本上没有的东西，是他过去的实践，以及长期积累的经验，尤其是他们晚年所说的，多是早年见过的东西。老话说"棋高一着""姜还是老的辣"。1982年冬，我和几位同事为《中国古籍善本书目·史部》中一些必须看到书才能解决的问题，随侍冀淑英先生去山东济南。在山东博物馆看书时，有一部书原定宋本，我看后觉得似乎没问题，但谨慎起见，又拿给冀先生看，请她定夺。她翻了下说："你再看看。"就这4个字，其他就没再说什么。我再定睛细看，真看出了问题，字体、纸张、韵味都到不了宋代，后来就改为明初刻本了。

  周余姣：确实是"行家一出手，就知有没有"，有时来自前辈学者的一点儿点拨，就能让人豁然开朗。

  沈津：目前，国内有几所大学设有图书情报学系，有的也设有古籍研究所，现在也有你们的古籍保护研究院等，但培养的人才与图书馆通过实践培养的人才还是有些不同。顾廷龙先生在1988年3月18日给我的一封信中专门谈到了此事，他写道："我从天津开会归后，即承任继愈馆长由冀大姐陪同降舍，谈培养问题。任公即言要像对你培养这样来培养点研究古籍人才。你与吴织同志实皆自学成才，我何敢贪天之功以为己力？你信中亦以你的成绩与我联系，增我汗颜。与任公谈话中，他感到我们不能'礼失而求诸野'。闲谈之后，我颇兴奋，就再写了一封信给他，补充了一些事。回忆当年上级领导的支持，可以说十分信任的，我亦比较大胆。现在自顾年迈废学，又不适应于新环境，但是总感到古籍不能任其散亡，古籍数量上是不会大发展，而古籍整理工作是要大大发展。古籍工作者要大大培养，真不能

古籍版本鉴定人才的培养——答周余姣问

津弟：

接奉手书，不胜欣慰，附寄美国世界宗教研究院和国书馆的信，读了很高兴，足见你访问二年成绩卓越，誉满中外，可喜之已。

我从天津开会归沪，即承任继愈馆长由嘉业堂陪同莅舍，谈培养问题。任公即以言为寄，对你培养这样未培养过的古籍研究人才，你与吴织同志实告自学成才，我哪能会天之功以为己力？你信中以你的成绩与我联系，增我钎额，与任公谈谈中，他感到我不够"礼失而求诸野"。闲谈之后，我颇兴奋，就再写了一封信给他，补充了一些事。回忆当年上级领导的支持，可以说十分信任的，我亦此特大胆。现在自顾年迈肯堂，又不适应于新环境。但是总感到古籍不能任其毁正，古籍数量上尤不会太发展，而古籍整理工作更发展。古籍工作亟待大大培养。其人皆不停，会我们的工作与吾研究所和国书馆学术的大不同。真不能"礼失而求诸野"啊，是特望你继而为之。

顾廷龙谈培养古籍版本鉴定人才事

'礼失而求诸野'啊！人皆不体会我们的工作与古籍研究所和图书馆学系的大不相同，是将望你们继而为之。"可见当年两位中国图书馆学界的大佬对培养图书馆内古籍版本目录学的人才是非常关心的，这些也都在他们的考虑之中。

现在你去问一些单位的版本鉴定专家当年有无这方面的师承，我相信，很少有人会说指导自己研习版本目录的导师是谁，他们最多告诉你他们在大学里的专业及导师。但是他们多通过在图书馆工作及自身的努力，而获得这方面的知识。还有一种是虽无师承，也不在图书馆里工作，但自己相当努力，完全是在实践中去获得真知的，像王贵忱、黄永年、黄裳、韦力、王德等都是。

周余姣：如果现在不能像您一样有这样好的师承学缘关系，青年学者还能成为高级的版本鉴定人才吗？

沈津：我以为在古籍版本的专业领域里有三种人可以成才：一是大图书馆里的专业人员，二是私人藏书家，三是书店（包括拍卖行）里的从业人员。三者之中，大馆中成才的条件是后两者难以达到的，那是因为省市一级公共图书馆里的古籍资源丰厚，宋元秘籍、明清雕本、名稿精抄，应有尽有，那是几代人为之搜集而成规模的。在图书馆古籍部、特藏部或历史文献部的工作人员，近水楼台先得月，可时时请教有经验的前辈，再勤看多查，以增加实践经验并积累知识。即使是生手，经过二三十年的训练也可能会成为专家。

前些年，某出版社出了一套"中国版本文化丛书"，一整套10来本，什么宋刻本、元刻本、明刻本、清刻本等，其中有几本内容有一定重复，质量欠佳。但是有一本《佛经版本》非常有意思，一般人不大会去看，那是李际宁写的。李际宁在中国国家图书馆善本部工作，他对那些佛经，尤其是敦煌写经、佛经大藏，以及一些单刻佛经版本都作了非常深的研究。

过去研究中国佛教史的几位权威，包括一些大和尚，他们都有著作，里面也都涉及佛经的一些版本，大量地征引文献资料，但他们并不一定能够看到实物。而李际宁却把在日本寺院、内阁文库、静嘉堂文库、京都国立博物馆、京都大学，包括一些私人收藏家手里所看到的各种佛经版本，尽可能地用手里省下来的钱，去复印并拍摄了不少重要的国内没有入藏的佛经版本，把过去的历史文献和现在的实物全部结合起来进行比勘、研究，所以他写得较别的学者透彻。因为他比别人看得多，再加上勤奋，所以他写他所知，并能说出个所以然，而难就难在这所以然上。所以一整套丛书，我最为看重的就是这一本。

民间藏书家在工作之余，玩玩古籍善本和一些有特色的古籍也很有意思。这类藏家人不多，他们对古籍的鉴定能力大多是靠自己的刻苦钻研而得来，虽然没有师承，但他们会时时请教前辈和同行，尽可能地避免识错。同时，他们又有较雄厚的经济实力予以支持，再加上眼光和魄力，他们肯花较多的钱买自己想买的书。我有一位朋友，凡古籍版本的拍卖会，他必会参与，白天看书作笔记，晚上则细查。哪天不摸书，吃饭都不香，真是迷了。有的藏家甚至还能在自家的藏品中选一些作研究，并有研究成果出版，这就比一般的玩家高一个层次了。他们肯花大量的时间扑在上面，从不吝啬。我以为，这种藏家和作为投资而短暂收藏者不一样，他们在很大程度上有一种很强的自我追切感。这种实践最能加快人的成才，而且他们的鉴定能力绝不亚于公共图书馆古籍部门的专业人员。这种能力也绝非 10 年内能够达成，因为这是知识和实践再加上时间的不断积累。可以想象，这种藏家再过一二十年，或许就是这个领域中的领军人物了。

周余姣：好像韦力先生就是您说的这种类型。

沈津：韦力是国内最为重要的藏书家之一，也是藏书界的代表人物，他的收藏不仅仅是数量大，质量之好也使我惊讶不已。我看过许多家图书馆的善本书库，美国的国会图书馆、重要的东亚图书馆，国内包括中国国家图书馆及不少省市级公共图书馆、大学图书馆，还有我国香港、台湾、澳门的图书馆善本书库，我都曾涉足。但在韦力的芷兰斋，却是芸帙盈屋，雅静整洁，不乏佳本，入之让我油然产生一种错觉，真似刘姥姥进大观园般。他知道我对他的那些宋元佳椠、明清精本都不感兴趣，所以他拿的都是名家抄校稿本，我看了10余种。还有潘景郑师送给郑逸梅的清中期吴中学者、藏书家的手札十数通，每人都有潘先生写的词一首，写得满满当当。还有几种"奇怪"之书，是我从事版本目录50多年来从未想到过的"怪书"。后来在晚上的饭局上，我说我过去写的有关版本的文章，看来有些内容要改写。韦力的鉴定能力很强，这是他多年来实践所致。我曾对有些朋友说："再过20年，重新看韦力。"

王贵忱先生也是一例。他是文献学家、版本学家，岭南地区的"大佬"，藏书亦不少，和我是忘年之交。他的书法有唐人写经味道，耐看。有一年，他曾给我写过一副联句，精妙至极。贵老亦是博古通今、谦虚谨慎的长者，92岁的人了[①]，思维仍很缜密，对古籍版本的鉴定能力也极强，与他交往，得益颇多。有一次，他坚持要来中山大学图书馆看我，我怎么挡驾也挡不住，情急之下，只好请同事取书一种，暇时请他审定。那是一部有书价钤印的书，是《宋李忠定公全

[①] 王贵忱先生已于2022年10月26日去世。——编者注

集》4卷、《奏议》15卷、《文集》29卷（宋李纲撰，明左光先选，李春熙辑），明末刻本，扉页上钤"秘府奇书定价壹两"印。贵老坐下寒暄不久我即说："请您看看好玩儿的书。"谁知他

沈津与王贵忱

取书手上，打开扉页一秒钟，即脱口而出："这是一部明末刻本。"我赞叹老先生的敏捷，那本书确是明末刻本，扉页上的文字是蓝印的，内容涉及书的广告词、出版者、出版地，另有一方明末木质方形书价钤记，很稀见。能在一秒钟内说出一书之版本，是因为能辨识那时古籍的独特"气息"。这可不是数年之功可达成的，如今国内能有此功力水准者，已不多见。那天，老先生也带了几种书让我欣赏，我们谈了不少。

周余姣：他们都有一个共同的特点，就是经眼的古书多。

沈津：是。书店（包括拍卖行）的从业人员，也有一些人的鉴定能力很强。早年在旧书店里做伙计出身的小老板很多，他们大多文化程度不高，有的仅读过小学、初中，但自己做伙计时很努力，勤记、细听、腿勤、动脑子，就是翻书时长一个心眼儿。当时也有一些老板不大讲鉴定的窍门，就怕他们"偷师"，所以不少小伙计对某书之优劣、版本之异同等知识更多的是从去店里买书的学者那（或去学者家

送书时）学到的，有的是通过同行间的交流获得的。因为那是他们将来吃饭的本钱，所以他们也就特别用心。

过去北京琉璃厂的通学斋主人孙殿起，是位很有心的人。他在贩书的同时，又将经眼的书作了很详细的记录，结果编成了《贩书偶记》《贩书偶记续编》。他有一篇《贩书传薪记》，记载了当年琉璃厂各书肆从业人员的传承。他说："贩书事虽微细，但亦非如他项商业，将所售物品预备整齐，以供出售，即谓毕其事。盖书籍与字画文玩，历史悠久，每件物品，各有其供应价值与方向，又不仅善于应对顾客也。例如供应一书，书中内容，需要明了，书之版本优劣，亦须清楚，要在平日多看版本，多听内行人讲说书之内容，多向顾客虚心领教，积年累月，经验多，始有判断能力，此非一朝一夕可以骤至，需赖业师指授，方能胜任也。"北京的旧书业就是靠师傅带徒弟的方式，一代一代地传承，这在《贩书传薪记》中可以看得很清楚。

书估也有他们的历史，从做挑担的小贩到有自己的门面，从拜师做徒弟到自己做老板，店铺或许也是从摆摊到有小门面，再到大开间，甚或在外埠有分店。总之，由小变大，由伙计熬成掌眼，到手下有助手若干，也是一段艰辛的历程。这种历程就是实践。书林中有才能的人不少，我过去读郑振铎1951年9月26日致徐森玉函，信中说："郭墨林及郭石麒在沪均甚窘，此二人皆不可多得之人才，先生深知之，不知有办法延揽之否？"二郭都是贩书经验十分丰富的能人。

周余姣：传统意义上的"书估"现在很少了吧？我们的社会已发生了很大的变化。现在古籍拍卖公司是不是也出现了一些版本鉴定人才？

沈津：如今时代不同了，没有过去的土壤、温床了，从业者收得的古籍数量极其有限，加上物品的转换，又缺乏高手指导，所以成才更难。这只要看拍卖行的图录及某些拍卖公司拍卖大宗藏书前没有自信，而只能以某种手段邀得图书馆专家介入①，即可见一斑。至于有些古籍图录中的手札等物，多真赝参差，鱼目混珠，真叫人看不懂。

但亦有极特别者。记得有一年，我在上海某大酒店里观看北京某拍卖公司的一场拍卖预展，同时亦见到了公司的负责人之一，我们就善本书事聊了起来。我说，贵公司为什么只做字画、钱币、邮票和其他文物，却不做古籍善本呢？他说，没有这方面的专家，懂行的很难物色到，而且货源也不容易去找，所以条件不成熟，也就以后再说了。由此，我们又谈起了人才的培养和有关的出版物。我说，现在有些善本图录印制、装潢都好，但无专业人员把关，所以错误总是存在。我举的例子是《浙江图书馆馆藏珍品图录》第一种版本即错，上海图书馆的《馆藏精选》第一种宋本书影却是抄配的一页。我说，我忘记那部宋本的书名了。谁知某先生马上说，那部书的书名是《春秋经传集解》。这使我为之一惊。我以为如不是细读《馆藏精选》且有心得者，绝不能即刻说出书中所摄某书之书名，某先生绝非一般人物。

我这个人有好奇心，当晚即打电话给北京的朋友，询问某先生的底细。朋友告诉我，此公也是一位藏书家，较低调，有实力，收藏品不多，但质量高，每遇一善本，即细查各种参考书、工具书。在台北时，为了一书之版本，他还会跑去核查其他善本书，非要弄个明白不可。原来，某先生真是在古籍善本上下功夫的人。

---

① 这种鉴定实质上是为拍卖公司站台、背书。

周余姣：可以看出，在您眼里，版本鉴定人才的实践经验非常重要。

沈津：确乎如此。记得1992年4月底，我应哈佛大学哈佛燕京学社之聘任访问学者。那次是我在美国波士顿第一次买房，房地产的中间人告诉我说，买房的要点，第一是location（地点），第二也是location，第三还是location。所以，对于培养古籍版本鉴定的人才，我以为那就是第一是实践，第二也是实践，第三还是实践。也只有实践方能出真知。总之，要想成才，必须有高手指导，积之有年，有大量的实践方可。

有一位在国学上很有造诣的学者叫南怀瑾，他曾说："技在手，能在身，思在脑，从容过生活。"学习版本鉴定并无捷径，非经岁月浸淫不能成器。你想急于求成，恐怕不能达你所望。潘景郑先生和韦力兄一样，他们收藏的每一部书都是他们所经手的，都要经过认真查核，翻看大量的参考书及各家书目，这都是付出"学费"的一部分。

我以为培养图书馆里的版本目录专才，也应该放到大环境里去培养训练。要想大量地经眼古籍善本，只有一个前提，即有一个大型计划（或是说目标、工程）的实施，如编一部馆藏善本书目，编一部专题目录或大型图录。书店从业人员能看到大量各类图书，那是他的职业，是由他的饭碗所决定的。图书馆做事不能从卡片到卡片，或是通过计算机检索，只相信编目人员的输入，而是要讲实例，有系统地去讲、去实践。

周余姣：我们知道在您的学术经历中，非常得益于参与《中国古籍善本书目》的编制，这也是一个"大实践"，是吧？除了"大实践"，日常工作中的实践还需要注意哪些方面？

沈津：是的。20世纪70年代末，周恩来总理指示要尽快把全国古籍善本书目编出来。这之后，全国图书馆界都行动起来，投入到这一大工程中去了。那时许多图书馆专业人员不足，需要培养。

《中国古籍善本书目》主编顾廷龙先生在《中国图书事业的一项伟大成就——〈中国古籍善本书目〉追记》中写道："当时的情况不像现在，古籍编目人员十分缺乏，水准参差不齐，工具书不足。例如，苏州的西园藏经楼有大量的佛经，苏州市派出了三个不懂版本的同志前去做著录、鉴定工作。他们认真学习、刻苦钻研，渐渐从不懂怎么做，到比较懂了。东北三省整理鉴定古籍的人员原来就不多，绝大多数图书馆都没有专业人员，或者有，但已改行离开。因此，要做好善本总目编辑工作必须充实专业队伍。在有关领导的支持下，专业队伍扩大并组织起来。以辽宁省为例，原来专业人员不过六七个人，渐渐地超过了40个人，是过去的7倍。其中辽宁省图书馆原有古籍线装专业人员4人，后来有12人，旅大市①图书馆过去只有3人，后配备8人，其他图书馆过去一般都没有专业人员，现在凡是有古籍善本书或线装书的图书馆都配备一至四五人。吉林、黑龙江两省情况也大体如此。并在哈尔滨办东北地区古籍善本学习班。一次学习班有学员50余人，都是东北三省的省、市、地和部分大学图书馆的在职专业人员。北京图书馆的冀淑英、中国书店的张宗绪、吉林大学的罗继祖等5位同志讲授版本、目录、工具书使用、校勘、辨伪、印章等方面的知识，并印发了有关的工具书。经过半个月的紧张学习，每个学员都感到收获很大。"

---

① 旅大市是中华人民共和国成立初期的一个行政区划名称，位于今辽宁省大连市，成立于1950年，撤销于1981年。——编者注

当然，除了参加全国性项目的"大实践"，还需要一些日常实践。所谓日常实践，就是在日常工作中多接触古书。实际上你什么版本都要看，善本书、普通古籍，只要有机会都要看，不要以为光看善本就可以什么都知道了。其实普通古籍里有许多书是你必须去了解的。就从版本来说，清代乾隆以后的嘉庆、道光、咸丰、同治、光绪、宣统，刻本多多，还有民国时期的刻本，至于那段时间里的活字本、版画、套印本、抄本、稿本等，又不知有多少，而有价值的文献，还须更进一步地去发现、去利用。

在一些大图书馆里，有些不错的善本书也会流落到普通本书库里呢。我过去在上海图书馆普通古籍书库里发现了《四库全书总目提要》残稿24册，在美国哈佛燕京图书馆地下室的普通本书库里挑出了清人何绍基批本《复初斋文集》等善本20余部。在美国国会图书馆，我除了在普通本书库里挑选出七八百部善本外，还在他们存放了数十年的未编古籍中编了200来种善本书。而你如果要作题目，要写一篇善本书志，也一定要到普通古籍中去查找有用的资料。有些图书馆的设置很好，比如古籍部，馆方把善本、普通古籍分开放置在不同的房间，或距离不远，那查普通古籍中的资料就方便很多。个别大馆资源丰富，善本、普通古籍分处两地，路上都要费去一些时间。

在图书馆，日常实践还主要表现在为古籍编目上。这个编目过程涵盖了每一种书的书名、卷数、作者、版本、册数，也就是说你要去核其目录、读其序跋、识其装帧、验其纸张、辨其钤印，去核查残缺还是全帙，甚或抄本之新旧、稿本之真伪。至于查证前人书目之著录、翻阅学者之研究成果，以及各种工具书、参考书，你都要花时间去细查。每天编一种乃至数种，而且都是不一样的书，持之以恒，累积数年，我相信你的鉴定能力一定会大有提高。如果在编目实践中，你能提出问题，或者指证前人之著录错误，那就说明你有进步。

除了这种实践，还必须去作一个大题目、若干个小题目，这不仅是在作研究，而且也是在锻炼你的写作能力，以及熟悉大量的工具书、参考书，掌握查书的技巧。

周余姣：您说得非常有指导意义。除了多实践，一些良好的个人学习方法和工作方法是不是也很必要？比如王重民先生、赵万里先生在看善本书时，都做了大量的提要、笔记。

沈津：对，要多作笔记。我有时候特别看重的是什么呢？说出来或许大家不相信，我特别在意的就是冀淑英（《中国古籍善本书目》副主编）的那些小笔记本。冀大姐是位了不起的人物，她是真正的版本目录学家，性格耿直，工作认真负责。那个时候我们都在为《中国古籍善本书目·史部》的复审工作而集中在上海，有好几年我们都在一个办公室里，办公室里还有顾师廷龙先生（主编）、潘天祯先生（副主编）、潘景郑先生（顾问）、沈燮元先生、任光亮先生。我就看到冀大姐一直在记笔记，她把她翻阅卡片时发现的问题都写在她那个小本子里，都是工工整整的字，她的字从来都不潦草。她记有她的道理，这些问题零零散散的看不出什么来，但经过她的整理，和过去的想法拼起来以后，就可以成为一条链子，就可以看出个所以然来。所以这些小本子非常重要。两年前，我去过一次北京，在国家图书馆的一位朋友处又见到了冀大姐的不少小本本。

有人或许会说，这种笔记本算什么呀？实际上学者在其治学道路上大都有自己的读书学习笔记，随时随地将自己读书所得的重要段落甚或是有所感的心得，录于小本或纸片上。学者们为了作研究，搜寻材料，有所思考及记录，多是利用纸笔，勤奋动手动脑。我们说几种很重要的书吧,你看宋代王应麟的《困学纪闻》、明代胡应麟的《少室山房笔丛》、清代钱大昕的《十驾斋养新录》、民国年间胡适的《藏晖室札记》等都是笔记类的典范,于后人治学多有裨益。

顾老也曾告诉我,一定要勤作笔记。我在他身旁工作了整整30年,时时看到他从口袋里掏出小笔记本来记什么。在20世纪70年代中,我随侍顾老去杭州的浙江图书馆、宁波的天一阁看书,70年代末去四川成都杜甫草堂、三苏纪念馆,以及在乐山大佛寺讲课,他都有小本子随身。2002年,我在做《顾廷龙年谱》时,搜集了大量的资料。那时,我在北京北苑、上海淮海中路先生的住宅里看到了数十册小笔记本,那熟悉的笔迹,又一次引发了我的感慨。我在顾诵芬院士的帮助下,复印了许多我需要的材料。《顾廷龙年谱》中的大量材料都是第一手的,包括日记、信件、档案,而小本子里的随手所记,正是其他地方或书本上所没有的内容。这也是顾先生平时将他所看到的书或他有兴趣的东西作的记录,以作"备忘",有的就写有年月日,而这正是我最需要的。

顾先生曾写有一篇《读书要勤作笔记》,里面说道:"古人读书作笔记,以免过后遗忘。这类著作,在古籍书目编在子部。宋代以来,名著甚多,明清尤盛,近人所著亦多精粲,如宋代王应麟的《困学纪闻》、明代胡应麟的《少室山房笔丛》、清代顾炎武的《日知录》、钱大昕的《十驾斋养新录》、王念孙的《读书杂志》、洪颐煊的《读书丛录》、宋翔凤的《过庭录》、吴承志的《横阳札记》,近人如胡适的《藏晖室札记》、顾颉刚的《顾颉刚读书笔记》等。笔记中往往记下自己的读书体会,有时也涉及书本以外的所见所闻。古人说:'日知其所亡,月无忘其所能。'顾炎武的书名,殆即此意。我很羡慕他们的勤勉。我虽亦作过一点儿笔记,但作辍无常,这是一大毛病。友人杨宽在20世纪40年代曾劝我写笔记，岁月久长，必有可观。可惜我无常性，未能实践，断断续续，悔已莫及！但翻翻几十年前所记点滴，如逢久别之老友，平添兴会。翻阅旧录，有时颇觉新鲜。"我作笔记有一个毛病，就是摘录原文往往不校，但到引用时，发现有笔误、有脱字，又失记出处，殊深遗憾！我在此说一下，以告同好，免蹈我的覆辙。

周余姣：作笔记的重要性我很认同，章学诚在《文史通义》中说："札记之功，必不可少；如不札记，则无穷妙绪，皆如雨珠落大海矣。"

沈津：我不知道你有没有读过顾颉刚先生的《顾颉刚读书笔记》，那套书我是在香港中文大学图书馆工作时读到的，20多年前的事了。记得新书还未编目，我就迫不及待地翻阅，每册都夹了不少小条，后来我找了个机会，将我感兴趣的内容全部复印下来。颉刚先生几十年来所存的笔记共积累了近200册，计三四百万言，他以为要注意零碎资料与系统之知识，他说："凡是人的知识和心得，总是零碎的。必须把许多人的知识和心得合起来，方可认识它的全体。笔记者，个人至琐碎之记录也，然以其皆真实不虚，故其用至广。以小说史言之，有俞樾之《小浮梅闲话》等，于是有鲁迅之《小说旧闻钞》，于是撰小说史者得有基础之材料。以经学言之，有臧琳之《经义杂记》等，于是有蔡启盛之《皇清经解检目》，于是欲综合历代经说求出一结论者得有基础之材料。必有零碎材料于先，进一步加以系统之编排，然后再进一步方可作系统之整理。若大家说我要系统之知识，但不要零碎的材料，是犹欲吃饭而不欲煮米也，乌乎可！"

这些年，我曾时常翻阅旧时笔记，笔记所载多是20世纪60年代初到 80 年代末所见善本图书的记录，尤其以 1978 年至 1985 年者为多，盖其时参与《中国古籍善本书目》编委会的初审、复审、定稿时所记。其中有些记录是在审校善本图书以卡片核书时发现的问题，有的是根据复印件或照片作出判断的不同版本特征，有的是请教顾师廷龙、潘师景郑、冀淑英等先生后所得。当时随手作的记录中，涉及书估作伪、著录错误、著录不妥的较多，这在今天看来，或许对有些研习版本鉴定者或图书馆专业人员有些借鉴作用。反之，如若当年不及时记录，那也就烟消云散，记忆不再了。

　　我们还可以举陈乃乾的例子。民初，陈先生在上海 10 多年，江南各大收藏家如黄彭年、沈德寿、莫友芝、缪荃孙的藏书散出，陈都经手其事，对所有古籍虽经眼但未曾记录。陈后来说可惜都已云烟过眼，只能用"叹憾"来表达了。直到 1930 年，吴引孙的测海楼藏书为书估王富晋所得，陈又有机会全部经眼，为免后日之追悔，这一次他详记每书之行格、序跋、版本、钤印、价钱、函册等，真是给后人留下了考订之资。所以他在《测海楼旧本书目》序中说："二十年来，若四明卢氏、独山莫氏、江阴缪氏诸家之藏，先后星散，无一不经吾眼。事后追维，恍同梦影。今于吴氏书，乃得握管而记之，而江南藏书之家已垂垂尽矣，则是编者，亦不过雪泥鸿爪之留而已。"

　　周余姣：您给我们介绍了这么多有益的经验，我相信当代的青年学人会很受启发。

　　沈津：对于新手来说，机遇很重要，但选择更重要。不是说"长江后浪推前浪，一代新人换旧人"吗？这当然是亘古不变的自然法则，但是这个法则很多时候在少数领域又未必有效。很多人都知道，在美国好莱坞，一部商业电影的成功取决于三个要素：名导、名编、明星。中国也是一样。很多人对电影中的明星可以叫出一大串，此外还产生了什么追星族、粉丝。但是，这个圈子被认为是更新换代速度最快的，你看像电影业的赵丹、白杨还会再出现吗？就像我们这个小小的版本目录学领域里，还会再有徐森玉、顾廷龙、赵万里、冀淑英、潘景郑这样一言九鼎的人物吗？或许要再过10年、20年。让我们拭目以待吧。

周余姣：请您为正在从事古籍保护的工作者和青年学子提供一些人生建议。

沈津：我以为对于版本鉴定的专业人员来说，在埋头实践的过程中还要有自甘寂寞、不诱于物的修养，不让外界争名夺利的浮躁之气来干扰自己。如若能做些愚拙的功夫，锲而不舍，积年累月，必有所得。古人云："聪明睿智，守之以愚。"宋代朱熹也说："大抵为学，虽有聪明之资，必须做迟钝工夫，始得。既是迟钝之资，却做聪明底样工夫，如何得！"（《朱子语类》卷八）所以只要有恒心，有耐性，是一定会有收获的。反之，如若贪求近功，急于求成，则很难取得成就。

一个人的生命有限、眼界有限、知识有限，不管你在学术上有多么高的造诣，也必须牢记：纵横苍茫，天外有天，千万不能恣情率性，为所欲为。世界是属于年轻人的，但是年轻人去争夺世界也是需要时间的。培养版本目录学的专门人才，使之后继有人，是一件不易之事。对于图书馆来说，面对深厚的中国传统文化，这些古书资源也必定要有人整理、编目、鉴定、保管，如若无真正懂行之专业人员，那是说不过去的。所以，专业人员要抓住机遇，有所选择，努力学习，不断进步。千万不要想走捷径，更不要去做不道德的剽窃抄袭他人成果之事。

我想用张舜徽的话来作为此次谈话的结尾。这是他写的《致友人论图书馆事业在国家建设中的地位和作用》中的一段话："就主持一个省级的或国家级的大型图书馆的人选来说，非有渊博的学识，卓越的见解，不足以胜任。事实告诉我们：过去老一辈在图书馆事业上做出了成绩的人，如张元济之于东方图书馆，柳诒徵之于盋山图书馆，徐森玉之于北京图书馆，王献唐之于山东图书馆，都以绩学之士，主持其事达几十年之久，在收聚遗籍旧刻、保存文化遗产中作出了不小的贡献。另一方面，他们又通过实际工作锻炼并培养了一批有用人才，继起为国家服务。因而图书馆中出现不少精通版本、目录的专家。他们是从工作实践中取得的知识，较之一般大学毕业单从书本得来的知识，更为深入而可靠。"

周余姣：今天您的谈话让我们深获教益，非常感谢您接受我们的采访！祝您身体健康，新年愉快！

注：上文原以《鉴往知来　作育英才——谈古籍版本鉴定人才的培养》为题刊发于《古籍保护研究》2020年第2期，收入本书时内容略有修订。

藏书圣地，无论西东
——答周慧惠①问

[**周慧惠按**]：沈津先生是我国著名的文献学家，他任职上海图书馆时，师从著名版本目录学家顾廷龙先生，后来担任美国哈佛大学哈佛燕京图书馆善本室主任。他在哈佛燕京图书馆工作了近20年，经眼了无数古籍珍本，撰写了400多万字的《美国哈佛大学哈佛燕京图书馆藏中文善本书志》。这部学术著作在文献学界掀起了"哈佛模式"这一热潮。沈先生除了大部头的学术著作之外，还写了很多有关古籍善本的学术随笔，比如《书丛老蠹鱼》《书海扬舲录》《伏枥集》等。我们一般说学术著作、学术随笔不容易成为畅销书，但沈先生是例外，他的每一部随笔都有很高的销量，拥有大量的读者。所以我们今天非常有幸，请到业内非常著名的、值得我们敬仰的一位先生，来跟我们《Tianyi Talking》栏目进行连线。

周慧惠：沈先生好，我有很多问题想问先生。先生在美国生活、工作了近20年，据说美国有60多个东亚图书馆收藏中文古籍，那么想请先生谈一谈其中有哪些是非常著名的收藏汉籍的重镇？

---

① 周慧惠，天一阁博物院古籍地方文献研究所研究馆员。——编者注

沈津：在美国，一些很著名的大学往往都有一个东亚图书馆。像这样的东亚图书馆收藏的无非就是中国、日本、韩国、新加坡、菲律宾、越南等国家的图书，也包括其他的一些文献，如图片、影片等。凡是有关东亚的，都在它的收录范围之内。东亚图书馆在美国数量较多，但著名的很少，一般都在重要的大学中，比如哈佛大学的哈佛燕京图书馆、哥伦比亚大学的东亚图书馆、加州大学伯克利分校的东亚图书馆、芝加哥大学的远东图书馆、普林斯顿大学的葛思德东方图书馆、耶鲁大学的东亚图书馆、康奈尔大学的华生图书馆，以及西雅图华盛顿大学的东亚图书馆等。

但如果说是"重镇"的话，可能主要是从收藏的数量和质量上来说的。中文古籍分两种情况：一种是古籍善本，即珍贵的、难得的、稀见的那些中国古书；另一种就是普通线装书，往往都是一些清代乾隆以后的木刻本或抄本。从数量和质量上来说，首推的可能就是哈佛燕京图书馆，这一点可以明代刻本为例。哈佛燕京图书馆的中文善本书有4000部，这个数量是很多的，其中明刻本有1500种。其他一些学校，如加州大学伯克利分校只有800部左右；普林斯顿大学葛思德东方图书馆非常有名，但它的明刻本全部加起来只在1100部左右；芝加哥大学则是400部；其他的像哥伦比亚大学都只在1000部左右。耶鲁大学的名气非常大，但它西文文献古籍多一点儿，中文善本只有65部。

这样一来，如果要提"重镇"的话，从数量和质量上来比较和分析，可以说还是哈佛燕京图书馆。当然其他的像美国国会图书馆，它的收藏也非常厉害。它的起步很早，应该说在清朝中期，也就是嘉庆以后，它和清廷开始作政府间的图书交换，它有它的历史。美国国会图书馆经过几十年的努力，尤其是1949年之前，它从中国收集的各种文献数量非常之大。很多人对美国国会图书馆的了解往往只是在面上，看不到内涵，因为进不了书库，只能从表面的东西来写文章。美国国会图书馆的东西也确实可以和哈佛燕京图书馆相颉颃、相媲美。所以在美国来说，一是美国国会图书馆，二是哈佛燕京图书馆，这两者是比较重要的。

沈津在哈佛燕京图书馆参考阅览室查书

周慧惠：那就是说，在北美收藏汉籍的重镇里边，"双子星座"就是哈佛燕京图书馆和美国国会图书馆了。

沈津：可以这样说。哈佛燕京图书馆在中国非常之有名，是因为它每年都会吸引中国内地（大陆）、中国台湾、中国香港，包括日本、韩国的一些学者到美国来访问，或是短期，或是长期。长期的是一年，短期的往往只有三个月或半年，它会资助这些人到美国来作研究，国内有很多人都会来。

周慧惠：然后学者们就到哈佛燕京图书馆来查资料。

沈津：对，这是他们必到的一个地方，因为图书馆那么多的文献书籍都是对他们开放的，从来没有任何隐瞒。

周慧惠：据说哈佛大学作为世界上著名的学府，有将近100个图书馆。

沈津：哈佛大学过去大概有 90 多个图书馆，隶属于不同学院，如医学院图书馆、建筑学院图书馆、工程学院图书馆等，它有一个图书馆系统。这么多图书馆需要进行改革，有些图书馆的业绩不好，就慢慢消失或合并到其他图书馆了，或者它的书就给中国了，像广州的中山大学就获得了哈佛大学某一个图书馆的所有馆藏。

周慧惠：天一阁藏书的来源最主要是两个方面，一个是司马公（范钦）从明嘉靖年间一直搜集然后存放到现在的，我们称之为原藏书，这是天一阁藏书最基础也是最重要的来源；还有一部分就是四明藏书家捐给我们的，"百川归海"归到天一阁。那么哈佛燕京图书馆的古籍来源有哪些呢？我想请沈先生给我们讲讲这个故事。

沈津：我想任何图书馆的藏书无非都有几个来源：一是采购，这个是最大的来源；二是捐赠；三是交换，即所谓的国际交换、馆际交换，但这种情况数量并不多，最重要的还是通过非常充足的经费买书。哈佛燕京图书馆的书往往都是于 1949 年之前从中国北平买的，其次是上海。图书馆收藏了许许多多的账册，里面都是当时买书的发票。这些发票变成了好几十大本的册子，发票一张一张地贴在上面。

周慧惠：买书的账目，每一本书都有来历，对吗？

沈津：对，每一本书都有来历。从大部头到零星的，全部都是哈佛燕京学社资助采购的。哈佛燕京图书馆从 1928 年成立以后，一直到 1949 年，从中国、日本大量采购，形成了今天丰富的藏书资源。

周慧惠：当时在北平或者上海采购书籍的是哈佛燕京图书馆的老馆长裘开明先生吗？

沈津：对。哈佛燕京图书馆从1928年到今年2020年，92年左右，只有整整三任馆长。第一任馆长就是裘开明先生，他在任34年；第二任馆长是吴文津先生；第三任是郑炯文。这三任馆长保证了哈佛燕京图书馆长治久安的局面。它不像中国国内的一些图书馆，比如说任命你，你到年龄了，对不起，你就可以下来了，或者任命一个馆长后，转来转去的非常之多。哈佛燕京图书馆这90多年来，也只不过有这么三任馆长，很不容易。您刚才说的裘开明就是第一任。任何一个开拓者，实际上都是最不容易的，作为开馆馆长，往往都是从一穷二白开始，从小到大，从无到有。所以哈佛燕京图书馆能够有今天这样的规模，离不开当年裘开明先生打下的基础，他真的非常了不起。

沈津与郑炯文（左）、艾思仁（中）

周慧惠：裘先生是浙江镇海人，镇海现在属于我们宁波。我是不是可以这么说，以天一阁为代表的宁波藏书文化滋养出了像裘先生这么一位图书馆界巨匠？

沈津：裘开明先生非常重要。在美国，或者在美国的图书馆事业史中，都有他的一席之地。因为他是中国图书馆学界第一个走向美国图书馆学界的,在美国的东亚图书馆创业中是最早的一位先驱。他对美国所收藏的中国文献,包括中国的传统文化,贡献非常大。今天所有的学者,包括欧美地区、中国大陆、中国台湾地区等很多研究中国的学者,到哈佛大学来作研究,根本离不开哈佛燕京图书馆,这都归功于裘开明先生打下的基础。你知道中山大学图书馆的程焕文馆长吗?

周慧惠:程馆长,知道。

沈津:程焕文馆长他当年在哈佛燕京图书馆三个月,收集了许许多多裘开明的资料,调动了所有当年裘开明的档案,一张张地翻,一张张地看,每张都复印,最后成就了《裘开

沈津与中山大学时任校长许宁生(左)、中山大学图书馆时任馆长程焕文(中)

明年谱》。你知道中国的图书馆发展史,当然有"图书馆"这个名称,也是从近代开始了,出了那么多的人才,既有图书馆管理方面的人才,也有学术方面的人才,有些是非常重要的,包括像最早的缪荃孙,再到后来的刘国钧、柳诒徵等,太多了。这些人对中国传统文化,对中国的图书馆事业贡献非常大。但是他们几乎都没有年谱,没有人为他们真正地树碑立传。在他们走了以后,可能有些纪念文章,但纪念论文集和年谱是两种不同的概念。目前似乎就只见到我的《顾

廷龙年谱》和程焕文的《裘开明年谱》，其他的好像都没见到。

周慧惠：为图书馆人树碑立传，应该也是我们后辈应该做的事情。我们作为裘开明先生的同乡，也是与有荣焉，有这么一位在异国他乡弘扬中国文化，尤其是藏书文化的前辈，我们也感到非常荣幸。

沈津：对，裘开明先生贡献非常大。今天哈佛燕京图书馆资源能够这么丰富，和他打下的基础大有关系。我们有时候开玩笑，说哈佛燕京图书馆居然能够成为美国大学中东亚图书馆的"龙头老大"，这和裘开明是分不开的。

周慧惠：哈佛燕京图书馆的藏书理念以及藏书特色是什么？比如说我们天一阁的藏书特色，一般把它归纳为三类。第一是我们收藏的300多种明代方志，其中70%是孤本；第二是明代的科举录，我们有400多种；第三类是明代的证书。这三类被称为天一阁收藏的"三驾马车"，也是我们最珍贵的馆藏，而这三类其实都是司马公传给我们的原藏书。我想问一下哈佛燕京图书馆在哪方面的收藏特别多，特别精，特别好？它的收藏理念是怎么样的？

沈津：这是两个问题，收藏理念和藏书质量问题。我们先说藏书理念。我们一直认为哈佛燕京图书馆的藏书理念用比较通俗的话来说就是"学术乃天下之公器"。为什么是"学术乃天下之公器"？什么叫公器？公器有各种各样的解释，比如说国家的一些财物，这些东西都是由人来持有的。第二种解释是共有的，大家都可以用的。第三种解释是什么呢？对国家有用的人，也是一种公器，就像我们说这人是国家的宝贵财富，这就是公器。

《庄子》里面就有一句话是专门讲这个公器的问题，但是它太文言了，不通俗。晋朝的郭向曾经这样注释："公器，凝也。"什么意思呢？就是天下人、所有人可以共用。北京大学有一位非常有名的教授叫刘半农，就是《教我如何不想她》的作者。他曾经专门为了这句话作了一个非常重要的解释。他是一位名教授，是一位非常重要的学者。他有一篇文章，叫《奉答王敬轩先生》，里面就讲到每一本书都是由文字组成的，文字是一种表示思想、感情的符号，是世界上的一种公器。中山大学有一位很有名的黄杰教授，也为这个事作了一个注释。他在什么地方讲到这个事情呢？明代有一位很重要的思想家李贽，他在《焚书》里面讲到，"夫学术者，天下之公器"。我们用今天的话来说，就是"学术乃天下之公器"。文字、思想、感情等变成书，我们就说它是一种公器。

哈佛大学虽然是私立大学，但它所收藏的那么多的文献，那么多非常重要的图书、版本，我们都认为是一种公器。这就是哈佛大学、哈佛燕京图书馆藏书的理念，也就是说这些东西都是公器，任何学者都可以来使用它，都可以来作研究。我在哈佛燕京图书馆的时候，国内很多学者来，他们要求看善本书，出示他们的护照、身份证等证件，我说你不要给我看。在国内肯定要介绍信、证件之类的，但在哈佛大学从来不用。你只要告诉我你想看什么书，告诉我它具体的号码，我相信5分钟之内，书就在你的桌子上了，你可以任意浏览。当然你不能到书库里去，那是不行的。我们把这些藏书称为一种公器，因为这是人类所共有的，不是你私人的财产。

周慧惠：说到"学术乃天下之公器"，我其实也挺有体会的。比如说我们天一阁藏书楼，原来是一个私家藏书楼，私家藏书楼肯定是比较封闭、比较直线、拒绝外人进入的，因为这样有助于它的管理。但是天一阁从历史上看，也还是有开放的一面。比如著名的学者黄宗羲，他编《明文海》《明文案》、写《明儒学案》等，其实是利用了当时天一阁所藏的大量文献。后来那些著名的学者，比如全祖望，以及后来替天一阁编目的清嘉庆年间著名的官员和学者阮元等人，他们都参与到天一阁的藏书管理中来。一直到现在，我们天一阁看书也很方便，跟哈佛燕京图书馆一样，也不需要介绍信，拿身份证登记一下，就可以在我们专门的古籍阅览室看书。我们古籍阅览室有个很有意思的名字叫"待访楼"，就是等待你来访书。它有两个意思，一个就是刚才我说的等待你来访书、访楼，还有一个就是出自黄宗羲的《明夷待访录》。因为我们园子里有个明夷亭，所以就有一个待访楼，这也是向前辈学者致敬，欢迎天下的爱书人、想看书的人到天一阁来看书，我觉得这一方面跟哈佛燕京图书馆还是有共同点的。下面请您谈谈哈佛燕京图书馆的收藏特色有哪些吧。

沈津：哈佛燕京图书馆经过1928年到1949年从中国、日本等地的广泛收集，积累了非常多的藏书。这些藏书当中，从经史子集分类的角度来说，集部数量非常大。哈佛燕京图书馆收藏的线装书有1.8万种，这个数字是我那时候利用晚上或者星期六、星期天去书架上点的。因为装帧形式是线装书，所以都是一函一函的。在哈佛燕京图书馆没有平装书，都是精装的。线装本都是有函套的，就一部一部去点，我全部点了一下，数字是1.8万部。如果加上善本书库里的所有的中文古籍数量，总数是2.1万部。除了诗文集之外，丛书、地方志也比较多。

周慧惠：对，哈佛燕京图书馆的馆藏方志很有名。

沈津：从版本的角度来说，明刻本是一大特色，有1500种，这个数量也是非常多的。宋元本毕竟数量不多，所以明刻本就非常重要，如果再加上其他善本，哈佛燕京图书馆的善本数量大概在4000部。如果以这个数字去和中国国内的大学图书馆比较，比如厦门大学图书馆，我曾经看过他们的善本书库，只有200部左右的善本。而哈佛燕京图书馆要到4000部，普林斯顿大学的葛思德东方图书馆是1200部，我们刚开始说过的加州大学伯克利分校，是800部。再如华东师范大学，是600部。

周慧惠：华师大应该说算是大学里边藏书比较多的。

沈津：对呀，华师大算不错了。像南开大学也是比较好的一所大学，南开大学的全部善本加起来大概是500部。全国大学图书馆中资源最为丰富的就是北京大学，它绝对超过了哈佛燕京图书馆。至于其他的像复旦大学、清华大学，可以媲美哈佛燕京图书馆，但是它们的数量，尤其是明刻本的数量，还到不了。

周慧惠：哈佛燕京图书馆以藏明刻本为其非常重要的一个特色，这个跟我们天一阁又有相似之处。因为天一阁本身就是创建于明代嘉靖朝，所以明代文献收藏也非常有名。我也像您一样，作了一个数据统计。在天一阁库房的善本库里边，明代嘉靖的本子，我们数了一下，大概有1000部出一点点头。所以有的时候我们把善本库叫成"千家堂"，就是因为有这个数量在这儿打底。以前的人好像比较注重宋元本，藏书家看到宋本、元本眼睛就放光，觉得是非常珍贵的古籍。而收集明刻本，应该说在1949年以前，还是可以做一下,所以哈佛燕京图书馆就有大量的明刻本收藏。我们有得天独厚的条件,本来就是藏书楼,当时收藏的其实就相当于当代的书籍,当时收藏的一直到现在也没有出过阁,也没有去过其他地方。有时候我们会开玩笑说,天一阁的明代刻本,尤其是嘉靖本,收藏量肯定不是最多的,跟国家图书馆等馆比也不是最好的,但是它有一个特点,就是它可以作为嘉靖刻本的一个标准计,因为我们的是绝对货真价实的。

沈津:对,从范钦开始这样,真的不容易。

周慧惠:对,这也是我们的一个特色,或者说是跟哈佛燕京图书馆的一个共通之处。我想问沈津先生一下,就是您刚才说哈佛燕京图书馆收藏了大量的地方志,那么有没有像我们天一阁一样有一些比较著名的明代方志呢?

沈津:当然有。哈佛燕京图书馆的方志全部加起来是3000部多一点儿。

周慧惠:这个数量太多了。

沈津:您知道,在整个美国,收藏中国地方志的数量是在1.5万部左右。这里面收藏最多的是美国国会图书馆,它有4000部。他们希望我帮忙,我去了一个月,专门了解了这批方志。我就用美国国会图书馆藏的方志目录,全部作了比对。这里边除了一些善本书提出来了以外,还有大量的在普通书库里。我从普通书库里挑出了700多种乾隆年间和乾隆之前的。

周慧惠:给他们做了一个提升的工作。

沈津：全部提升。整一个月的工作时间，我挑出了 778 部。其他一些地方，比如芝加哥大学，数量也非常之大。芝加哥大学的数量，我曾经点过，大概是 1700 部，我去过好多次。1986 年、1987 年我去了两次，一次是作演讲，一次是专门去看它的东西。芝加哥大学远东图书馆，钱存训先生在的时候，数量就是 1700 部。哥伦比亚大学是 1500 部，耶鲁大学是 1400 部，西雅图的华盛顿大学东亚图书馆的数量是 830 部。这些东亚图书馆所有藏书加起来的话，数量是在 1.5 万部左右，这个数量非常庞大。

在国内收藏地方志最多的是北京的国家图书馆，数量是 6066 种，上海图书馆是 5400 多种。很多人会问这个数字哪里来的，这不是我看来的，是我点出来的。当时我要写一篇北京图书馆馆藏概述的文章，是我和台湾大学潘美月教授合作编写的《中国大陆古籍存藏概况》书中的一部分。这本书里，我需要知道北京图书馆的情况，所以就请了好几位学者帮忙写，但是这些人呢，看了以后，说写不出来，太难了，要花很多时间。我前后找了三位，都是北京图书馆部主任一级的人。但是北京图书馆地位又太重要，肯定不能把它漏掉，那时它还没有改成国家图书馆。在没有办法的情况下，只有我自己来写。我写的依据是什么呢？我过去在北京编《中国古籍善本书目》时去过北京图书馆，进入过它的善本书库。后来我又进了一次，在丁瑜、李继明以及首都图书馆原馆长冯秉文的陪同下，进了它的善本库。我就根据收集的许多材料，重新来做。但是具体数字还是没有人提供，怎么办呢？我就利用晚上，根据北京图书馆的善本书目，根据《中国地方志联合目录》，一个数字一个数字地点，用"正"字计数，凡是北京图书馆的，就画一笔，这样统计出来是 6066 种。如果把 1949 年之后新印的本子、新补充的，包括天一阁的这些影印本等都去掉，还剩大概 5000 种。上海图书馆是 5400 种，你可以去看上海图书馆编的地方志目录。回过头来看，美国国会图书馆是 4000 种，哈佛燕京图书馆是 3000 种，这个数量就非常多。如果是和其他的一些省市级的公共图书馆，不是和大学图书馆作比较的话，哈佛大学已经非常不容易。我说的这些数量都是指原本，也就是 1949 年之前的所有的出版物，到宣统为止。

周慧惠：对。我听说哈佛燕京图书馆收藏的关于浙江的方志与浙江图书馆收藏的差不多，甚至比它还要多一点儿。

沈津：我 1981 年去的时候，就作了一个比较，因为什么东西都要作比较才能知道到底是怎么回事。方志确实是这样，当然方志当中也有一些比较难得的，就像您刚才说的，哈佛燕京图书馆的那些明刻本当中，地方志只不过是二十八九部，和你现在所存的 270 多部比，就是小巫见大巫了。但哈佛燕京图书馆毕竟是在欧美地区，还是很不容易的。它明刻本当中的地方志、小说、戏曲、版画等，都是非常稀缺、非常难得的。过去郑振铎或者一些重要的藏书家都很看重这些东西，良有以也。所以就所谓的特色来说，地方志是一种。那其他的我们刚刚没说完的，1500 部明刻本当中，居然就有 188 部是中国国内 800 多个图书馆没有收藏的。什么叫没有收藏的呢？是没有这种名目，没有这种版本，根本就不知道有这本书的存在。

周慧惠：就是不仅仅是没有这个书的版本，连这个书的内容都不存在。

沈津：有些东西就是这样，国内是失传的。我们当时说没有这种名目，我们就用《中国古籍善本书目》作比较。那么这 188 种当中，是指中国大陆包括国家图书馆、上海图书馆、北京大学图书馆等，也包括中国台湾台北故宫博物院、"中研院"历史语言研究所傅斯年图书馆、台湾大学图书馆等，这些比较重要的单位都没有收藏的。还包括香港中文大学图书馆、香港大学冯平山图书馆，都没有收藏的。此外我们还会查日本的收藏情况，日本是收藏中国典籍非常重要的一个地方，比如日本的静嘉堂文库、尊经阁文库、内阁文库，东京大学、京都大学等都有中国古籍收藏。我们查各种各样的书目，如果都没有著录哈佛燕京图书馆藏的版本或名录，我们才认可。也就是说，只有你有，其他地方没有，这些东西就是罕见的、难得的、稀有的。

周慧惠：我们一般在私下里把这种书称为孤本。这个概念不是非常准确，因为说不定世界其他地方还会存在另外一本。但是如果说各家书目都没有著录的话，我们就把它称为孤本。哈佛燕京图书馆的孤本率，看来是非常高的。

沈津：我在写善本书志的时候，很少用"孤本"这个词。因为很多事情你都想不到，比如说梵蒂冈，你知道梵蒂冈会出现一个什么东西吗？你不知道啊。你也不能说在西班牙的一个修道院里，在日本的一个寺庙里会出现什么。所以我一般不用"孤本"这个词，我只用"稀见""难得""罕见"。

周慧惠：那么如果用沈先生的概念来说，其实我们天一阁最大的特点，也是"稀见书"特别多，尤其是明代文献。所以赵万里说过天一阁保存了明代史部的直接史料。如果说要研究明代历史的话，就不得不借助天一阁所保存的这些明代文献。我想问一下沈先生，哈佛燕京图书馆收藏了那么多地方志，最早的地方志是哪一部呢？

沈津：有些东西基本上都是明代的，宋元的基本上是不存在的。地方志，比如说《姑苏志》，我们就举这个《姑苏志》为例。

周慧惠：正德元年的《姑苏志》吗？

沈津：对，正德元年的。像这样的书，因为毕竟是在江苏地区，所以纸张很好，字也非常清楚。要研究苏州、无锡那些地方，必须要用这样的方志。这个方志比较好，非常难得。我们一般说"难得"是指只有你有，别人没有。不过《姑苏志》，中国国内和其他地方全部加起来可能有 16 部之多。

周慧惠：对呀。好巧啊，我们也有这部书。

沈津：我们明代方志不多，只有 28 部左右，有些倒确实是其他地方都没有的，包括《中国地方志联合目录》中也没有。

周慧惠：确实没有，因为明代方志本来就流传少。

沈津：真的很少。因为这种方志往往是政府出版物，它不是谋利的，和家谱一样。官府出资找人来编，最后印出来，它数量一定是不多的。

周慧惠：我们天一阁为什么会藏有那么多明代方志，根据阮元编的目录，以及比阮元更早的《漫堂抄本》，那时天一阁所藏明代方志有 400 多部，后来散了不少，现在还藏有 200 多部。这主要跟范钦的身份有关，他毕竟是明代嘉靖朝一位重要的官员，而且宦游四方，曾经担任过很多地方的大员。他每到一个地方就会收集当地的方志，而且因为他这个身份，他收集方志比较容易，还因为方志基本上都是官刻本。有的是他直接能收集到的，有的是他自己去刷印的，所以我们才会保存这么多别人没有的明代方志。这是我们的一个特色。

那我顺着这个话题，我想再问一下沈先生，好多人印象当中天一阁藏书是从明代一直藏到现在，书和楼俱在，其实也没有那么容易，因为天一阁历史上有过5次书厄。其中最严重的两次，一次是乾隆的四库征书，征去了638种书，后来回到阁内的只有一种，其他的都散佚了。还有一次是1914年，我们天一阁遭受了一次很大的书劫，一个大盗把天一阁的书偷走了，大概有1000多部。这些书，有的肯定不存于天壤之间了，有的还保存在其他图书馆，比如说上海图书馆、国家图书馆以及台北故宫博物院。我想问一下，哈佛燕京图书馆有没有我们天一阁流散的书呢？

沈津：好像是有一部原来天一阁的抄本，书名叫《南城召对》，好像只有一卷一册。

周慧惠：这是一部什么样的书呢？

沈津：这实际上是史部类的一部书。"南城召对"，这是两个词。"召对"是皇上召集下面的一些大臣来谈话、对话。这个事情应该是在明嘉靖年间，嘉靖皇帝在一次祭祀活动时，召集一批大臣，问一些问题，包括人才的问题、赋税的问题，也包括当时政治上的一些问题等。当时有一位官员叫李时，就把嘉靖皇帝与那些大臣的问答记录下来，编成了这么一本书。这些大臣都是在皇上的面前，一听到问题马上就要回答，这个书是非常难得的。1986年，我在美国做访问学者，看到了这本书，觉得它太难得了，非常之好。我所知道的，也就是这部书，后来应该还有一本。北京大学图书馆曾经根据哈佛燕京图书馆的本子重新传抄了一本，是传抄本，这个传抄本实际上是民国年间的，当时燕京大学和哈佛大学的关系是非常密切的。后来的《四库全书存目丛书》用的底本是北京大学的传抄本。

周慧惠：他们不知道原本是在哈佛燕京图书馆。

沈津：对，他们没用原本而用了传抄本，如果能够用原本，肯定更好。

周慧惠：那这部《南城召对》是怎么从天一阁出去，然后到哈佛燕京图书馆的呢？

沈津：我记得当时我看了这部书以后，觉得是四库进呈本。

周慧惠：就是我们当时进呈给《四库全书》的那个本子？

沈津：对。乾隆三十八年（1773年）的时候要编《四库全书》，任务布置下去以后，各个地方的巡抚，浙江地区的巡抚三宝就让天一阁（范钦八世孙范懋柱）上呈该书。所以书上面有一个章，我一看，这不是进呈本嘛。后来我又看到其他的一些材料，确定该书是进呈本。但这书是不是已经退还下去了，退回给天一阁了？它是怎么流转到哈佛大学的？这就得进一步考证了。

周慧惠：没有退回给天一阁。有可能是翰林院的那些学士不知道怎么给拿出来的。

沈津：这在里面没有记载。

周慧惠：《南城召对》应该是范钦当时雇人抄的一个抄本，不是刻本。

沈津：是，明抄本，只有一卷，这个其他地方都没有，就哈佛燕京图书馆这一本。

周慧惠：这么说我们天一阁的藏书，跟哈佛燕京图书馆的藏书有一个相同的因子，哈佛燕京图书馆藏书的血液里边也有了天一阁的因子。

沈津：确实。

周慧惠：天一阁作为现存最古老的藏书楼，不管是书楼的形式还是其藏书，都影响了很多地方的图书馆和藏书楼。天一阁的古老是我们骄傲的地方。希望这部书能够在哈佛燕京图书馆永远流传下去，为学界多作贡献。我还有一个问题，延续刚才所说的，天一阁进呈了600多种书，是进呈书最多的一个私家藏书楼。后来乾隆皇帝为了表彰天一阁对当时举国性文化工程所作出的贡献，赏赐给天一阁三样东西：一部《古今图书集成》，还有两套乾隆时代的铜版画，一套是《平定回部得胜图》，另外一套是《平定两金川得胜图》。这三样东西作为皇帝赏赐给当时范氏家族的一个荣耀，被我们保存在藏书楼里。很不幸的是，最后一套《平定两金川得胜图》后来在咸丰年间散佚了。《古今图书集成》和《平定回部得胜图》一直保存在阁中。《古今图书集成》也很不幸，它本身应该有一万卷，我们现存8000多卷，有1000多卷也散佚了。我听说哈佛燕京图书馆藏有全套，您能不能介绍一下哈佛燕京图书馆所藏的《古今图书集成》？

沈津：如果从版本来说，哈佛燕京图书馆所藏是非常珍贵的一个本子，因为它是铜活字印本。而且这部书是一部大部头，册数非常多，有5020册，5020册要有502函，因为我们都是一个函套一个函套的。

周慧惠：哈佛燕京图书馆所藏的《古今图书集成》都是有函套的？

沈津：全部都有函套，非常之整齐。这个东西当时印制也非常不容易，您刚才说的《古今图书集成》印出来以后，就给了当时一些贡献比较大的收藏家，包括像范懋柱或者那些官员，也包括当年的一些王公贵族。

周慧惠：对，他还赏了一部给王杰①，王杰的那部后来就在陕西省图书馆是吧？

沈津：是。这部书当年的铜活字印本只有64部，64部加上一个样本，也就是65部。大部的东西要保存完整，非常不容易。往往搬家就会造成损失，图书馆搬一次家就有一定的损失，这个没有办法。这64部当中，当时颁赐给王公贵族、贡献大的藏书家，也包括当时所谓的七阁，但很多都在战争当中，尤其是在太平天国战争当中毁掉了。现在留下的数量也不多。我曾经查过《古今图书集成》的一些资料，也写过文章，我想流传下来的全本应该不多了，只有12部，收藏在中国国家图书馆、陕西省图书馆、徐州市图书馆、中国科学院图书馆，这些都是全的。还有一些机构里的是不全的，比如说天一阁、

---

① 王杰，清朝状元，清代陕西第一名臣。——编者注

上海图书馆。至于台北地区，台北故宫博物院有两部全本。在海外来说，法国巴黎的国家图书馆、德国的柏林图书馆，这两个都是全的。美国国会图书馆是没有的，普林斯顿大学葛思德东方图书馆和哈佛燕京图书馆都有。

周慧惠：它当初肯定是直接从宫廷过去的。

沈津：对，1949年被带到台北去的。台北实际上有三部，但第三部不全。全世界加起来，也就12部全本。还有一个地方，我们忽略掉了，就是韩国的奎章阁。我过去看过奎章阁的善本书目，该书目哈佛燕京图书馆有收藏，国内的收藏很少，奎章阁有一部全本。韩国地区收藏的中国善本，国内很多学者都不了解。我当时对这12部全本以及一些不全的作了一个比较，我认为哈佛燕京图书馆的那一部最好。为什么呢？不仅是因为它全，还在于它上面有一方图章，"崇华宫宝"。

周慧惠：崇华宫是不是乾隆皇帝做皇子的时候待的地方？

沈津：对，他的读书处，他休息也在那个地方。当时印出来的64部中，有一部放在了皇宫里的崇华宫，所以盖了"崇华宫宝"的印。

周慧惠：这方印就把它的流传过程搞得非常清楚，它原来就是清宫旧物。

沈津：如果说这是乾隆皇帝的收藏，那范懋柱收藏的就不能比了。那陕西王杰收藏的呢？他只是一个大臣，乾隆是皇帝啊，所以我把它认为是最好的一部。

周慧惠：而且还是他在做皇子的时候开始收藏的。

沈津：对。包括像普林斯顿大学的那一部也非常之好。那一部为什么好呢？因为有一方大的主章，什么主章呢？宁府。说明它是王府里面的收藏，那肯定是当时颁的64部之一。应该说《古今图书集成》流传到今天是非常之少，拍卖公司有时候会有《古今图书集成》的零本在卖，平均价钱在一万块人民币一盒。但是这个零本是永远配不全的，往往就是供过目、研究使用，因为是用铜活字印的。

周慧惠：说到《古今图书集成》，刚才您介绍了哈佛燕京图书馆的这部非常珍贵，在存世本里边算是顶配了，从它的收藏和保存来看，都是非常好的，质量非常精美。那我也讲一讲我们天一阁的这一部，它的来源当然是非常清楚的，就是乾隆皇帝赏赐给范氏家族的。除了这个来源有特点之外，内容上面也很有意思。

首先，像哈佛燕京图书馆那部是装有函套的，其实应该都已经是精装过的，是一个精装本。但是我们的是毛装本，就是它没有被裁剪过，是毛装，这是它的一个特点，没有封面。估计当时范氏家族的财力不足，因为书的装帧是很贵的，所以它一直就是以最原始的面貌保存着，这是一个特点。

其次，它是一部校刊本。我们这部《古今图书集成》上边有排字工的签名，还有校对官的木戳。当时比如说排活字，活字排错了怎么办、摆折了以后要重新排版又怎么办，有若干条校注写在上面。而且它上边还有一个不仔细看还不容易看出来的特点，就是这个字，如果说它排错，把它给剪了，剪了以后呢，又重新盖了一个正确的字，给它糊上去，就是补上去。所以我们这个《古今图书集成》，它在文献学上有它的独特价值，也是很有意思的。

沈津：对，有一次我在你们那里看过。

周慧惠：沈先生是看过，对，也是很有特色的一本书。

沈津：没错。

周慧惠：我还想问一下沈先生，您写的《美国哈佛大学哈佛燕京图书馆藏中文善本书志》可以称为皇皇巨著。为什么称它为皇皇巨著呢？一方面当然是因为它的体量非常之大，另外一方面是因为它的影响非常之大。不说对别人的影响，就说对我们天一阁提要和书志撰写的影响就非常大。我们几年前曾经做过一个国家社科重大项目叫"天一阁所藏文献分类研究"。这个分类研究我们分为好几类，其中有一类是天一阁所藏清代稿本的提要，还有天一阁所藏明代别集的提要。我们写这两部提要的时候，所采用的就是"哈佛模式"。我下面想请沈津先生谈谈，当初写这个善本书志的过程，以及"哈佛模式"究竟是一种什么样的模式呢？

沈津：1992年，哈佛燕京图书馆时任馆长吴文津找到我，希望我能够到哈佛燕京图书馆帮忙写一本善本书志。最初的时候，他希望我写成像王重民一样的中国善本书志。

周慧惠：王重民先生所写书志比较简洁。

沈津：是的。我是4月底到达美国，第二天我们去唐人街买菜，5月1号我就开始上班，开始写作。我写了几个样子，请吴文津先生看。我当时讲了一段话，我说如果按照您所指示的，写成像王重民先生《中国善本书提要》那样的话，太简单了。尽管我觉得王先生的那部书在当时能够出版是一件非常好的事情，可以给其他很多学者以启迪，但是那实际上是一张卡片的放大形式。因为它记载的就是书名、卷数、作者、版本、稽核项，还有序，序当中也摘录了一点儿东西，但是没有揭示出书的内涵，没有版本上的考证。所以我当时跟吴先生说，如果这是一个机会，是一种挑战的话，我愿意接受，我想写成一种稍微具有学术价值的善本书志。

这之前我曾经写过一部分，在到美国之前，我写过一部分上海图书馆的善本书志。我的标准就是只有上海图书馆有，别的地方都没有的善本书，我才写。我当时写了很多，大概写了 100 篇以上，都发表在《文献》上面了。当时我在写善本书志的过程当中，就觉得必须要把它的内涵揭示出来。

吴文津馆长同意我的看法。他说那你自己抓紧，这 1500 部你要在两年时间内写成，因为这里面涉及哈佛燕京学社资助给你的经费。哈佛燕京图书馆的一般访问学者都是一年。我不一样，是两年。我觉得这确实是一种挑战，为什么是挑战呢？如果今天我来做这个，我根本就做不动了。为什么？因为一天必须要写三篇善本书志，平均一篇 1000 字，三篇就是 3000 字。不是熬三五天、一个星期、两个星期就过去了，要拼两年，而且两年不可以用每年 365 天来计算，因为美国的节日特别多，老兵节、总统节、感恩节、圣诞节等，再加上周末，一般每年都是以 200 天左右的工作日来计算。而且这两年当中我回了一次国，去了深圳、苏州、上海，其中在上海待的时间最长，因为我的父母还在上海。我从上海探亲回美国以后就拼命地写。在两年约 500 天的时间中，我完成了 152 万字的写作。我们有一位同事把书从书库里拿出来，每天三种。我用从中国香港带去的 500 格的稿纸，那时候没有电脑，都用稿纸，编目、鉴定等一股脑儿全部写下来，不行再来。

当时我就觉得，如果是一个个人，他写自己私家的藏书，随便写没关系；如果是一个单位的藏书，且数量非常庞大，那么任意来写，必须要有一个模式，体例必须要统一。因为不是写三五部或是100部，而是要写1000部。给你时间，给你这个舞台，你尽情地去写作、去表演，那全部都是自己的事。我觉得这种挑战人生当中只有这么一次，抓住了就是抓住了，所以必须拼命拼搏，我当时说拼搏就是这样一个经验的拼搏。后来来帮我写善本书志的严佐之教授、谷辉之研究员、刘蔷、张丽娟，他们每个人都写了20多万字，每天写一种。在今天国内的许许多多的图书馆，都没有办法做到这一点。

周慧惠：对，出善本书志确实不容易，我们也没出。

沈津：前一阵子北京某个大学的图书馆馆长来跟我谈，说："沈先生，你来看看我手下写的书志，你觉得如何？"我当时提了一些小小的意见，也有一些鼓励的话。我问他多久写一篇，他说将近一个星期写一篇。这个没有办法，你要经过一定的训练，对不对？当然我请他们来，比如说刘蔷，来之前必须要好好看我写的上海辞书版的善本书志，看我的段落是怎么编的。比如说第一段就是书最初的状态，编目的书名、卷数、作者、版本、谁的序、谁的跋，必须要尊重这一标准。什么地方有括号，什么地方是句号，要很清楚。第二段可能就是作者的简历，这个简历不是《中国人名大辞典》里的一句话，要去查其他的工具书，很多东西就是从地方志里查出来的。

周慧惠：有关作者的简历，那种非常有名的人，会不会就少介绍一点儿，名不见经传的要多介绍一点儿？

沈津：可以自己去选，但有些东西不能抄。比如说有些比较有名的人，他的传记很多书里都有，但是必须要综合，把别人的文字变成自己的语言，要拿来为我所用。要自己加工，一本书里是这么一些介绍，另一本书跟它比更加详细一点儿，要把这两者糅合起来，或者三种五种给它糅合起来，变成自己的内容。但是你必须要告诉别人这个出处在什么地方，这是第二段，作者的简介。第三段实际上就是这本书的内容，比如说一部诗文集，有多少文呢？文是什么东西？是序、跋、寿序、应酬的信、尺牍还是什么？

周慧惠：也就是说每一卷的标题还得罗列出来。

沈津：你要讲清楚对不对？这首诗是五言、六言还是七言，这是词、是赋还是什么，有多少首，卷一到卷二是什么内容，都要讲清楚。我们的意思很简单，就是别人在看不到书的情况下，看我们写的书志，基本上就知道这本书的内容大致是什么，是否对自己有用。要揭示这部书的内涵，包括作者为什么要写这部书，缘起是什么，要把它从序当中钩稽出来，或者把里面怎么讲的列出来。

此外，这部书有没有什么特点呢？这个特点是不是反映在凡例里面呢？凡例有几则呀？重要的东西要列出来，包括像这本书，它的特点是有扉页，扉页上面的文字是怎么写的。因为你知道很多书是没有扉页的，原来有后来没有了。你写出来以后，就可以让别人使用。因为这个扉页上面往往有具体的出版年和出版者，你可以提供给别人。还有没有谁的题跋呀？有谁的校啊？这个人是什么样的人呢？这些是别人从来没想到过的。

当然还有这本书流传的情况如何，比如说《姑苏志》流传到今天，我们说有16部，这是根据什么来的呢？根据中国古籍书目（含台北方面的各种书目），还有日本书目当中的著录得出的，我们要写清楚。我们写清楚，就可以看到这本书流传的情况，它罕见与否、它的价值如何。包括这本书是一部稿本，后来影印过没有？出版过没有？有没有排印本呢？都必须尽可能地告诉别人。

你查清楚了以后，读者就可以不用再去查，他们没有那么多的工具书。哈佛燕京图书馆有那么多的工具书、参考书，有很多是中国国内没有的，我们查起来比较方便。比如说尊经阁文库、内阁文库的汉籍目录，别人没有的，你查了就可以告诉别人。比如说这部书当中有没有钤印？这个钤印是谁的？比如说上面有清楚的"周慧惠藏"或"周慧惠印"，或是"宁波周氏藏印"，那么这个藏印是真的还是假的呀？如果是假的，那你必须说清楚，这个是伪印。

周慧惠：要有一个辨伪的工作。

沈津：你得凭自己的眼力来作鉴定，你要把你得出的资讯告诉别人，让别人知道到底是怎么回事。所以我们做的工作是"为他人作嫁衣裳"，我们多做一点儿，别人就可以少做一点儿，无非就是这样。

周慧惠：钤印的著录其实非常重要，因为可以看出这个书籍是怎么流传的，怎么收藏的。

沈津：流传有序，藏书印当然可以看出来。但问题在于，很多人可能不擅长认识印文。比如说劳权、劳格，我一看这是假的，黄丕烈的也是假的，我一定要把它写出来。你能够鉴别你就告诉别人，我们就是做这一行的，必须要把我们的专业知识贡献出来。我们要做的哈佛燕京图书馆的善本书志，必须要有学术价值。如果没有学术价值，这个机会就丧失了，你就白做了，就没有意思了。而且你做出来的这个东西呢，对别人来说是一种启迪。我们会告诉别人这个本子从来没有影印过，那出版人就可以知道：哦，这个书没有影印过，那我可不可以花钱买，把它影印出来，或者怎么样。或者有些题跋，黄丕烈的题跋，其他地方根本就没有。我们所有的题跋，全部都给它录下来，就是你不要再跑到哈佛燕京图书馆来了，你可以看我们的《美国哈佛大学哈佛燕京图书馆藏中文善本书志》。这套书到最后得了"中国出版国家奖"。

周慧惠："中国出版政府奖"，应该是这个奖吧。

沈津：对。

周慧惠：这是最大、最好的一个奖项。说到这奖项，我们天一阁影印研究出版的《天圣令》，就是天一阁抄本《天圣令》，也得了"中国出版政府奖"。《美国哈佛大学哈佛燕京图书馆藏中文善本书志》的"哈佛模式"，我来概括一下，最重要的就是：第一，要尽可能向读者提供详细的关于书的信息；第二就是它必须要有学术价值。这两者不可偏废。

沈津：对。如果没有学术价值，一点儿意思都没有。我们毕竟是在图书馆工作，别人看不到原书，那我们就要"为他人作嫁衣裳"。另外我曾经想过，这些书留在哈佛燕京图书馆，是买来的，不是抢来的，不是八国联军那个时候的事情，哈佛燕京图书馆是1928年成立的。过去有一位大学校长到哈佛燕京图书馆来参观，他说这些书全部都是八国联军抢来的。这些图书既然是哈佛燕京图书馆买来的，那现在就已经变成它的财产。这些财产能够回到中国国内吗？这是不可能的事情。但它们可以通过一种什么样的方式回归呢？我们说无非是两种方式：一种就是影印。比如《南城召对》这个书太难得了，我们就把原本提供给出版社影印，作为哈佛燕京图书馆藏稀见古籍、稀见善本的一种。

周慧惠：这个也出了不少。

沈津：我编了一套，有67种37大册，里面收录的都是哈佛燕京图书馆有而其他地方没有的书，这样很多学者就不用专程来图书馆看了。第二种回归就是我们写成的善本书志，通过它，读者可以了解哈佛燕京图书馆收藏的善本数量、每种善本的内容。这两种回归方式是双赢的，第一哈佛燕京图书馆赢了，第二是出版社赢了。什么叫哈佛燕京图书馆赢了呢？因为老馆长裘开明非常希望把他当年买回来的这些承载着中国传统文化的文献发扬光大，能够把它们编出来，能够写成善本书志。他那个时代没有做到，而我们今天以这种形式使这些善本书回归了。这也是哈佛燕京图书馆回馈学林、回馈社会的方式。出版社赢就是这部善本书志后来得了"中国出版政府奖"。

周慧惠：说到底还是秉持着"学术乃天下之公器"这么一个精神。

沈津：对，我们做的这些事情都是秉持这一思想。这个回归，"哈佛模式"我觉得是比较容易掌握的。你只要把这个模式设定好，然后往里面插内容就可以了。

周慧惠：后来我们也是借用了"哈佛模式"来编提要，现在清代稿本提要已经出版了，明别集的提要也即将出版。对我们来说，这也是"哈佛模式"对我们的一种促进。

沈津：我们也在跟别人合作，例如我们曾和复旦大学中华古籍保护研究院、中国古籍保护协会举办了"古籍书志高级培训班"，我和吴格受邀担任主讲。学员写出的东西我全部改掉，因为我们讲的是"哈佛模式"，一改之后学员就清楚了应该怎么写，能力在无形之中也就提升了。

周慧惠：沈先生，最后我还想跟您谈谈，天一阁西大门，就是天一阁正门，游客一来马上就可以看到一副对联，这副对联是用钟鼎文写的，即"天一遗形源长垂远，南雷深意藏久尤难"。这副对联的撰联及书写者都是尊师顾廷龙先生。那么下面我想请沈先生谈谈，顾廷龙先生也好，您也好，你们跟天一阁之间有什么样的交往和渊源，能够给我们分享一些小故事吗？

沈津：我去过天一阁好几次，尤其是后来。那个大门上面是有一副对子，是顾先生写的。您刚才说了以后呢，我觉得非常有意思。我从哈佛大学退休以后，就去了中山大学图书馆，跟8位博士在一起工作。我会向他们学习一些我不知道的、不了解的东西，我也会带他们到各处去转转，所以我把他们带到了天一阁。我觉得天一阁确实不容易，400年的历史，是400年了吧？

周慧惠：450年了。

沈津：450年了！这样一个古老的藏书楼，是中国传统文化的杰出代表。我很希望年轻人能看看450年的藏书楼，作为兵部尚书范钦及其家族的所谓的图书馆，经过那么多年苦心经营，能够保存到现在是多么不易。从天一阁也能充分感受中国传统藏书的不易。我到了复旦大学以后，在中华古籍保护研究院教书，我带的都是专业硕士，我也把他们带到这个地方去看。我想让他们了解，虽然天一阁不是一个革命传统基地，但至少是古代社会留传下来的代表中国传统文化的一处爱国基地，我觉得这个非常好。您刚才念的对联的第二句，南雷，黄宗羲当年登天一阁也是很不容易的，藏书难，藏久更难。如此看来，保存图书是我们这一代人的责任，毕竟书是慢慢地流传下去的。国家古籍保护中心的成立，一直到现在，也确实是做了大量的工作。所以我觉得尽管藏书难，藏久尤难，但是以后，书在我们这一代会保存得更好。

周慧惠：其实您是天一阁的常客，还带了好多硕士生、博士生来参观。您最早到天一阁是在20世纪70年代吗？

沈津：我最早去天一阁好像是1978年。那时，顾先生已经正式恢复工作，《中国古籍善本书目》已经提上日程。当年我就陪着顾先生去了天一阁，因为他非常想看看天一阁。

周慧惠：那是顾先生第一次来天一阁吗？
沈津：第一次。

周慧惠：您也是第一次来天一阁？
沈津：第一次。那时我们都很年轻，顾先生希望我和吴织能够陪他去。我记得我们是在上海十六铺码头上的船，到天一阁是早上，很早。邱嗣斌，天一阁的一个负责人接的我们。

周慧惠：对，我们的老所长邱嗣斌先生。
沈津：邱嗣斌来接我们，把我们安排在靠近天一阁的一家招待所，约好时间去天一阁。那时有一条小路通往天一阁，路名已想不起，一扇小小的木门，上面有门牌号，进阁要按电铃，里面有人来开门。那个时候很简陋。

周慧惠：对，那个时候还不是博物馆，是一个文保所。
沈津：是，文保所，根本就没有开放过。

周慧惠：是的，天一阁文保所没有开放。
沈津：还没有开放，我们就从那里进去，很小。我还记得我们看了毛氏汲古阁抄本《集韵》，还有其他一些东西。顾先生一看《集韵》上面有段玉裁的跋，就在那里抄抄抄，抄在他随身携带的小本子上。他那些小本子在他去世以后我都看到了，是写《顾廷龙年谱》时看的。大家回想当年真的很不容易。我们在宁波就待了两晚，后来就离开去杭州了。在天一阁，我们还去了月湖。

周慧惠：对，天一阁就在月湖旁边。
沈津：谁陪我们去的已经想不起来了。后来我们又去了天童寺，好像是袁元龙和另一位陪我们一块儿去的。

周慧惠：袁元龙先生也是我们的前辈。
沈津：还有一位好像姓洪？

周慧惠：洪可尧，也是我们的前辈。
沈津：对对，他曾经到北京去学习过装订。那时去学装订的还有潘美娣。

周慧惠：是的。天一阁现在是国家古籍修复中心，纸质类文物保护中心。这个技术还是北派的技术，就是从洪可尧先生那边传过来的。

沈津：对，他就是当年跟潘美娣、赵嘉福他们一批到北京受训的。

周慧惠：所以我们的修复技能，就是修复这一块跟浙江图书馆是不一样的。别人就觉得很奇怪，你们同属江南怎么不一样？其实我们是北派的，他们是南派，有区别。

沈津：我还记得当年在一个老乡家，联络好的吃了一顿午饭，然后再赶回来。就在那个年代里，1978年的时候，大家都非常穷。那时候他们借了一个照相机，拍出的照片是黑白的，很难得。

周慧惠：那个时候沈先生还非常年轻，顾先生也是精神矍铄，我们天一阁的诸位前辈们也是风华正茂。

沈津：我还记得骆兆平他们来过上海图书馆好多次，有时候是我接待。我还记得兆平来跟我谈，什么事呢？就是说上海图书馆收藏的天一阁抄本，能不能还给天一阁。我记得是在我们古籍组的那个小办公室里面，我们坐在那里，我说这个看来是不行的。

周慧惠：这个肯定不行，这都是国家财产啊。

沈津：哎，这也没有先例。书到了上海图书馆以后，你要再拿回去，很难，这里面有很多手续问题，要打报告要市委批，非常麻烦。

周慧惠：其实那个时候，天一阁和上海图书馆之间的交流，尤其是人员交流和学术交流还是蛮频繁的。

沈津：对对，那时邱嗣斌到上海来公干，一定会跑到上海图书馆看看顾先生，看看我。他的个子高高瘦瘦的。现在想想，天一阁和过去完全不能同日而语了，现在建设得如此之大，又公开展览，又变成一个基地，而且你们的工作又做得那么好。

周慧惠：多谢夸奖。现在天一阁跟以前相比，肯定是更加开放，研究力量也比以前更加强大，与外界的交流，尤其是国际交流，肯定也是更加频繁。今天再一次感谢沈津先生来接受我们的访谈，谢谢沈津先生。那边也已经很晚了，请您好好休息，沈津先生再见。

沈津：好，再见。

周慧惠：观众朋友们，我们这次连线到此结束，谢谢大家收看，再见。

注：2020年8月，沈津先生通过在线方式参加了天一阁博物院《Tianyi Talking》对话栏目，与周慧惠就哈佛燕京图书馆及天一阁的中国古籍收藏、利用等有关问题展开了对谈，对谈内容由谢欢、袁佳整理、编辑。

跋　　　　　独步当时　惠及来日
　　　　　　——沈津书志模式和年谱特点小议

　　谢欢教授联系到我，提出为他编的《故纸寻真》写篇序文，婉拒。原因很简单，不够资格。沈津先生对我在美国东亚图书馆开始职业生涯是起了关键作用的，于我有恩。但除了仰慕，我连称自己为他的学生都不敢，因为毕竟在他身边学习和工作的时间太短。但因谢欢的坚持，加之这些年我虽与先生联系不多，却也一直在关注他的研究成果，除了敬佩，也是有些想法的。于是，答应谢欢写篇不是序文，但与这本访谈录行文风格接近的小文，权当笔记一篇。

　　写什么呢？这些年，沈先生在版本学界、谱类研究领域的学术成就有目共睹，赞誉文字也已经很多。在这本访谈录里，沈先生自己也分享了很多不为人知的幕后细节。实事求是地讲，我以为其学术成果不仅"独步当时"，而且不可复制。第一，有追随顾廷龙先生30年，并接受顾廷龙、潘景郑、瞿凤起等名家严格目录学和版本学训练经历的，恐怕只先生一人。第二，版本鉴定的必需前提就是实践，无论是过去还是当下，有过目海内外两万种以上善本的可有第二人？第三，便是先生的个人特质和自身条件。1992年夏天，我在哈佛燕京图书馆善本室是见过他日写3000字书志的工作状态的。勤奋自不必赘述，其超群的记忆力，严谨和高效兼具的工作态度和能力，加上几十年如一日的执着，这一切都缺一不可地成就了这样一组学术成果数字：书志4000篇400万字，专著12种（4种即将出版），论文数十篇。尽管时代、机遇和个人特质成就其"独步当时"实属不易，但若使其学术成果"惠及来日"，还须考察其学术成果的独创性模式及其特点，而不仅仅局限于工具性功能。

一、"沈氏模式"书志

哈佛燕京图书馆所藏汉籍在1999年由上海辞书出版社出版的《美国哈佛大学哈佛燕京图书馆中文善本书志》，和2011年由广西师范大学出版社出版的《美国哈佛大学哈佛燕京图书馆藏中文善本书志》得以充分展现。① 需要注意的是，两部书志的书名只一字之差，常被使用者忽略。前者主要反映的是宋、元、明刻本，后者则含宋、元、明、清的刻本、稿本、抄本、活字本、套印本、版画之全部计3097种。两部书志不仅是哈佛燕京图书馆古籍丰实家底整理的结集，更是成为海内外古籍版本鉴定必备的参考书。

《汉书·艺文志》以降，公私家编制的书目名称甚多，解题、提要、经眼录、标注、综录、经籍志、书录、访书记、藏书志等不一而足。以"志"命名的各类志书也有了千余年的历史，特别是各类方志。2006年中国台湾最大的图书馆出版有该馆的善本书志初稿，日本甚至有《书志学》杂志。目前，尚未有人追溯以"书志"命名的最早书目是哪一部。可以看到的是，大量以书为描述对象，并以"书志"命名的书目的编制和出现是在1999年上海辞书出版社出版《哈佛书志》之后。也就是说，一批不仅以"书志"命名，并效仿其模式的书目是在《哈佛书志》出版之后问世的。从这点来看，沈先生对善本书志编制史的探讨和尝试是断不能被忽视的。还要强调的是，以"书

---

① 下文此两本书统称为《哈佛书志》。——编者注

志"为名,并非仅是个书名的问题。在《书志及书志写作——答张维祥问》里,沈先生对"书志"有个定义:"书志是一部书的客观记录和自己主观意见的结合,资料性和学术性的结合。它蕴含更多的信息量,比以往的叙录、解题更符合揭示图书形式和内容特征的本质要求。"

2001年,严佐之教授在《书目季刊》第35卷第2期发表了一篇文章,题为《哈佛模式:关于美藏汉籍目录现状的思考——兼评〈美国哈佛大学哈佛燕京图书馆中文善本书志〉》。文章就"哈佛模式"有过总结,此"模式"包含两重意义:一是以编写善本藏书志为先导和基础的项目筹划;二是以馆长统筹、经费稳定、人才引进为结构的项目运作方式。而沈津著《哈佛书志》无疑是"哈佛模式"的关键,体现了"哈佛模式"运作的成功。可见,因为古籍版本鉴定人才的稀缺,严教授所说"哈佛模式"是从专业人才和经费的角度讨论的一种可操作模式。

但若从《哈佛书志》编制的角度,东吴大学郭明芳博士在其全面讨论《哈佛书志》,题为《读〈美国哈佛大学哈佛燕京图书馆藏中文善本书志〉札记》一文中使用了"沈氏书志"一词,或是第一个涉及《哈佛书志》书目编制模式的用词。我以为称其为"沈氏模式"也不过分。一是因为书志的编写从风格到体例都是沈先生决定并执行的;二是《哈佛书志》出版后,不仅得到业内和学术界认可,还被其他图书馆效仿。但凡被称为"模式",自有创新的含义在里面,"沈氏模式"确有其显著特点。

《故纸寻真》里,沈先生不止一次提到编写《哈佛书志》力争全面揭示书之内涵,他也的确做到了。如前所述,历来书目和以书为记录对象的参考书不仅名称多,功能也有所偏重。揭示内容的有叙录、解题、提要、综录、藏书志;揭示版本的有版本考、目录标注;追溯书籍流传的有经眼录、访书记、题跋集;考证和检索书名的有索引、通检、引得;既有书籍信息又有书影的叫版刻图录;还有反映馆藏的叫联合目录,等等。而《哈佛书志》之所以成为"模式",是因为它集以上不同功能的书目和参考工具为一体,提供的是外貌和内涵兼顾的全貌式揭示,既包括一书之基本信息(如书名、卷数、编著者)、物理特征(如册数、行格和字数、框高宽尺寸等)、内容(如序跋、内容大要等)、版本特点和流传相关的信息(如牌记、扉页、刻工名、批校者、题跋者、钤印等),又包括书影和书在各地的收藏情况,并同时表述自己的考辨、考证和存疑。

《哈佛书志》这种外貌内涵兼顾的全貌式揭示,并非沈津先生一时兴起,而是有历史背景的,也是以编著者本人知识和技能储备为条件的。

在《故纸寻真》里,沈先生不止一次提到中文善本书海内外分散的情况。由于战乱和其他历史原因,中文古籍散落到世界各地,或不知所终,或不闻其详。20世纪80年代末和90年代初,沈先生有幸走访了数家北美图书馆,经眼了大量古籍善本,仅哈佛燕京图书馆就有很多古籍善本是中国没有的。要让中国和世界各地学术界在不易见到原书的情况下了解哈佛燕京图书馆所藏每部善本的全貌,必须提供全面而详细的信息,使最终成果成为古籍版本鉴定和汉学研究的重要参考书。我以为这种心愿应当是沈先生采取这种全貌式揭示格式最重要的考虑因素。

关于格式,在《〈美国哈佛大学哈佛燕京图书馆藏中文善本书志〉的"成长经历"——答任雅君问》中,沈先生提到哈佛燕京图书馆时任馆长吴文津先生提出《哈佛书志》可以王重民先生《中国善本书提要》为准。但在沈先生看来，王重民的《提要》尽管对了解海外中文古籍善本有着重要作用，但因时代和条件局限，它在当今来看是过于简单的，远不能反映一书之全貌。沈先生便提出《哈佛书志》不拘于王重民模式，也不拘于历史上任何书目的既定模式，而是要尽可能反映一部书的内外全貌、版本依据以及与流传相关的各种信息。沈先生在文章《古籍书志及书志的写作》中明确地提到了这种全貌式揭示的长处，即"只有书志这种形式可以用来自由发挥，尽可能详细地把书中一些很重要的作者、书的内涵以及出版方面的信息全部钩稽出来。这对学者、读者的利用大有裨益"。庆幸的是，吴文津先生最终准允了这个"沈氏模式"书志。毕竟从传统解题、书目到书志的编著，从"哈佛模式"的操作角度上讲，模式的确定是牵涉到书志完成所需时间和经费投入的。

确定一种模式不是"纸上谈兵"，还必须有其可行性，具体来讲便是执行人的知识和技能储备。关于沈先生的"幸运"，原本我觉得作为行业晚辈，在谈及先生成就时说什么"先生是幸运的"这种话不大合适。后来我注意到，在各种场合和多次访谈中，沈先生大谈自己的幸运，并最欣赏戴廉老先生给他的一句诗——"世间难此缘"。这便打消了我的顾虑。本来嘛，能追随顾廷龙等名师几十年，经历过严格训练，从见识和感受各种版本到熟悉各种工具书功能，这实在不能不说是一种幸运和缘分。在与钟稚鸥的对话中，先生还提到了自己接受训练的内容，除了版本鉴定，还包括古文阅读、临帖、识印等，这些基本功的训练对鉴定抄校本、稿本，以及识读题跋和印章的帮助是不言而喻的。有了这一切也才使得日后外貌内涵兼顾的全貌式揭示的"沈氏模式"书志成为可能。

再有，经眼古籍的量是不能不提的。早在顾先生指导编著《上海图书馆古籍善本书目》的时候，沈先生便经眼了 1.4 万多种书，包括刻本、抄本、校本、稿本、套印本、活字本、敦煌写经等。沈先生在 20 世纪 70 年代末 80 年代初参与《中国古籍善本书目》的编纂工作；80 年代后期，又有机会接触大量海外中文古籍。在《浮生愿向书丛老，不惜将身化蠹鱼——答〈南方都市报〉记者问》中他提到，所见古籍包括当年王重民先生在美国国会图书馆和普林斯顿大学葛思德东方图书馆没看到的，比如太平天国刻本，有很多是在中国见不到的。在哈佛燕京图书馆日就 3000 字书志，上手便知最难是"之间"（宋元之间、元明之间、明清之间）的刻本，对海内外各个图书馆善本书了如指掌，这些都与"经眼"和"过手"古籍数量有着必然关系。当然，博闻强识，坚定执着，专注和效率也是先生成果累累的必要条件。

前面提到过，先生说"书志这种形式可以自由发挥"。翻看《哈佛书志》，确实能体会编著者是多么地"自由发挥"。先看每篇书志的字数，"经部"最短书志字不过百，最长数千（全书每篇书志平均 1000 至 1500 字，最长者 5000 字）。然而，"自由发挥"不是随心所欲，每部书的基本物理特征、内容大要、版本信息、流传信息几个板块是必备的，字数多少则取决于各书具体情况。

自古至今之传世书目著作，无一不继承中国目录学"辨章学术，考镜源流"的传统，"沈氏模式"书志自不例外，其考辨所涉及的内容也宽泛，从作者生平到内容差异，从版本异同再到过手流转，先生均有体会和自己的辨识意见。简洁者不过几个字或十几字，如"日人装帧"，"西营盘，香港地名"，"是本字体仿宋，书写极工，视之宛若雕印，堪称精抄"，"是书版本极为复杂"，"印多伪"，"是书天头极高"，"虽不言孤，然谓之罕觏，则不为过也"。寥寥几字提供给使用者有用信息。细节引证和考证数字则有几十字，几百字，甚至上千字。篇幅所限，这里不列举实例了。顺便提一句，为给研究提供线索，先生不仅将不易见却有助于相关研究的原文照录在书志中，还给相关研究提供有价值的参考信息。如《明崇祯刻本宋文文山先生全集》一条，照录书名、扉页等所有信息，特别指出"此本钤有书之定价，极为难得，……是研究明代经济，特别是商品货币经济发展状况的一个重要课题"，并进一步提供了与明代价格相关的其他信息源。总之，"自由发挥"恐怕应当是"沈氏模式"书志的特点之一，不拘古制，不限于他人。

外貌内涵兼具的全貌式揭示，并非说话不留余地，这主要是针对辨识和考证部分。因时代、地域、参考材料等不同条件的变化和新证据的出现，被后人质疑和修正的情况在所难免。穷极当下资讯和证据，给出当下结论，供后人参考便是功德。在这方面，先生表现出的特点是既勇于明确表明自己的观点，又不把话说死，还明确给同行留下进一步考察的提示。"……疑而难决，姑且著录此本为乾隆刻本。""……抑同名同姓者乎？未详待考。""……若仅凭'属其付梓'，或'金陵李士果刊'一行定其版本，恐不足为信。"（以上均出自0119）"……但谓编修校订之事告竣，未必言刊印竣工，故亦不从。"（0136）"……不足以证其即'挹奎楼主人'也。"（0183）"……台湾大学图书馆著录为康熙四十九年武英殿刻本，疑误。"（0338）"……此等民间实用读本，向为收藏家鼻哂，留存既少，传世自鲜，故收入书志，以为相关研究者提供线索。"（0379）个人以为这类文字与有明确结论的观点有同等参考价值，同时也给同行们留下潜在的研究课题。

不拘泥古制书目格式，酌情"自由发挥"书志撰写，穷极当下版本书目资讯，明确表明考辨观点，严谨鉴定又慎重"留白"，这些都是《哈佛书志》之"沈氏模式"的特点。

二、"沈氏年谱"特点

"我这 60 余年里,总计写成并出版的著作大约 1000 万字,其中最难写的就是年谱。"这是沈津先生的真实感叹。"沈氏年谱"指的是《翁方纲年谱》(台湾"中研院"中国文哲研究所,2002 年)、《顾廷龙年谱》(上海古籍出版社,2004 年),以及《顾廷龙年谱长编》(中华书局,2024 年)。年谱以人为谱主,依年系事,并无模式创新空间。不过,翻阅"沈氏年谱"还是蛮有特点的。

编著心境

《翁方纲年谱》可以说是 1960 年顾廷龙先生给沈津先生出的一个"命题作业",除了有名师点题指引,这与大多数后人为前人作年谱的情况并无太多不同。不过,因世事不可控、材料收集难度及工作环境变迁,用 40 年时间交出"答卷"的情况确实也不多见。而为顾廷龙先生作年谱则是完全不同的情况,沈先生追随先师顾廷龙数十年,与谱主的这种关系势必对年谱编著过程产生直接或间接的影响。

学术界对《梁任公先生年谱长编初稿》和《胡适之先生年谱长编初稿》历来有高度评价,并尊其为年谱的经典之作。两部年谱编著者与谱主的关系是值得注意的。欧阳哲生在 2010 年中华书局出版的《梁任公先生年谱长编初稿》"整理说明"中详细谈到年谱编著者与谱主梁启超的关系。主编丁文江(1887—1936)自 1918 年加入梁启超组织的欧洲考察团,从此进入梁的研究圈,与梁启超关系渐趋密切,发展成至交,由此担任《梁任公先生年谱长编初稿》的主编。即便 1931 年因工作繁忙,不得不另寻助手,由赵丰田接手,但此时丁文江不仅已经完成大量材料收集工作,还给了赵明确的年谱编纂基本构想和指导意见。

《胡适之先生年谱长编初稿》在序文中被称为"中国年谱史上一项最伟大的工程"。同时序文中指出胡颂平先生是"最有资格编写这部年谱的人",因为胡颂平曾是胡适的学生,受过其思想熏陶。之后,谱主胡适在教育部工作时,胡颂平先生又助其办理很多事务,特别是在胡适生命的最后4年担任其文书,并照顾其生活起居。之所以特别强调这几点,是因为年谱编纂者与谱主的关系很重要。这不仅仅是"资格"问题,还直接与能否将年谱作得全面、真实相关。

　　近些年,为图书文献领域前辈作成的年谱并不少,比如已经出版的《裘开明年谱》(程焕文编,广西师范大学出版社,2008年)、《赵万里先生年谱长编》(刘波撰,中华书局,2018年)、《钱亚新年谱》(谢欢著,上海古籍出版社,2021年)、《袁同礼年谱长编》(雷强撰,中华书局,2024年)等,都是业内后辈为前辈作的年谱。在图书文献领域,谱主与作年谱之人有特殊师生关系的,目前所知只有《顾廷龙年谱长编》一例。沈津先生与先师顾廷龙的师徒关系已是一段在图书文献界尽人皆知的佳话,在此无须赘述。在年谱自序里,沈先生明确表明:"我以为这本《年谱》或许是我一生中写作的最重要的一本书,它和我写的其他几本书最大的不同,就在于这本书是带着我对先师的感情去写的。"

　　"带着感情"去写,恐怕是丁文江、胡颂平、沈津所共同拥有的编著心境。正是与先师的特殊感情使沈先生在年谱编著过程中保持了忘我的工作状态,他曾回忆道:"一年一度的感恩节、圣诞节等各种节假日,连同星期六、日,这对我的写作来说,实在是非常重要的,因为我可以每天工作12至14小时,而平日的清晨及晚间则不敢有任何懈怠……"也正是因为对谱主的熟知,沈先生在收集材料上表现出了惊人的效率和穷极材料来源的优势,《顾廷龙年谱》从2002年动意到完成并出版,70万字仅用了不到两年的时间。之后,他又作了大量修订和增补,将70万字扩至145万字,于是有了《顾廷龙年谱长编》。

年谱有自作和他人作之分,他人作又有(与谱主)同时人和后人作之分。有人从谱学研究的角度专门讨论这两种情况对年谱编著的不同优势。不过本人以为,假设真有后人再作顾廷龙年谱,也很难超越沈津先生为先师所作的这部《顾廷龙年谱长编》。

材料来源

年谱使用的材料来源是评价一部年谱质量的重要指标。通常来讲,原始文献和经过考辨的二手文献是年谱编著依据的主要来源,共同使用的资源包括日记、通信、文集,等等。

欧阳哲生明确指出《梁任公先生年谱长编初稿》(本文以下简称《梁谱》)搜集的材料以书信见长,且篇幅之大"空前未有"。《胡适之先生年谱长编初稿》(本文以下简称《胡谱》)的序文中,特别提到胡适在谈及《梁谱》时,曾对征求信札成就了《梁谱》成功事给出三个原因。第一,梁先生早岁就享大名,信札多被保存;第二,梁先生的文笔可爱,字迹秀逸,值得收藏;第三,当时中国尚未经大乱,名人墨迹容易保存。尽管《梁谱》以依据书信材料见长,但有研究谱学的学者以为其不免有所据材料略显单一的问题。至于《胡谱》,序文中认为其在材料运用上有两个缺憾,其一正是因战乱和动荡所致胡适书信的遗失,成为《胡谱》所用材料与《梁谱》相较之逊色之处;其二是因胡颂平先生有不得已的苦衷,胡适日记材料未在年谱编著过程中被使用。

可见,两部经典年谱在材料依据上各有特点,书信和日记在年谱编纂中是最基本的原始材料。除书信外,据《梁谱》的"凡例",依据材料还包括电稿、谱主文集等。而《胡谱》，除信札、日记、文集等基本材料外，胡颂平在"后记"中特别提到，他把胡适大量言谈都收到了年谱里，尤其是"最后四年的记载几占全谱三分之一的篇幅"。"言谈录"成为《胡谱》所据材料的一个特点。可见，年谱所据材料是各有特点的。

翻看沈津先生编著的两部年谱，在所选材料方面则是表现出了多样性的特点。《顾廷龙年谱长编》"编例"第一条写道："本书资料以顾廷龙先生现存日记、书信、笔记、履历表及已出版的《顾廷龙文集》《顾廷龙全集》为主，另从多种图书、杂志、报纸、档案中搜集有关先生的记载。"乍看，这与大部分年谱所用材料没有什么不同，原材料主要是谱主信函、日记、笔记、诗文集、履历表、刊登在报章杂志上的作品，等等。仔细翻阅，沈先生编著的年谱所用材料不仅多样，且显示出因其个人职业特点而表现出的优势。先生几十年来从事图书文献工作，尤其长于古籍版本鉴定和考辨，所受基本功训练也涉及书法、碑刻和印章识别等，这些技能在其年谱材料运用上便用上了，也有助于其穷极信息源去编著年谱。比如《翁方纲年谱》，依据不仅有《翁氏家事略记》《复初斋文集》等诗文集、笔记等，还有来自翁氏手札、题跋等的很多信息。（乾隆四十七年壬寅）"正月三日，桐乡金君介其妹婿赵舍人以朱彝尊曝书亭所藏《曹全碑》旧拓本见赠……略考其概，并跋于后。"（嘉庆九年甲子）"十一月，跋'并蒂莲'图……（略）"（嘉庆十七年壬申）"是月，先生作十二图，自记云……（略）"

在《顾廷龙年谱长编》（本文以下简称《顾谱长编》）的编著过程中，题跋同样被给予了充分重视。所幸顾廷龙先生大量题跋原件已经包括在一些出版物中，比如《顾廷龙文集》和《顾廷龙日记》，这自然大大方便了材料收集。但仍有尚未正式出版的题跋是沈先生不遗余力收集的，比如跋《吴都文粹》、跋《积古斋钟鼎彝器款识》等，数量不在少数。除了题跋，还有一种使用量很大的文献类型，即书题。在本书《关于〈顾廷龙书题留影〉——敬答桑农先生》中，沈先生提到："顾先生自20世纪30年代到90年代，题写书名数量之多、范围之广，可以说是前无古人，后无来者。"这些书题在年谱中得以记录和体现，也成为《顾谱长编》所用材料的一个特点。

原材料类别多样既与谱主的学术生涯活动有关，也与年谱编著者的知识积累和技能专长有关。

学术领域

应该说年谱所用材料在某种程度上与年谱内容特点也有关系。《胡谱》的序文中分析了《梁谱》和《胡谱》所用材料的特点（前者多用信札，后者多用论学论政著作）后，指出："大体说来《梁谱》是以谱主的一般活动，尤其是政治活动为主。而与《梁谱》相对照，这部《胡谱》的特色便清楚地显现出来了……可以说是谱主著作的编年提要。我深信，读者循诵本书一过便可以对谱主一生学术思想的发展获得一极清晰而深刻的认识。这一特色也正是本书最有价值的地方。"尤其是《胡谱》所采用的"言谈录"涉及大量胡适读书时的学术观点和研究方法等与学术研究相关的内容。沈津先生在《顾谱长编》的"编例"中明确指明编著此谱的目的，即"力图反映先生在图书馆学、目录学、版本学、文字学、书法艺术等领域，以及保存、整理、研究、开发历史文献诸方面之贡献"。应当说，沈先生的《顾谱长编》是实现了初衷的。

这部年谱记录和展现的虽是顾廷龙先生个人不凡的一生，但其学术领域的特点也是十分突出的。例一，年谱包含大量全文照录的中国图书馆学史原始资料。比如"编例"明确指出"凡涉及合众图书馆、历史文献图书馆之材料,如董事会之会议记录等,均录入本书"。可以说,该年谱具有合众图书馆史料集的功能。此外,书中还有许多其他图书馆发展史,以及古籍版本鉴定和编目事相关的全录资料。例二,年谱记录了很多在图书文献学界具有历史意义的事件。比如与《明代版本图录初编》相关的信息有近百条,与《中国古籍善本书目》相关的则超过200条。大量有关这两部重要古籍版本参考工具编制及出版过程的细节、学者意见及逸事均有所反映,生动且珍贵。例三,年谱通过谱主与其他人的关系记录了当时的学术圈。比如书中提到顾廷龙先生与其他学者"互致"信函不少于1500多处,或全文照录信函,或简述信函内容,或仅记录"有信至××"。这些记录不仅展示了谱主与图书文献学者、文物学家、出版家、书法家之间的交往,更是图书文献及相关领域学术思想交流的珍贵记录。仅这随手列举的三个例子,便清楚地表明《顾谱长编》所展现出的学术领域的特点是十分鲜明的。这是由顾先生个人学术生涯和卓越的学术成就决定的,同样也和年谱编著者对顾先生学术领域的熟知有关。

拉拉杂杂说了这些,还是前面提到的,这不是一篇全面考察沈津先生著作的学术研究文章,而是一篇个人笔记,记下的不过是一些零碎的想法,不成熟也不全面。有一点可以肯定的是,沈津先生在图书文献和古籍版本鉴定领域的学术成就不仅"独步当时",且一定"惠及来日"。

美国匹兹堡大学东亚图书馆原馆长、中国研究馆员

张海惠

2024年10月于美国新泽西

后　记

　　最早知道沈津先生还是在微博2.0时代，那时沈先生在新浪博客开了题为"书丛老蠹鱼"的博客，我不时会去看一下沈先生的博客内容。那真是一个火热的时代，很多最新的资讯都是最先从博客了解到的，不过，俱往矣！第一次近距离接触沈先生是在2013年，彼时我正从事钱亚新先生研究，整理到了钱先生与顾廷龙先生的通信。我知道沈先生撰有《顾廷龙年谱》，整理过很多顾先生的资料，为了进一步了解钱、顾两位先生的交往，在中山大学友人的帮助下，5月22日，我与沈先生取得了电话联系。电话中沈先生不仅耐心回答了我的问题，还提供了一些研究钱亚新先生的线索。

　　此后，不记得是在什么情况下加上了沈先生的微信。我因业余喜欢收集学人信札，尤其是图书馆学人的信札，经常会通过微信就一些信札问题向沈先生请教，沈先生每次都是有问必答。我一直期待能当面向沈先生问学，但始终缘悭一面，尤其还经历了艰难的2019—2021年。今年4月，得知沈先生回国，我通过微信向沈先生预约拜访，以了却多年心愿。疫情三年，沈先生被困美国，所以今年回国后日程安排得非常紧。直到5月19日，沈先生微信告知20日有时间。于是，我于20日一大早乘坐高铁由宁至沪，拜访先生。当日我与沈先生聊了许久，期间沈先生还不时地向我出示一些实物，如谈及钱存训先生时，沈先生立刻去书房拿出了钱先生写给他的信札原件，这次拜访收获极大。聊天中，沈先生告知这次回国接受了好几次专访，我脑中顿时闪出了一个想法——为沈先生编一部访谈录。当日回宁后，我检索了一下，发现沈先生历年的访谈还真不少，足以成一部书。当晚，我把这个想法和天津古籍出版社赵子源兄交流了一下，赵兄表示他们社愿意支持这个选题，正好我5月31日要去天津南开大学开会，与赵兄约定到时详谈。

5月21日，我把初步设想向沈先生汇报了一下，沈先生欣然同意并授权我去整编他的访谈录。5月31日晚，我与赵子源兄在津会面，商定了沈先生访谈录的出版事宜，并确定由张凤莲老师担任编辑。6月7日，我与子源兄再赴上海，拜访沈先生，禀告出版事宜并签署了出版合同。在此，对于沈津先生的信任、赵子源兄的支持表示衷心的感谢。

出版合同签订后，我开始着手搜集、整理、编辑沈先生的访谈，又请台湾中兴大学苏小凤教授、上海大学张衍兄、国家图书馆蔡成普兄帮忙搜集台湾及大陆地区旧报纸上有关沈津先生的论著、新闻报道等。在此，要向苏小凤教授、张衍兄、蔡成普兄表示感谢。而在搜集、整理这些访谈的过程中，我的研究生袁佳给了我非常多的帮助，为了表示对她贡献的感谢，我在署名时把她列为第二编者。

利用暑期，我与袁佳很快把文字部分编就，为了增加本书的可读性以及史料价值，我多次通过微信请沈先生提供一些照片。沈先生已于6月20日返美，但面对我的请求时，他经常在美国时间的深夜十一二点或清晨五六点给我发来各类照片，并配以文字说明。看着微信时间，我真是很不好意思。书成之后，我冒昧请中山大学程焕文教授、美国匹兹堡大学东亚图书馆原馆长张海惠女史赐序，以光篇幅，两位师长慨然同意并及时赐下大序，在此也对程焕文、张海惠两位师长表示感谢。

  由于本书是访谈汇编，需要取得各位访谈文章作者的授权，在此也感谢俞子林、杜泽逊、何朝晖等老师的信任与支持。在联系作者过程中，深圳胡洪侠先生、中山大学张琦老师、国家图书馆马学良学长、编辑张凤莲老师助力良多，在此一并致谢。

  沈先生信"缘"、惜"缘"，在书中也多次提及"缘"。如在《书城风弦录：沈津学术笔记》的自序中写道："人总是讲缘分。我的'缘'有二，一是'师缘'，二是'书缘'。"又如在《老蠹鱼读书随笔》的自序中说："也真是缘分，这几十年中，无论是在上海图书馆、香港中文大学图书馆，还是美国哈佛大学哈佛燕京图书馆，我一直都在书丛里探索学习。"再如在为徐雁教授的《藏书与读书》所撰序文中写道："我大约也算是和书有缘分，一辈子在图书馆里和书打交道，搞了近五十年的书皮子。回顾过去，无论是在上海图书馆、香港中文大学图书馆，还是在美国的哈佛燕京图书馆，我的工作就是管理图书馆里的珍贵藏书，数十年不变，这仿佛也是命里注定。"而在为永芸法师的《哈佛燕京沉思录》所撰序文中也直言："佛家喜用'缘'字，而我也是很看重这个'缘'字的。"沈津先生1945年出生于天津，在杖朝之年由我来编、由天津古籍出版社出版这样一本小书，或许也是我、天津古籍出版社与沈先生的缘分吧！

谢　欢

2024年9月5日初草于彭城云龙湖畔

2025年1月3日改定于彭城云龙湖畔